高职高专经管类实践与

U0668136

丛书主编　刘平

管理学原理与应用

主　编　徐世江
副主编　程　云　张　营　朱小华
编　委　张华蓉　马　英

清华大学出版社
北京

内 容 简 介

本书以管理工作的基本职能为线索,全面介绍了管理学经典理论和应用技巧,主要内容包括:管理概述、管理理论的形成与发展、计划与决策、组织、领导、控制、管理创新及综合实训。本书注重基本原理、职业能力和实用策略的科学融合,突出理论培养与技能培养的双重目标,力求在内容的实用性和形式的灵活性方面有所创新。

本书可作为高职高专院校经济和管理类专业的教学用书,也可作为从事相关工作的专业人士的参考用书。

图书在版编目(CIP)数据

管理学原理与应用/徐世江主编. —北京:清华大学出版社,2011.9(2022.1重印)
(高职高专经管类实践与应用型规划教材)
ISBN 978-7-302-26626-6

Ⅰ. ①管…　Ⅱ. ①徐…　Ⅲ. ①管理学－高等职业教育－教材　Ⅳ. ①C93

中国版本图书馆 CIP 数据核字(2011)第 178469 号

责任编辑:孟毅新
责任校对:刘　静
责任印制:朱雨萌

出版发行:清华大学出版社
　　　　网　　　址:http://www.tup.com.cn,http://www.wqbook.com
　　　　地　　　址:北京清华大学学研大厦 A 座　　　邮　　编:100084
　　　　社 总 机:010-62770175　　　　　　　　　邮　　购:010-62786544
　　　　投稿与读者服务:010-62776969,c-service@tup.tsinghua.edu.cn
　　　　质 量 反 馈:010-62772015,zhiliang@tup.tsinghua.edu.cn
印 装 者:北京国马印刷厂
经　　销:全国新华书店
开　　本:185mm×260mm　　　**印　张:**11.75　　　**字　数:**265 千字
版　　次:2011 年 9 月第 1 版　　　　　　　　**印　次:**2022 年 1 月第 11 次印刷
定　　价:32.00 元

产品编号:041749-02

高职高专经管类实践与应用型规划教材
丛书编写编委会

随着市场经济体制的全球化，大学生就业已经由单一的"统包统分"转变为"双向选择，自主择业"。这一机制不仅赋予用人单位择优录用大学毕业生的权利，同时也赋予大学毕业生选择用人单位的权利。这一方面拓宽了大学生的就业空间，带来了自主选择的机遇；另一方面由于各种因素的综合作用，近年来大学生就业压力日趋严峻。

目前，我国高等教育已由精英化教育阶段进入了大众化教育阶段，大学生数量骤增。2011年全国普通高校毕业生规模将达到历史新高的660万人。2010年11月，教育部部长袁贵仁在2011年全国普通高等学校毕业生就业工作网络视频会议上强调，当前就业总量压力和结构性矛盾并存，高校毕业生就业形势依然严峻，工作任务仍然十分艰巨。同时，从中长期发展趋势来看，我国大学生就业仍将面临巨大的挑战，就业形势不容乐观。

其中原因之一就是高等院校专业设置和培养计划与社会需求存在一定差距。毕业生不是企业想要和想用的人，缺乏必要的、系统的职业指导和创业指导，实践动手能力不强，不能直接上岗。在2008年12月国务院新闻办召开的新闻发布会上，人力资源和社会保障部副部长张小建指出了我们的大学教育与市场脱节的问题，大学生的就业观念与实际就业市场不适应的问题还存在，而且成为大学生就业的一种障碍。

一方面是大学生就业困难，另一方面是企业招不到合适的人，培养具有一技之长的应用型人才成为必然的选择。而要有效地实现这一人才培养目标，教材和教学内容就成了首当其冲必须解决的重要问题。

本系列教材根据高素质应用型人才的培养目标和"应用为本、学以致用"的办学理念，理论部分贯彻"精、新、实"的原则，精选必需的内容，其余内容引导学生根据兴趣和需要有目的、有针对性地自学；实践部分则突出应用能力的培养，加大实践教学的力度，创新实践教学的内容和形式。以此为依据，本系列教材统筹考虑和选取教学内容，基本做到教学内容新颖、精辟；能及时把最新科研成果引入教学；突出了课程内容的应用性与先进性；重点是突出应用能力和辩证思维的培养。

本系列教材在编写的过程中突出以下主要特点：

（1）**理论与实践相结合，突出应用性和实践性**。教材中增加了实践性较强且又非常有用的内容，同时结合企业的实际案例，可以较好地满足应用型和技能型人才培养的需要。

（2）**构建符合面向实践应用的知识和方法体系**。在分章编写重点内容和实用内容时，注重语言的表达方式，争取做到像讲故事一样娓娓道来，使学生易于理解和接受。

（3）**在教材体例上充分考虑案例教学法和模拟演练的需要**。在每章开头有引入案例，在每章正文中穿插个案研究，以加深对重点问题和难点问题的理解和掌握；另外安排一两个完整的综合案例，系统地强化对理论知识的理解和运用；同时穿插部分专论摘要，介绍当今的一些新趋势和观点，开阔视野；在每章后设有阅读材料，以拓宽学生的知识面，加深对正文内容的理解和认识。

本系列教材的各位主编均为教学经验丰富的资深教师，其中多人担任过企业的中、高级管理职务，多人为省级精品课程的负责人和主讲教师，多人带领学生参加过全国与省级各类大赛并屡创佳绩。他们结合自己深厚的学识及丰富的教学实践经验编写的这套丛书，不仅为应用型人才的培养提供了符合企业应用实际的理论体系，同时还提供了有效的实践教学途径和方法。

石　丽

2011 年 6 月

前　言

本书是一本主要针对高校经济和管理类专业学生开发的集理论介绍与职业技能培养双重目标于一体的实用性教材。在坚持"简化理论、强化技能"的原则基础上，本书重点强化了如下 3 个基本特点。

第一，实用性。本书主要以管理基本职能为线索，重点介绍了管理理论演进、计划与控制、组织、领导、控制、管理创新等实用性较强的理论知识和管理工作规律、方法与技巧，有利于学生把握管理工作的重点。

第二，灵活性。本书每一章均以经典案例导入，以技能训练项目结束，其间根据需要安排了大量应用性案例、背景资料和解释性图片，可以充分保证学习和教学过程的灵活性。

第三，任务驱动性。本书竭力避免了可能令人感觉枯燥的说教和无目的的罗列，突出了任务驱动性。特别是最后一章综合实训部分，更是强调了学生的参与性，如果能够系统而全面地开出，对于强化学生管理思维和管理理念将产生显著效果。

本书由徐世江博士任主编，程云、张营、朱小华任副主编。全书编写分工如下：第一、八章由辽阳职业技术学院徐世江编写，第二、四章由辽阳职业技术学院徐世江、辽宁经济职业技术学院程云、广西邕江大学张华蓉编写，第三章由辽阳职业技术学院马英编写，第六章由辽阳职业技术学院马英、辽宁经济职业技术学院程云编写，第五章由辽阳职业技术学院朱小华、辽宁科技大学张营编写，第七章由辽阳职业技术学院朱小华编写。全书由徐世江副教授设计结构并最后总纂定稿。

由于编者水平有限，书中难免有不足之处，恳请同行专家和广大读者批评、斧正。

编　者

2011 年 8 月

目 录

第一章

管 理 概 述

【学习目的】

(1) 理解管理的含义、基本特征和性质。

(2) 熟悉管理的基本职能。

(3) 理解管理环境对管理活动的影响。

(4) 掌握管理者应具备的管理技能。

(5) 熟悉管理的基本原理和基本方法。

【关键概念】

(1) 管理：管理就是组织内各级决策者在特定的环境下，运用其所拥有的资源进行计划、组织、领导和控制工作，高效率实现组织既定目标的过程。

(2) 管理环境：管理环境是指存在于社会组织内部与外部的影响管理行为和管理效果的各种力量、条件和因素的总和。

【引例】

海尔的"斜坡球定律"

自 1984 年成立以来，海尔已经成为全世界白色家电第一生产商。截至 2009 年，海尔集团在全球建立了 29 个制造基地、8 个综合研发中心、19 个海外贸易公司，全球员工总数超过了 6 万人，全球营业额超过了 1 200 亿元，自 2002 年以来连续 8 年蝉联中国最有价值品牌榜首。

那么，海尔集团是如何实现上述"奇迹"的呢？这似乎可以从海尔集团的"斜坡球定律"中找到答案，该定律的示意图见图 1-1。

"斜坡球定律"在海尔又被称为"海尔发展定律"。该定律可以用下列公式概括描述：

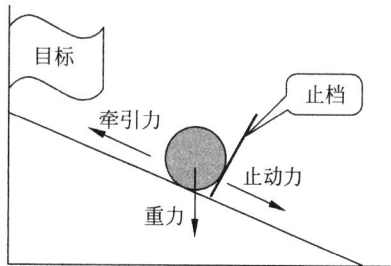

图 1-1 斜坡球定律示意图

$$A = \frac{F_{动} - F_{阻}}{M} = \frac{(F_{动1} + F_{动2} + F_{动3}) - (F_{阻1} + F_{阻2})}{M}$$

公式表明：企业发展的加速度(A)由企业发展动力($F_{动}$)、企业发展阻力($F_{阻}$)和企业的规模决定(M)。这里，$F_{动} = F_{动1} + F_{动2} + F_{动3}$表示企业发展的动力之和，又可以称为"牵引力"，包括：第一，基础管理的止滑力($F_{动1}$)；第二，优质产品、优质服务和科技发展的提升力($F_{动2}$)；第三，创造国际品牌、扩大市场占有率的推动力($F_{动3}$)。$F_{阻} = F_{阻1} + F_{阻2}$表示企业发展的阻力，又可以称为"止动力"，包括：第一，来自于企业内部惰性的下滑力（$F_{阻1}$）；第二，来自于企业外部竞争对手的各类压力（$F_{阻2}$）。海尔集团的学者认为，根据海尔的"斜坡球定律"，要使本企业不断发展和壮大，就应该在下述 3 个方面有所突破，即：第一，要通过"OEC 管理法"（over all every control and clear，全面质量管理法）做到"日事日毕"，解决基础管理问题，使 $F_{动1}＞F_{阻1}$；第二，要借助于"三 E 卡"（3 个"E"分别代表"每一天——everyday"、"每件事——everything"、"每个人——everyone"）将每天的每件事落实到每个人，做到"日清日高"，解决速度问题，使 $F_{动2}＋F_{动3}＞F_{阻2}$。第三，企业发展过程中不但要千方百计地通过管理工作抑制止动力，防止企业下滑，而且还要根据内、外部条件的变化动态地调高止档位置，使企业不断向前发展。

经过上述分析，人们不禁要问，海尔的成功仅仅源于它精良的产品吗？

第一节　管理行为

如果以泰罗的《科学管理原理》一书的出版为标志，那么管理作为一门科学出现的时间不过百年时间，但作为一种社会现象，则可以追溯到人类群体活动的出现。可以说，从古至今，只要存在着人类组织，就普遍存在着管理活动：它不仅存在于政府、军队、学校、医院等各类正规组织，也广泛存在于社团、明星"粉丝"等各类非正式组织；它不仅存在于组织内部的高层部门，而且存在于组织内部的基层部门。

一、管理的含义

就字面意思来理解，管理就是管辖和治理之意。但是，随着管理实践与管理理论的不断丰富和发展，学者们对"管理"一词的认识和界定仍然存在不同的理解。下面简要列举一些具有代表性的观点如下。

（1）从工作任务角度加以定义。"科学管理之父"泰罗认为，"管理就是确切地了解你希望工人干些什么，然后设法使他们用最好、最节约的方法完成它。"

（2）从管理的职能和过程角度加以定义。"管理过程理论之父"亨利·法约尔认为，"管理，就是实行计划、指挥、协调和控制"，"是一种分配于领导人与整个组织成员之间的职能"。

（3）从管理的文化性角度加以定义。彼得·德鲁克认为，"管理就是界定企业的使命，并激励和组织人力资源去实现这个使命。界定使命是企业家的任务，而激励与组织人力资源是领导力的范畴，二者的结合就是管理。"或者说，"管理不只是一门学问，还应是一种文化，它有自己的价值观、信仰和语言"。管理"根植于一种文化、一种价值传统、习惯和信念之中，根植于政府制度和政治制度之中"。

（4）从管理的系统性角度加以定义。哈罗德·孔茨认为，"管理就是设计并保持一种良好环境，使人在群体里高效率地完成既定目标的过程。"或者说，"管理涉及在经营组织中创造和保证某种内部环境。在这个内部环境中，以群体形式组织在一起的个人能有效地工作去达到群体的目标。"

（5）从决策在管理活动中的重要地位角度加以定义。赫伯特·西蒙指出，"管理过程就是决策的过程"。

上述定义的出发点各不相同,因而分歧在所难免。如果综合地加以理解,可以认为,管理就是组织内各级决策者在特定的环境下,运用其所拥有的资源进行计划、组织、领导和控制工作,高效率实现组织既定目标的过程。

对这一定义展开分析,那么它实际上强调了管理的如下5层内涵。

第一,目的性。管理工作的目的在于高效率实现组织的既定目标,是一个有意识、有目的的工作过程。换言之,管理活动是两个或两个以上个人为实现共同目标而组合成的有机整体(即"组织")的系统性活动。

第二,环境适应性。任何组织的目标均是在内、外部环境影响下产生的。鉴于此,只有在综合权衡和应对组织内、外部环境所带来的有利和不利影响、所产生的机遇与挑战的情况下,管理活动才能取得预期效果。

第三,约束性。管理工作服务于组织目标的实现过程并不是无成本、无代价的,而是必须以自身所拥有的资源作为"投入"约束,而其效率状况则取决于在"投入"约束下所获得的"产出"是否及时、是否最大化。

第四,关联性。管理过程是由一系列相互关联、连续实施的组织活动所构成的,这些活动可以概括为其基本职能,即计划、组织、领导和控制等。

第五,群体性。管理活动与自我管理存在明显差别,即它是管理者和被管理者共同参与的群体性活动。通常,只有管理者与被管理者的行动表现出高度协调性和统一性,才能保证组织目标的顺利实现。

小贴士

二 八 定 律

19世纪末,意大利经济学家帕累托从大量事实中发现,社会上20%的人占有80%的社会财富。后来人们还发现,生活中存在许多类似的不平衡现象,遂以"二八定律"简要加以概括。目前,二八定律被应用到很多领域,并由此形成了"二八管理定律"、"二八决策定律"、"二八营销定律"、"二八融资定律"等一系列"二八定律"。其中,"二八管理定律"说明管理者只要抓好20%骨干力量的管理,再以20%的少数带动80%的多数力量,那么企业经营效率就可以得到显著提高。

二、管理的性质

从本质上理解管理活动,可以发现管理具有双重属性,即自然属性和社会属性。

(一)管理的自然属性

管理活动是由多人协作行动而引发的社会活动,是有效组织共同劳动所必需的,天然具有同生产力和社会化生产相联系的属性,此即为管理的自然属性。

自然属性是管理的根本属性,要求管理工作要主动适应现代化的客观要求,按照社会化生产的客观规律来组织和发展生产力,并采用科学合理的方法不断提高管理的现代化水平。唯有如此,管理的效能才能得到全面发挥。

（二）管理的社会属性

管理活动不仅具有同生产力和社会化生产直接联系的自然属性,而且同时体现着生产资料所有者指挥、协调和监督社会劳动的意志,因此又具有同生产关系和社会制度相联系的社会属性。

管理具有社会属性的现实表明,管理过程中任何一种管理思想、管理方法和管理手段的出现与发展,总是具有鲜明的时代特征,其效率和效果通常要受到当时的生产力水平和社会历史背景的深刻影响。

三、管理的特点

（一）管理的科学性

任何管理活动均可以划分为程序性活动和非程序性活动。所谓程序性活动,是指管理过程中有章可循,照章行动即可收到预期效果的管理活动。而非程序性活动,是指管理过程中无章可循,需要管理者在实践中不断总结规律探索新方法、新手段的管理活动。事实上,程序性活动就是以往非程序性活动规律和经验总结的结果,即它是由此前非程序性活动转化而来的。这种转化过程就是人们对同类活动与同类管理对象规律性的科学总结。或者说,管理活动中存在着一系列基本规律和一般方法,是人们经过多次实践成败后归纳和总结出的有效行动方案。管理作为一门科学,就是应用管理客观规律、一般方法来分析问题并解决问题的科学的方法论。

（二）管理的艺术性

管理的艺术性源于管理的实践性和探索性。在社会实践过程中,影响管理效果的因素很多,它不仅包括确定性因素,而且包括非确定性因素。简而言之,管理者所面临的内、外部环境并非一成不变,在突发性、偶然性和非规律性事件发生的情况下,管理者沿用既有的管理理念、管理方法和管理手段,可能收效甚微甚至适得其反。

因此,管理过程中不仅要制订具有普遍意义的基本原则、运用规律性的科学方法和技巧,而且要随机应变,创造性地提出管理新思维和新方法,此即为管理的艺术性。管理既是一门科学,又是一种艺术,更是二者的有机结合。

（三）管理的经济性

管理过程就是组织资源有效配置和高效利用的过程,而这一过程本身也需要以一定的资源投入作为前提,这就引申出了管理的经济性特征。具体地说,管理的经济性主要反映为下述两个方面。

第一,资源配置的机会成本。所谓机会成本,就是决策人在多种备选方案中选择了某一行动方案后所放弃的其他方案中,能够为其带来最大收益的那一项方案所对应的潜在收益。显然,管理者选择一种资源配置方式,就必须以放弃另一种或多种资源配置方式和其潜在收益为代价,存在明显的机会成本问题。

第二,管理的方式、方法和手段的选择过程,也存在成本比较和权衡问题。通常,采用不同的管理方式、应用不同的管理方法和管理手段,所需要的资源投入成本是各不相同的。作为管理者,有必要根据预期的组织目标选择资源投入成本最低的行动策略和行动方案。

(四)管理的发展性

科学技术的发展和社会的进步几乎贯穿于人类活动的每一个历史环节。与之相对应,各类组织的结构形式和运行方式经常会发生累积性或彻底性变化,同时无论是管理者还是被管理者的心志模式、行为模式也会因之而不断变化。这种情况下,管理理念、管理方法、管理手段就有必要进行适应性调整和创新,进而形成"实践创新→管理创新→实践创新"的良性循环。

四、管理的职能

目前,学术界一般依据管理的直接作用和主要工作环节,将其职能概括为计划、组织、领导和控制 4 个方面。

(一)计划

计划职能是管理的首要职能和最基本职能,组织中的任何管理者,都必须以计划为起点来开展其管理活动。计划的任务就在于制订合理的组织目标,并为实现既定的目标而筹划和选择行动方案。计划职能一般包括:①根据调查和预测工作,确定组织的预期目标(可以是长期目标、中期目标和短期目标);②依据所要实现的既定目标,选择组织资源;③确定实现预期目标的行动方案。

(二)组织

组织职能是将各种组织资源、各类管理要素和各个管理环节,从分工与协调的角度,时间与空间的相互关系上进行合理组合,使之成为一个有机整体的过程。通常,离开了组织工作,再完美的计划也是毫无意义的。而要把计划付诸行动,就必须要有组织工作。组织工作一般包括:①依据工作分工设计合理的组织结构;②合理分配组织或部门职权和职责;③科学配备组织人员;④推进组织的协调与变革。就本质而言,组织工作的任务就是建立一种工作关系网络和结构,使组织成员更有效地开展工作,更高效地保证组织目标的实现。

(三)领导

事实证明,组织目标的实现有赖于组织成员的协同努力。然而,执行各项工作任务的组织成员,其积极性、主动性和创造性的发挥,取决于领导工作。领导职能就是领导者指挥和激励下属,以高效率实现组织目标的行为。领导工作一般包括:①选择恰当的领导方式;②实现有效的沟通;③激励下属以调动其工作积极性;④领导者自身加强修养和领导艺术的培育。

（四）控制

通常，人们在执行计划的过程中，内、外部环境的变化和各种因素的干扰，将会导致实践活动偏离于既定的计划。这样，为了保证组织目标的合理性以及为此而制订的计划的有效性，就需要开展控制工作。控制职能主要包括如下工作：①根据组织目标制订科学合理的控制标准；②衡量工作成效；③采取有效措施以纠正工作偏差。

总之，计划、组织、领导和控制工作作为管理的 4 项主要职能，分别回答了一个组织要做什么、怎么做、靠什么做、做得怎么样以及如何做得更好等一系列管理基本问题。

第二节　管　理　者

【引例】

从禹作敏巧挖土方看管理观念

1979 年，天津市静海县集中几十个大队的劳动力开展一项挖虾池的大工程。当时，县里规定，按照社会主义分配原则，集体得大头、个人得小头，每个劳动力的收入要三七开，即七成归生产队，三成归个人。开工没几天，工地上便没人干活了，许多人溜回家去，留在工地上的人也磨洋工，出工不出力。禹作敏当时身为村党支部书记，他很着急。在进行了深入了解之后，他算了一笔账：一个劳动力每天挖土方能挣 5 元钱，但只能分三成，即 1.5 元钱。除去菜钱与烟钱，所剩无几，难怪社员都不愿干了。于是，他私下里拍板决定，抛弃上级规定，大邱庄的挖土方劳动力改为倒三七分成，即集体得三成、个人得七成。这一招立刻便见成效，回家的人都回来了，过去平均一人一天只挖一方土，如今晚上加班，白天多干，每人每天竟能挖上三四方土。结果，大邱庄大队不仅提前完成了任务，而且还转包了其他大队的一些土方任务。表面上算死账，分配政策一变，集体比例小了，个人多得了，而实际上集体也比过去多得了。从管理学上讲，禹作敏政策一变，调动了社员的干劲，工作进度加快了，个人和集体都从中受益。事后，不少大队佩服禹作敏领导有方，讨教诀窍，当时禹作敏只是笑而不答。因为在当时的条件下，禹作敏的诀窍是不能公开传播的，他违背了传统的分配政策。

（改编自：张文昌，等.现代管理学（案例卷）[M].济南：山东人民出版社，2007）

组织中的成员一般可以划分为两类，即管理者和被管理者（又可称为作业人员）。其中，管理者是管理活动的主体，其管理行为的科学性对组织目标的顺利实现具有关键性影响。

一、管理者的分类

管理者又称管理人员，是指在组织中全部或部分从事管理活动的人员。一般来讲，按照不同的标志，可以将管理者划分为如下不同类型。

第一，按照管理层次划分，管理者包括高层管理人员、中层管理人员和基层管理人员。

这里,高层管理人员是组织中的高级领导者,其主要职责是制订组织的总体目标和总体战略,拥有组织资源的配置权力,同时对整个组织的运行绩效负有全面责任。中层管理人员是介于高层管理人员和基层管理人员之间的管理人员,主要职责是制订相关计划以贯彻执行高等管理者所制订的重大决策和管理意图,并监督和协调基层管理人员的工作活动。基层管理人员是直接监督直接作业人员的管理者,其主要职责是为下属作业人员直接分派工作任务并直接指挥和监督现场作业活动。

第二,按照管理领域和管理专业划分,管理者包括综合管理人员和专业管理人员。其中,综合管理人员是指负责管理整个组织或组织中某个部门全部活动的管理人员,如企业总经理、事业部经理等;专业管理人员是指负责管理组织中某一类活动或负责完成组织中某一项管理职能的管理人员。随着现代分工的不断细化,专业管理人员的分类也不断细化,如研发部门管理人员、生产部门管理人员、财务部门管理人员、营销部门管理人员、人力资源部门管理人员、公共关系部门管理人员等。

二、管理者的基本技能

管理者在组织中通常扮演着领导者、协调者、联络者、指挥者和监督者等一系列角色,是组织的"领头羊",肩负着组织生存和发展的大任。因此,只有具备了全面的管理技能,一个组织成员才能实现由作业者向管理者的转变。美国管理学家罗伯特·卡茨(L. Katz)概括了管理者必须具备的 3 项技能,即技术技能、人际技能和概念技能。

第一,技术技能。技术技能是管理者掌握和运用某一专业领域内的技术、流程、知识和方法,来全面完成具体工作任务的能力,是管理者对相关专业领域进行有效管理的必要技能。比如,办公室管理人员应该熟悉组织中的各类规章、制度,熟悉公文收发程序和写作规范等,学校科研管理人员应该熟悉科研项目来源、科研工作流程、科研成果鉴定等方面的知识。

第二,人际技能。人际技能是管理者处理人际关系的技能,主要包括理解、激励他人并与他人融洽相处的能力。人际技能的内涵要比领导技能宽泛得多,因为管理者在有效领导下属的同时,还要经常同上级领导和同级同事打交道。因此,掌握说服上级的技巧、学会与其他部门同事的沟通与合作要领,都是管理者应该具备的基本技能。

第三,概念技能。所谓概念技能,是指管理者洞察、理解、分析、判断、抽象、概括和综合的能力,包括理解事物间相互关系从而发现关键影响因素的能力、确定和协调各方面关系的能力、权衡不同方案优劣和潜在风险的能力等。或者说,管理者经常需要判断问题的起因和实质、预测问题发展下去可能会产生的影响、决定采取哪些措施来解决问题、分析这些措施实施后会带来哪些后果等,完成上述几方面的技能即可称为概念技能。

通常,如图 1-2 所示,管理者所处的层次越低,就越需要具备更多的技术技能,而所需具备的人际技能和概念技能则可较少;反之,管理者所处的层次越高,其所面临的问题越复杂,就越需要具备更全面的概念技能,而所需具备的技术技能则可较少。

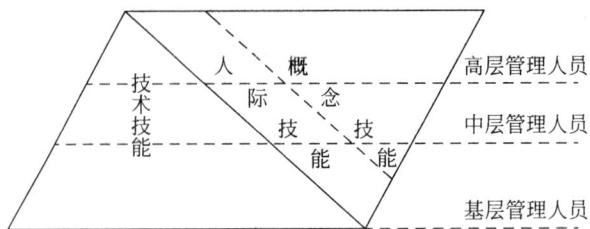

图 1-2　管理层次与管理技能关系示意图

小贴士

破 窗 效 应

　　破窗效应揭示,一个房子如果窗户破了,没有人去修补,那么隔不久其他的窗户也会莫名其妙地被人打破。同样,一面墙如果出现一些涂鸦没有被清洗掉,很快墙上就布满了乱七八糟、不堪入目的东西。破窗效应对管理工作的启示在于:管理工作无小事,再小的工作漏洞也有必要在第一时间得到及时修正。

第三节　管理环境、管理原理与管理方法

一、管理环境

　　管理环境是指存在于社会组织内部与外部的影响管理行为和管理效果的各种力量、条件和因素的总和。

　　管理环境对组织的生存和发展具有决定性或制约性影响,而这种决定性或制约性影响的程度会随着管理环境的变化而变化。因此,认识环境、分析与评价环境、能动性地适应环境就成为管理者必须冷静处置的现实问题。

(一)内部环境

　　内部环境是指组织的管理者履行其基本职能所需的各种内部资源与条件的总和。事实上,由于在现实世界中很难找到内部环境完全相同的两个组织,因而也很难找到资源和能力完全相同的两个组织。这种情况下,即使在同一外部环境中运行并选择了类似管理模式的组织,取得相同管理绩效的概率也是极低的。

(二)外部环境

　　外部环境是存在于组织外部的、能够对组织管理绩效产生现实与潜在影响的各类因素的总和。组织外部环境所涉及的因素很多,从自然条件到社会条件等诸多因素都可以成为左右管理成败的变量。

　　外部环境可以划分为一般环境和具体环境两类。一般环境,又可称为宏观环境,是在某一特定社会中对所有组织的管理行为均会产生影响的因素集合,包括经济因素、技术因素、政治因素、法律因素、文化因素、自然因素等各方面变量。通常情况下,一般环境是特定组织管理行为的外生变量,是管理者无法控制和改变的因素,因而适应和利用外部环境

因素是更为科学的应对策略。具体环境，又称任务环境，是指某个特定组织在完成特定任务过程中所面临的特殊环境因素。通常，同一般环境相比，具体环境对特定组织的影响更为直接，也更容易被组织管理者所识别、判断甚至加以控制。

需要说明的是，外部环境对某一类组织的影响可能是正面的，但对另一类组织的影响则可能是负面的，甚至对同一类组织内部不同个体的影响方向和影响机制也可能是迥异的。比如私立医院和公立医院，尽管二者均从事医疗活动，但由于它们所面临的内、外部环境存在较大差异，因此私立医院在精减人员、改善服务、加大宣传力度等方面所投入的精力可能要比公立医院多，而后者则可能在游说政府部门以争取更多拨款方面投入更多精力。

二、管理的基本原理

现实社会中尽管存在着各种各样的组织，每种组织由于自身的运行目的和行业特点千差万别，因而其管理的内容和管理的手段、方法不可能完全一样，但是就共性而言，不同组织的管理本质却是相同的，因而普遍适用的、带有规律性特征的管理原理就必然是存在的。一般来说，常见的管理基本原理主要包括人本原理、系统原理、效益原理和权变原理。

（一）人本原理

人本原理强调，任何组织都是以人为主体构建起来的，组织的活力、竞争力和发展能力，归根结底来源于组织中的人。因此，组织管理的核心就在于有效调动组织成员的积极性、主动性和创造性，见物不见人的管理模式必然是不可持续的。

（二）系统原理

系统原理认为，任何社会组织都是由相互关联、相互影响和相互作用的要素为了实现组织整体目标而形成的有机整体。在这个有机整体中，每一个要素自身功能的发挥，都会对整个系统功能或目标的实现产生直接影响。因此，管理工作必须以全局观念为出发点来考虑问题并全力追求 $1+1>2$ 的理想效果，部门利益、个人利益必须高度服从于整体利益。

（三）效益原理

管理学中的效益，通常是指产出和投入之比。显然，只有在产出大于投入的情况下，管理的效益才能够得到体现，产出也才能称为有效产出。所谓效益原理，强调管理效果的评价必须以效益水平的高低作为最终衡量标准。在人、财、物耗费量既定的条件下，有效产出水平越高，那么管理的效益就较高；同理，在有效产出目标既定的条件下，人、财、物的耗费量越低，那么管理的效益水平就越高。

（四）权变原理

权变原理揭示，组织内、外部环境不可能一成不变，因此无论从理论角度看还是从实践角度看，都不存在普遍使用的最优管理模式和管理方法。对于特定的组织而言，所谓

"最优"的管理模式和管理方法,就应该是具有权变特征的管理模式和管理方法,管理者必须围绕管理环境的变化不断谋求调整和创新。

小贴士

米格—25 效应

前苏联研制生产的米格—25 喷气式战斗机,以其优越的性能而广受世界各国青睐。然而,众多飞机制造专家却惊奇地发现,米格—25 战斗机所使用的许多零部件与美国战斗机相比要落后得多,但其整体作战性能却达到甚至超过了美国等其他国家同期生产的战斗机。造成这种现象的原因是,米格公司在设计时从整体考虑,对各零部件进行了更为协调的组合设计,使该机在升降、速度、应急反应等诸方面反超美机而成为当时世界一流的战斗机。这一因组合协调而产生的意想不到的效果,被后人称为"米格—25 效应"。

"米格—25 效应"对管理工作的启示在于:组织内部资源组合关系是否合理,对其整体功能的发挥关系很大。因此,优化和协调组织资源,是提高组织运行效率的捷径。

三、管理的基本方法

所谓管理方法,是管理者为了实现组织目标、保证管理活动全面顺利开展而采取的工作方式。管理方法实际上就是管理理论、管理原理的自然延伸和具体化、实践化的产物。目前,较为常见的管理方法主要包括制度方法、经济方法、教育方法和数学方法等。

(一)制度方法

俗话说,"没有规矩,不成方圆"。所谓制度方法,就是运用制度的强制性来规范、约束或激励组织成员相关行为的管理方法。制度方法的作用和有效性,就在于它通过自身的强制力量可以有效地整合个人(或部门)目标,使之与组织目标取得一致。

(二)经济方法

经济方法是指按照经济规律的要求,正确运用工资、奖金、股权、罚款、价格、税收、信贷、经济合同等手段来管理组织的方法。这种方法在经济管理领域,通常是最为重要、最为实用的管理方法。

(三)教育方法

教育方法是指对组织成员进行思想、素质和科学文化技术等方面的教育,开发组织成员潜能的一系列有组织的活动。教育方法的常见内容可以包括职业道德教育、团队精神培育、民主法治教育、科学文化教育、组织文化塑造等多种形式。教育方法的特点在于"润物无声"式的改变组织成员的观念和行为。

(四)数学方法

管理领域,数学方法具有显著的精确性特点,是指运用科学的理论及数学或系统模型,来寻求行动方案优化目标的定量分析方法。目前,数学方法在企业管理活动中较为常见,盈亏平衡点模型、线性规划模型、网络模型等分析方法已经相当流行。

这里,在管理方法的选择、开发和使用方面,有两个问题值得关注:其一,管理方法本身的边界是不断拓展的,其内容总是处于不断丰富的过程之中,任何一个管理者,均可以根据个人实践经验的积累开发出最适合自己的管理方法或管理方法组合;其二,管理方法本身并无优劣之分,每种方法的优缺点往往是互现的,因此在实践应用环节应该强调各种方法的综合运用。

案 例 分 析

福特汽车公司的兴衰

作为一家创建于 1903 年的百年企业,福特汽车公司的兴起、衰落和复兴,使人们真切地领会到了管理的价值所在。

亨利·福特在 1903 年创办了福特汽车公司,开始生产当时流行的从"A"型到"R"型和"S"型汽车,并凭借批量生产—降低成本—大众化的生产理念而在本行业中脱颖而出。1908 年,福特汽车公司推出了闻名于世的"T"型大众汽车,标志着福特汽车公司辉煌历史的开篇。有数据表明,1913 年,福特汽车的年产量达到 13 万辆,1914 年增加到 26 万辆,1923 则提高到 204 万辆。20 世纪 20 年代初期,福特汽车已占有 2/3 的美国汽车市场,并成为当时世界上最大和最赢利的制造业企业,其在 15 年中共积累了 10 亿美元的现金储备。

但是,亨利·福特的错误认识几乎葬送了福特汽车公司的一切。他认为,公司组织只是一种形式,管理人员和管理活动都是没有必要的,企业所需做好的,无非就是降低成本、提高产量而已。福特拒绝让任何人担负管理重任,每隔几年,就将第一线领班降级,免得他们自以为了不起,忘了自己的饭碗乃是福特的赐予。然而,事实给予了亨利·福特有力的回击:随着通用等汽车公司的兴起,研发、产供销、人事、财务等活动日趋复杂,个人专断式的管理模式已经难以适应这种变化。1927 年,在以通用汽车公司为代表的新兴汽车公司的强力竞争下,福特汽车公司逐渐丧失了在汽车市场上的霸主地位,连年亏损使其在1944 年福特二世(福特的孙子)接管企业时已经濒临破产。

那么,将福特汽车公司逼上绝路的通用汽车公司是怎样做的呢? 概括起来讲,其做法与福特汽车公司的做法恰好相反。通用汽车公司原本是一家由一些小公司合并起来,长期各自为政的松散公司。不过,1920 年新任通用汽车公司总裁小艾尔弗雷德·斯隆所带来的管理模式的变化,却使公司迅速驶上了"快车道"。他在公司内部的整顿和改组过程中,采用了一整套实用的管理结构和管理方法:根据市场中顾客需求层次的不同,确定产品主攻方向,加强产品研发工作;强化部门之间的专业化协作,谋求大规模生产;按照分散经营与协调控制的原则,建立公司管理体制;做好工资、福利和人员管理工作;建立完整的财务管理体系……

颇富戏剧性的是,福特汽车公司并没有倒下,福特二世不仅知道老福特失误的本质所在,而且知道应该怎样去改变。福特二世的第一个举措就是建立了一个真正的管理层,并坚持执行了充分授权的基本原则,使每一管理人员都能够担负重任;他在公司内部全面实行了目标管理方法,由根据目标和测评的要求而制订出的业绩目标和业绩标准取代了公司原有的个人武断的命令;他对公司进行了组织结构变革,将全公司划分为 15 个自主管理的事业部,每个事业部均有着自己健全的管理团队,拥有充分的经营权和决策权,并对经营绩效负有完全责任。

功夫不负有心人,在福特二世接手公司 10 年后,公司就重新获得了成长与赢利潜力,市场占有率稳步上升,成为通用汽车公司的主要竞争者。在美国汽车市场上,福特汽车已经成为通用公司旗下雪佛兰车的市场第一名宝座的有力争夺者;在欧洲汽车市场上,福特汽车公司的销量已经超过了通用汽车公司。

【思考题】

1. 从市场环境角度讨论福特汽车公司兴衰的外部影响。
2. 从管理的作用角度探讨福特汽车公司兴衰的原因。
3. 分析福特汽车公司兴衰史对我国中小企业的启示。

本 章 小 结

作为一种社会现象,管理活动可以追溯到人类群体活动的出现。从古至今,只要存在着人类组织,那么管理活动就普遍存在。管理就是组织内各级决策者在特定的环境下,运用其所拥有的资源进行计划、组织、领导和控制工作,高效率实现组织既定目标的过程。通常,管理具有目的性、环境适应性、约束性、关联性和群体性 5 个方面的特点,并综合表现为自然属性和社会属性的双重性质。

管理是在内部环境和外部环境的影响下展开的,具有计划、组织、领导和控制 4 项基本职能。在管理过程中,管理者应全面掌握人本原理、系统原理、效益原理和权变原理 4 项基本原理,同时应明确制度方法、经济方法、教育方法和数学方法等管理方法的应用意义。

思考与练习题

1. 简要说明管理的内涵。
2. 概括说明管理的基本特征。
3. 如何理解管理的双重属性?
4. 管理者应该具备的基本技能有哪些?
5. 说明管理的基本原理和基本方法。

实 训 项 目

1. 搜集并整理华为、西安杨森等企业相关资料,总结其基本管理模式,并简要说明这些管理模式的普遍实用性。
2. 搜集并整理近两年来我国食品行业存在的非法行为和不道德行为案例,讨论这些行为的产生根源及治理途径。

第二章

管理理论的形成与发展

【学习目的】

1. 了解管理理论演进的背景，把握各个阶段的主要思想观点。

2. 熟练掌握泰罗的科学管理理论、法约尔的一般管理理论、韦伯的理想的行政组织体系理论、梅奥的人际关系理论。

3. 了解现代管理理论的各个学派具有代表性的管理理论。

【引例】

联合邮包服务公司(UPS)的动作管理

联合邮包服务公司(United Parcel Service,UPS)是美国一家邮运公司,其业务范围覆盖美国各地和全球180多个国家,其服务宗旨是"在邮运业中办理最快捷的运送"。目前,UPS是世界上邮递效率最高的公司之一,联邦快递公司(Federal Express)平均每人每天取运80件包裹,而UPS公司则高达130件。

为了完成平均每天900万个包裹的发送任务,UPS雇用了15万名员工。但是,15万名员工的雇用规模是不是太过庞大了? UPS的做法会使人们看到,在当前的技术水平下,这一数字已经被压缩至极致,因为UPS会对每一位司机(同时也是包裹投递员)的工作流程与动作程序进行严格培训,以便全面提高其工作效率。

UPS的具体做法是,由其工业工程师对每一位司机的投递路线进行时间研究,在记录了每一位司机投递路线上红绿灯、通行、穿过院子、敲门、上楼梯、中间休息乃至上厕所的时间基础上,经过计算机计算,给出每一位司机每天工作的详细时间标准。

这样,司机们为了完成平均每天取送130件包裹的工作任务,他们就必须严格遵循工程师设计的程序。按照设计好的程序,当他们接近发送站时,他们的工作程序是松开安全带,按喇叭、关发动机、拉起紧急制动、把变速器推到1挡上,从而为送货完毕的启动离开做好准备。而后,他们需要从驾驶室溜到地面上,以右臂夹文件夹,以左手拿包裹,同时右手拿着车钥匙。他们看一眼包裹上的地址把它记在脑子里,然后就需要至少以每秒3英尺的速度快步走到顾客门前,开始敲门(不需要按门铃,因为按门铃是要浪费时间的)。送货完毕后,他们需要快速再回到卡车上,并在路途中完成工作数据记录工作。

自从有了人类社会,人们的社会实践活动就表现为集体的协作劳动,而有集体协作劳动的地方就有管理活动,随之形成了各种管理思想。人们对管理思想进行归纳总结,使之系统化,就形成了管理理论。

管理理论的形成是以19世纪末20世纪初的泰罗科学管理理论的出现为标志的,此后经历了古典管理理论、行为科学理论和现代管理理论 3 个阶段。虽然管理理论的出现有先后顺序,但它们却是相互影响的,存在着继承和借鉴的关系。

第一节　早期管理思想

一、早期的管理实践和管理思想

管理活动源远流长,管理的历史和人类的文明史一样悠久,人类进行有效管理的历史,可能已经超过 5 000 年。中国的万里长城、埃及的金字塔、巴比伦古城不但是古代劳动人民劳动智慧的结晶,同时也是历史上伟大的管理实践。

目前发现的关于管理思想的最早书面资料,当属 5 000 年以前西亚美索不达米亚(即两河流域)地区苏美尔人留下的。苏美尔人从庙宇管理中发展出了一种早期的"公司"概念,由一个共同的管理机构来管理一批庙宇。这种庙宇公司实行一种双头控制制度:由一个高级祭司负责宗教和礼仪活动,另一个高级祭司负责非宗教的世俗活动。苏美尔的庙宇中有大量的财物,为了对这些财物进行管理,他们在泥板上用文字记载账目、文件等,成为世界上最早的处于萌芽状态的管理控制系统和库存账目记录。

埃及人很早就懂得了分权。法老享有神权,而辅助法老的宰相集"最高法官、宰相、档案大臣、工部大臣"等职衔于一身,掌管全国的司法、行政及经济事务,但军权由法老直接掌管,宰相不兼军务。埃及人是首先意识到"管理跨度"的实践者。

在美索不达米亚建立奴隶制国家的巴比伦国王汉姆拉比于公元前 2000 年左右颁布了一部法典——《汉谟拉比法典》,率先以法律的形式对个人财产、不动产、商业活动、个人行为、人与人的关系、工资报酬、职责等做出了确切规定,其中许多规定涉及了经济管理的基本思想,如控制借贷、最低工资、会计和收据的处理、责任的承担等。

古罗马帝国的兴盛,在很大的程度上归功于其有效的组织。罗马帝国强盛时期的疆域,西起英国、东至叙利亚,包括整个欧洲和北非,人口约五千万。这个庞大帝国的统治工作,为后人提供了许多管理方面的经验,特别是分权与集权管理的经验。罗马共和国时期和罗马帝国的初期,由于疆域辽阔,更多地实行地方分权,以便适应地方的特点,但这又削弱了中央的控制力,降低了军人和地方政府对中央政府的忠诚程度。公元 284 年戴克利先成为皇帝以后,实行了一种把集权和分权更好地结合起来的连续授权制度。他把整个罗马帝国划分为 101 个省份,分归 13 个区领导,而 13 个区又归并为 4 个大区。他除了自己兼任一个大区的领导以外,授权给 3 个助手分别管辖其他 3 个大区。大区的首脑再授权给"总督"管辖各个区,总督又授权给"省长"管辖各省,各省的省长只管民政,无权控制各省的军队,这样就没有足够的权力来反抗中央政权。这种管理制度把中央的集中控制和地方的分权管理较好地结合了起来,使得罗马能够在多年内成功地控制这个庞大的帝国。

中国历史上有许多伟大工程,万里长城是其中最令人瞩目的杰出代表。长城始建于公元前 200 多年,全长 6 700 千米,参与建设的服役者达 40 多万人。筑城所用的砖都按统一的规格由全国各地烧制后运送到工地,为了监督检查制砖的责任和质量,每块砖上都刻有制造州府县及制造者的名字。要完成如此浩大的工程在当时的建筑条件和科学技术条件下,其计划、组织、领导、控制等管理活动的复杂程度是现代人难以想象的。

另外,中国古代军事管理思想中最有代表性的著作《孙子兵法》,其中所阐述的"为将之道"、"用人之道"、"用兵之道"以及在各种错综复杂的环境中为取胜所采用的各种策略,不仅对于军事活动具有经典性的指导意义,对于一般管理的研究也具有重要意义。

二、中世纪的管理思想

中世纪的欧洲属于封建社会,它是在奴隶占有制生产方式瓦解的基础上逐步形成的,这在当时是一个重大历史进步。管理思想方面,封建社会也是古代社会和资本主义的一个过渡时期,在许多方面,它继承了古代的管理思想,为近代资本主义管理思想的形成准备了条件。其中,尤为突出的是威尼斯兵工厂的管理经验。莱恩在其《文艺复兴时期的船舶和造船业者》一书中详细介绍了15~16世纪时威尼斯造船厂(即兵工厂)的管理经验。

当时,威尼斯为了保护它日益增长的海上贸易,在1436年建立了政府的造船厂以改变依靠私人造船厂的情况。到16世纪,威尼斯的兵工厂成为当时最大的工厂,雇用工人一两千人,在管理方面提供了许多有用的经验。

(一)组织机构和领导工作

兵工厂设有一位正厂长和两位副厂长。威尼斯元老院除了有时直接过问兵工厂的事务外,还派了一个特派员作为与兵工厂的联系者。兵工厂内部分成各个巨大的作业部门,由工长和技术人员领导。正副厂长和特派员主要从事财务管理、采购等职能,生产和技术问题则由各作业部门的工长和技术人员负责。在兵工厂的管理工作中,较好地体现了互相制约和平衡的原则。

(二)部件储存

兵工厂的任务不只是造船,而是有着三重任务:制造军舰和武器装备;储存装备,以备应用;装备和整修储备中的船只。为了接到通知后立即可以安装舰船,兵工厂必须储存必需的船具和索具。把这些储存的零部件编上号码并储存在指定的地方有助于实行装配线作业和精确计算存货,节省时间和劳力,加快安装船只的速度,提高工作效率。

(三)装配线生产

兵工厂在安装舰船时采用了类似于现代装配线生产的制度,各种部件和备品仓库都安排在运河的两岸,并按舰船的安装顺序排列。当舰船在运河中被拖引着经过各个仓库时,各种部件和武器等从各个仓库的窗口传送出来进行装配。

(四)部件标准化

兵工厂当时已经认识到部件标准化在装配和操纵舰船方面的好处:既能提高生产速度和降低成本,并能以同样的方式、同样的速度和灵敏度来操纵,使得舰队中的各个船只能协同配合。

（五）会计控制

兵工厂中所用的会计和簿记制度同威尼斯工商企业中所用的会计和簿记制度有同样的重要性,但是其执行过程和执行目标则有所不同。兵工厂把会计作为一种管理控制手段,入厂和出厂的每件事物都有细致的记录和账目。兵工厂规定所有的账目合并为两本日记账和一本分类账,其中一本日记账由负责保管现金的厂长保存,另一本日记账由会计长把账户过到分类账中去,然后由另一位会计保管。兵工厂中的这两位负责人每隔几个月就在一起核对日记账和分类账,每年的 9 月结算分类账。兵工厂把所在的费用分成 3 类:第一类是固定费用;第二类是金额不定的费用;第三类是额外的费用。收入则按不同用途而划分成几种资金。兵工厂的这种会计制度,使它能追踪并评价所有的费用,进行管理控制。

（六）存货控制

威尼斯兵工厂必须储存相当的舰船以供急需。在 14 世纪时,只要有 6 条船的储备就够了,后来增加到 50 只,16 世纪时又增加到 100 只。兵工厂对此进行严格的控制。

（七）成本控制

兵工厂还利用成本控制和计量方法来帮助做出管理决策。例如一位会计发现,在早期由于木料堆放没有次序,寻找一块木料所花的成本相当于木料价值的 3 倍。有一位会计用资料表明,每年花在寻找和搬运木料的劳动相当于 500 个杜卡(一种金币),而当船只下水时,又必须清理木料,以便让出路来,每年又要花费 1 200 个杜卡。通过这些成本研究,兵工厂专门设立了一个木料场,有秩序地堆放各种木料,既节省寻找木料的时间和劳动,又能确切知道库存木料的价值。

（八）人事管理

兵工厂中有着严密的人事管理制度,严格规定上工下工和工间的休息时间。按照工作的性质,分别按计件工资或计时工资付给工人报酬。兵工厂设有一个委员会,每年的 3 月和 9 月开会评定每个工人师傅的成绩并决定是否提升工资,学徒是否晋升为师傅等。

三、近代管理思想

人类社会进入 18 世纪 60 年代后,以英国为代表的西方国家开始了第一次工业革命,资本主义机器大工业逐渐替代了工场手工业,生产力由此得到迅速发展。与之相应,管理思想、管理方法和管理手段开始了创新性变革,并因此造就了一大批卓有贡献的思想家、经济学家和管理学家。

（一）亚当·斯密

人类历史上最早对经济管理思想进行系统论述的学者,首推英国经济学家亚当·斯密。他在 1776 年发表的《国民财富的性质和原因的研究》(又称《国富论》)一书中,系统阐述了劳动价值论及劳动分工理论。

斯密认为,劳动是国民财富的源泉,各国人民每年消费的一切生活日用必需品的源泉是本国人民每年的劳动。劳动创造的价值是工资和利润的源泉,工资越低,利润就越高,工资越高,利润就会降低,这就是资本主义经营管理的本质。

斯密在分析增进"劳动生产力"的因素时,特别强调了劳动分工的作用。他认为劳动分工的作用主要有:劳动分工可以使工人重复完成单项操作,从而提高劳动熟练程度,提高劳动效率;劳动分工可能减少由于变换工作而损失的时间;劳动分工可以使劳动简化,使劳动者的注意力集中在一种特定的对象上,有利于创造新工具和改进设备。

斯密的分析和主张,不仅符合当时生产发展的需要,而且也成了以后企业管理理论中的一条重要原理。

(二)查尔斯·巴贝奇

继斯密之后,英国人查尔斯·巴贝奇发展了斯密的劳动分工理论,提出了关于生产组织机构和经济学方面的带有启发性的问题。他在 1832 年出版的《论机器和制造业的经济》一书中,阐述了他的思想。巴贝奇分析了劳动分工能提高劳动生产率的原因:劳动分工可以节省学习所需要的时间;劳动分工可以节省学习中所消耗的材料;劳动分工可以节省从一道工序转变到另一道工序所消耗的时间;劳动分工可以节省改变工具所耗费的时间;由于经常重复同一操作,故而技术熟练,工作速度可以加快;劳动分工后注意力集中于比较单纯的作业,能改进工具和机器,设计出更精致合用的工具和机器,从而提高劳动生产率。

巴贝奇对管理的另一个贡献是对报酬制度的研究。他认为工人的工资应该由 3 部分组成,即:按照工作性质所确定的固定工资;按照生产效率及所作贡献分得的利润;为提高劳动效率而提出建议所应给予的奖励。这种按照生产效率不同来确定报酬的制度对提高工人的劳动积极性具有刺激作用。

(三)罗伯特·欧文

这一时期著名的管理学者除了斯密和巴贝奇外,还有英国空想社会主义者罗伯特·欧文。他经过一系列试验,首先提出在工厂生产中要重视人的因素,要缩短工人的工作时间,提高工资,改善工人住宅。他的改革试验证实,重视人的作用和尊重人的地位,也可以使工厂获得更多的利润。欧文开创了在企业中重视人的地位和作用的先河,所以也有人认为欧文是人事管理的创始人。

第二节　古典管理理论

西方的古典管理理论是指 19 世纪末 20 世纪初在美国、法国、德国等西方国家形成的有一定科学依据的资产阶级管理理论,又被称为科学管理理论。当时,经过产业革命后相当时间的发展,资本主义先进国家的生产力发展已达到一定的高度,科学技术也有了较大的进步,并有了许多新发明。但是,当时的管理还相当落后,并且一般是建立在经验和主观臆断的基础上,而缺乏科学的依据,因此,这些国家的经济发展和企业中的劳动生产率都远远落后于当时的科学技术。为了进一步发展生产力,就必须在管理方面有一个较大的突破,当时在美、法、德等国几乎同时产生了科学管理运动,从而形成了各有特色的古典管理理论。

古典管理理论主要包括以泰罗为代表的科学管理理论、以法约尔为代表的一般管理理论和以韦伯为代表的理想的行政组织体系理论。

一、泰罗的科学管理理论

(一)泰罗的生平

弗雷德里克·W. 泰罗(Frederick. W. Taylor,1856—1915)出生于美国一个富裕的律师家庭。他年幼时就很爱好科学研究和实验,对于任何事情都想找出"一种最好的方法"。18 岁时,他考入哈佛大学法律系,第二年因视力原因而终止学业,到一家小机械厂当学徒。1878 年转入费城的米德维尔钢铁厂当技工,由于他工作努力,表现突出,从一般工人先后被提拔为车间管理员,技师小组长、工长,维修工厂制图部主任,并于 1884 年被提升为总工程师。在米德维尔钢铁厂的实践中,泰罗感到当时的企业管理当局不懂得用科学方法来进行管理,不懂得工作秩序,不懂得劳动节奏和疲劳因素对劳动生产率的影响;而且工人缺少训练,没有正确的操作方法和适当的工具,这些都大大影响了劳动生产率。为此,他进行了一系列的实验,系统地研究和分析工人的操作方法和劳动所用的时间,在此基础上逐步形成了后来被称为"科学管理"或"泰罗制"的管理理论和管理制度。

泰罗在管理方面的主要著作有:《计件工资制》(1895 年)、《车间管理》(1895 年)、《科学管理原理》(1912 年)。他被后人称为"科学管理之父"。

(二)科学管理理论的要点

泰罗及其追随者所倡导的科学管理理论,主要包含以下要点。

(1)科学管理的中心问题是提高劳动生产率。泰罗认为,最高的工作效率是工厂主和工人共同繁荣的基础,它能使较高的工资和较低的劳动成本结合起来,从而使工厂主得到最大的利润,工人得到最高的工资,进一步提高他们对扩大再生产的兴趣,促进生产的发展。因此,提高劳动生产率是泰罗科学管理理论的基本出发点,是确定各种科学管理原理、方法的基础。

(2)为了提高劳动生产率,必须为工作挑选"第一流的工人"。泰罗认为,人具有不同的天赋和才能,只要工作对他合适,都能成为第一流的工人。而培训工人成为"第一流的工人"是企业管理当局的责任。

(3)要使工人掌握标准化的操作方法,使用标准化的工具、机器和材料,并使作业环境标准化。泰罗认为,必须用科学的方法对工人的操作方法、使用的工具、劳动和休息时间的搭配,以至机器的安排和作业环境的布置等进行分析,消除各种不合理的因素,把各种最好的因素结合起来,形成一种最好的方法。而这种方法的制订是企业管理当局的首要职责。

（4）实行有差别的计件工资制。为了鼓励工人努力工作，完成定额，泰罗提出了一种叫做"差别计件制"的刺激性付酬制度。这种付酬制度按照工人是否完成其定额而采取不同的工资率。如果工人达到或超过了定额，就按高工资率付酬，为正常工资率的 125%。如果没有达到定额，就按低工资率付酬，为正常工资率的 80%.

（5）工人和雇主双方都必须来一次"精神革命"。泰罗认为雇主关心的是低成本，工人关心的是高工资，只有劳动生产率提高了，双方才都可以达到自己的目的。所以，劳资双方必须变互相指责、怀疑、对抗为相互信任，共同为提高劳动生产率而努力。

（6）把计划职能与执行职能分开，变原来的经验工作方法为科学工作方法。泰罗指出，有意识地把以前由工人承担的工作分为两部分，即分成计划职能和执行职能。计划职能归企业管理当局，并设立专门的计划部门来承担。至于现场的工人，则从事执行职能，即按照计划部门制订的操作方法和指令，使用规定的标准化工具，来代替经验的工作方法。

（7）实行职能工长制。泰罗认为，为了使工长能有效地履行职责，就必须把管理的工作予以细分，使所有的工长只承担一种管理职能。后来的事实表明，一个工人同时接受几个职能工长的多头领导，容易引起混乱。所以，这种职能部门工长制没有得到推广。但泰罗这种职能管理的思想为以后职能部门的建立和管理的专业化提供了参考。

（8）在管理控制上实行例外原则。泰罗及其追随者认为，规模较大的企业不能只依据职能原则来组织和管理，还必须应用例外原则，即企业的高级管理人员把一般的日常事务授权给下级管理人员去处理，而自己只保留对例外事项（即重要事项）的决策和监督权，如企业基本政策的制订和重要人事的任免等。

尽管科学管理理论产生于工业化的初期，但其中的很多观点和方法对今天的企业仍有很多值得借鉴的地方。科学管理理论是人类管理思想史上的一个里程碑。

二、法约尔的一般管理理论

（一）法约尔的生平

亨利·法约尔（Henri Fayol，1841—1925）出生于法国一个资产阶级家庭。1856—1858 年期间，他就读于里昂公立中等学校，1858—1860 年期间，他就读于圣埃蒂安国立矿业学校。他于 1860 年作为一个采矿工程师进入康门塔里—福尔香包采矿冶金公司，并在此度过其整个职业生涯。在漫长而卓有成效的职业生涯中，法约尔一直从事管理工作。1918 年退休时的职务是公司总经理，退休后还在公司继续担任董事，直至 1925 年 12 月去世。

法约尔提出的一般管理理论对西方管理理论的发展有重大的影响，成为后来管理过程学派的理论基础。1916 年法约尔出版了其代表作《工业管理和一般管理》，被誉为"经营管理理论之父"，与"科学管理之父"泰罗齐名。

（二）一般管理理论的要点

1. 企业职能不同于管理职能

任何企业都有 6 种基本活动或职能，即技术活动、商业活动、财务活动、会计活动、安全活动、管理活动,管理活动只是其中之一。管理这一职能活动由 5 大要素组成,即计划、组织、指挥、协调、控制,如图 2-1 所示。在各类企业里,下属人员的主要能力是具有企业特点的职业能力,而较上层的人员的主要能力是管理能力,而且随着地位的上升,管理就越重要,如表 2-1 所示。

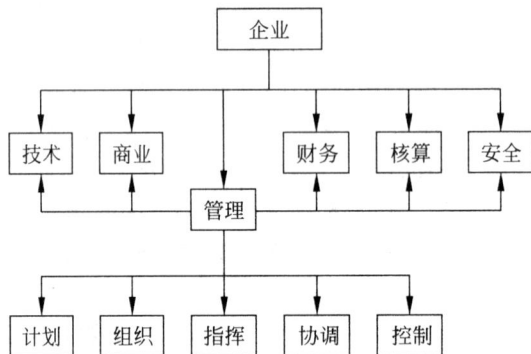

图 2-1　企业职能与管理职能

　　注:技术活动指生产、制造、加工;商业活动指购买、销售、交换;财务活动指资本的筹集和运用;核算活动指成本统计核算;安全活动指设备和人员的保护。

表 2-1　大型工业企业技术职能人员能力比较　　　　　　　　%

人员类别	能　力						
	管　理	技　术	商　业	财　务	安　全	会　计	总　计
工人	5	85			5	5	100
工长	15	60	5		10	10	100
车间主任	25	45	5		10	15	100
分厂长	30	30	5	5	10	20	100
部门领导	35	30	10	5	10	10	100
经理	40	15	15	10	10	10	100

　　2. 进行管理教育的必要性和可能性

　　法约尔认为,企业对管理知识的需要是普遍的,因此应尽快建立管理理论,并在学校中进行管理教育,使管理教育能起到像技术教育那样的作用。

　　3. 14 条管理原则

　　法约尔根据自己的管理经验,得出了 14 条管理原则。

　　(1) 劳动分工。实行劳动分工和专业化可以提高雇员的工作效率,从而增加产出。法约尔认为劳动分工不只限于技术工作,而且也适用于管理工作,适用于职能的专业化和权限的划分。

　　(2) 权力与责任。法约尔认为,权力是指挥和要求别人服从的力量,权力可以分为管理人员的正式权力和个人权力,前者是由于管理人员的职务或地位而产生的,后者则由管理人员的智慧、经验、道德品质、领导能力、以往的功绩等所构成。权力和责任是互为因果的,有权力就必定有责任。

（3）纪律。法约尔认为,纪律的实质是遵守公司各方达成的协议。纪律是以尊重而不是以恐惧为基础的,纪律松弛必然是领导不善的结果,而严明的纪律则产生于良好的领导。

（4）统一指挥。法约尔认为,无论对哪一件工作来说,一个下属人员只应接受一个领导者的命令,如果这条原则受到破坏,权力将受到损害,纪律将受到危害,秩序将受到扰乱,稳定将受到威胁。

（5）统一领导。为达到同一目的而进行的各种活动,应由一位领导者根据一项计划开展,这是统一行动、协调配合、集中力量的重要条件。

（6）个人利益服从整体利益。法约尔认为,整体利益大于个人利益的总和。一个组织谋求实现总目标比实现个人目标更为重要。当个人利益与整体利益不一致时,管理人员必须使它们一致起来。

（7）人员的报酬。法约尔认为,人员的报酬是其服务的价格,应该合理。应尽可能使企业和所有人员都满意。报酬方式必须符合 3 个条件:①能保证报酬公平;②奖励努力的人以激发热情;③不应有超过合理限度的过多的报酬。

（8）集中。这主要指权力的集中或分散的程度问题。集中的程度必须视管理人员的个性、道德品质、下级人员的可靠性以及企业的规模、条件等情况而定。

（9）等级链。这是由最高权力机构到最基层所形成的链条结构,是自上而下和自下而上传递信息的必经途径。它是一条权力线,用以贯彻统一的命令和保证信息传递的秩序。

（10）秩序。即人和物必须各尽其能,包括物的秩序和人的秩序。管理人员首先要了解每一工作岗位的性质和内容,使每个工作岗位都有称职的职工,每个职工都有适合的岗位。同时还要有条不紊地精心安排物资、设备的合适位置。

（11）公平。管理人员对其下属仁慈、公平,就能使下属忠诚地履行职责。

（12）人员的稳定。人员的稳定对于工作的正常进行、活动效率的提高是非常重要的。每个人适应自己的工作都需要一定的时间,任何雇员不要轻易流动,以免影响工作的连续性和稳定性。这条原则对于企业管理人员来说尤其重要。

（13）首创精神。它指人们在工作中的主动性和创造性。全体人员的首创精神对企业来说是一股巨大的力量,尤其在困难的时刻,所以,应该尽可能地鼓励和发展这种能力。

（14）团结精神。必须保持和维护集体中的团结、协作、融洽的关系,特别是人与人之间的相互关系。

法约尔的 14 条管理原则是灵活的,其应用过程中有效性的关键是尺度问题。总之,法约尔对组织管理进行了系统地、独创地研究,特别是关于管理职能的划分,对后来的管理理论研究具有深远的影响。英国管理学家厄威克在《管理备要》一书中对法约尔的评价是:"法约尔是 20 世纪上半叶为止,欧洲贡献给管理运动的最杰出的人物。"

三、韦伯的理想的行政组织体系理论

（一）韦伯的生平

马克斯·韦伯（Max Weber，1864—1920）出生于德国爱尔福特的一个富裕家庭。1882年，他进入海德堡大学学习法律，后来就读于柏林大学和哥丁根大学，并于1889年撰写了关于中世纪商业公司的博士论文。他曾3次参加军事训练，因而对军事生活和组织制度有相当的了解，这对以后他提出的组织理论有较大影响。他在管理方面的贡献是在《社会和经济理论》一书中提出了理想的行政组织体系理论，由此被人们称为"组织理论之父"。

（二）理想的行政组织体系理论的要点

1. 权力论

任何一种组织都必须以某种形式的权力作为基础，才能实现其目标，只有权力，才能变混乱为有秩序。韦伯认为，存在着3种纯粹形态的合法权力，即理性—法律的权力、传统的权力、超凡的权力。这3种纯粹的权力中，传统权力的效率较差，因为其领导人不是按能力来挑选的，其管理单纯是为了保存过去的传统而行事。超凡权力则过于带感情色彩，并且是非理性的，不是依据规章制度而是依据神秘或神圣的启示。所以这两种权力都不宜作为行政组织体系的基础，只有理性—法律的权力才能作为这种基础。

2. 理想的行政组织体系的特点

韦伯的"理想的行政组织体系"具有以下8个特点：

(1) 有明确的分工。

(2) 自上而下的等级系统。

(3) 根据职务要求选拔任用人员。

(4) 公职人员由选举产生和任命。

(5) 行政管理人员是专职的管理人员。

(6) 管理人员不是他所管辖的那个企业的所有者，只是其中的工作人员。

(7) 管理人员必须严格遵守规则、纪律和办事程序。

(8) 组织成员之间的关系以理性为指导，不受个人感情的影响。

韦伯认为，具有上述8个特点的行政组织体系是高度结构化的、正式的、非人格化的理想行政组织体系，在精确性、稳定性、纪律性和可靠性方面优于其他组织，是进行强制控制的合理手段，是达到目标、提高劳动生产率的最有效的形式。

可以说，韦伯的理想行政组织体系理论对后来的组织管理理论研究奠定了坚实基础，并且提出了很多开放性命题。

四、古典管理理论的系统化

由泰罗、法约尔、韦伯等人共同创立的古典管理理论自其出现以来就产生了巨大反响，并引发了诸多学者的研究、传播和系统化。在这些研究者中，厄威克和古利克的影响

最大，他们对古典管理理论做了较为全面的总结，并且加入了新的管理思想，对管理思想的发展做出了重大贡献。

（一）厄威克及管理思想

厄威克是英国著名的管理史学家、管理顾问和教育家，是公认的管理学权威。他的主要著作有《管理的要素》《组织的科学原则》《管理备要》等。厄威克在管理学方面最大的贡献是对古典管理理论进行了综合。他在 1944 年出版的《行政管理原理》一书中，把各种管理理论加以综合，创造了一个新的体系：他把泰罗的科学管理和科学分析方法作为指导一切管理职能的基本原则；把法约尔的计划、组织、控制 3 个管理要素作为管理过程的 3 个主要职能，将法约尔的管理原则放在管理的职能之下，如在控制职能之下的职能有配备人员、挑选和安排教育人员等。通过归纳总结，厄威克提出了适用性较广的 8 项组织原则。

(1) 目标原则：所有的组织都应当规定出一个目标。

(2) 相符原则：权力和责任必须相等。

(3) 职责原则：上级对下属工作的职责是绝对的。

(4) 组织阶层原则：从组织最高层到最基层的工作人员要形成明确的权力系统。

(5) 控制幅度原则：每一个上级所管辖的相互之间有工作联系的下级人员不应超过 5 人或 6 人。

(6) 专业化原则：每个人的工作应限制为一种单一的职能。

(7) 协调原则：组织的目的是协调一致推动工作。

(8) 明确性原则：对于每项职务都要有明确的规定。

（二）古利克及管理思想

古利克(Luther H. Gulick)是美国管理学家，曾任美国哥伦比亚公共关系学院院长，出版了许多关于管理方面的著作，他与厄威克合编的《管理科学论文集》(1937 年)包括了反映当时在管理学上有不同意见的一系列论文。

古利克把管理职能的理论加以系统化，提出了著名的管理七职能论，即：计划、组织、人事、指挥、协调、报告和预算。他还根据古典管理理论提出了 10 项管理原则。

(1) 劳动分工与专业化；

(2) 按目标、程序、顾客或地区把工作加以部门化；

(3) 通过等级制度进行协作；

(4) 通过思想进行协作；

(5) 通过委员会进行协作；

(6) 分权化或"控股公司"概念；

(7) 统一指挥；

(8) 直线和参谋；

(9) 授权；

(10) 控制幅度。

（三）古典管理理论的基本原则

厄威克和古利克都曾把古典管理理论中提出的管理原则加以系统化,此外其他一些学者也提出了颇有见地的看法,可认为是对古典管理理论下管理原则的总结和概括。

（1）为组织机构配备合适的人员。厄威克认为必须以"一种冷静的、超然的态度"来对待组织,没有任何倾向性地确定相应的组织机构,然后再采取步骤为组织机构配备合适的人员。

（2）"一个最高主管"或"一人管理原则",即由一个人承担管理职责,不能用委员会来管理。

（3）统一指挥。与法约尔的观点一样,一个下属人员只应接受一个领导者的命令。

（4）专业参谋和一般参谋。古利克和厄威克一方面坚持一人管理的原则,另一方面由于组织规模的扩大和工作量的增加,高级管理人员需要越来越多的专家和专业工作者来协助他。在专业问题上专业参谋的职能主要是作为高层管理当局的咨询人员,不应拥有行政指挥的实权。除了专业参谋以外,还必须增加一般参谋,以便帮助最高主管人员承担指挥、控制和协调的职责,他们处理问题的范围很广,但他们不是以自己的身份,而只是作为上级的代表来指挥,只限于上级决定的范围之内。

（5）工作部门化原则。在组织划分部门时,建议依据以下4种分类的方法:①依据组织的目标来实行部门化;②依据作业来实行部门化;③依据所涉及的机构或服务的人和事来划分;④依据地区来划分。

（6）授权原则。领导者要能够把某些职责授予下级人员,尽可能地授权是高级主管人员进行有效工作的最重要的条件。

（7）责权相符原则。只把责任加在管理人员身上是不够的,还必须授予他履行这些责任所必需的权力,在各级管理人员中,责和权都必须相称与明确。

（8）控制幅度原则。一个主管人员直属的下级人员的数量应有一定的限度。厄威克认为每一个上级领导人员所管辖的相互之间有工作联系的下级人员不应超过计划5人或6人。

总之,古典管理理论是人类历史上第一次以科学的方法来探讨管理问题取得的成果,其实质上反映了资本主义生产力的发展。反过来,管理思想的发展、管理技术和方法的进步,又进一步地促进了生产力的发展。

第三节　行为科学理论

20世纪20年代前后,随着工人日益觉醒和工会组织的日益发展,工人联合起来进行针对雇主的反抗和斗争的行为日渐增多;同时,随着经济的发展和周期性危机的加剧以及科学技术的发展和应用,使得西方资产阶级感到继续单纯沿用古典管理理论和方法已经不能有效地控制工人来达到提高生产效率的目的。

这时候,一些管理学家和心理学家开始注意到了"人"具有不同于"物"的许多特殊性质,需要管理者采取新的模式来加以管理。于是,他们开始从生理学、心理学、社会学等方面出发进行企业中有关人的一些问题研究,行为科学理论便应运而生,并在 20 世纪 50 年代得到了真正发展。

一、霍桑试验

1924—1932 年,美国国家研究委员会和西方电气公司合作进行了一项研究。由于研究是在西方电气公司的霍桑工厂进行的,因此被称为"霍桑试验"。主持此项试验的是美国哈佛大学教授、著名的行为科学家梅奥。霍桑试验分为 4 个阶段。

(一) 工场照明试验

这项实验从 1924 年 11 月开始,共进行了两年半的时间。他们把 12 名女工分成两个组,每组 6 人,分别在两个房间中工作,一组是控制组,其照明条件始终不变;另一组是试验组,其照明条件发生改变。两组的工作性质都是一样的,都是单调而高度重复性的工作。研究人员希望推测出照明强度发生变化后对产量的影响。但试验的结果却出乎研究人员的意料之外,两组的产量都在不断增加,而且增加的数量几乎相等。

于是研究人员得出结论,工作条件只是影响生产一种因素,而且是不太重要的因素,仍有其他未知的因素影响生产效率。试验继续进行。

(二) 继电器装配试验

为了能够更好地控制影响工作绩效的因素,梅奥选出了 6 名女工,在单独的房间里从事继电器的装配工作,同时指定一名观察者,专门记录室内发生的一切,并与工人保持友好的气氛。在试验的过程中,研究者不断增加福利措施,例如:缩短工作时间、延长休息时间、免费供应茶点等。这些措施使得产量有所提高,研究人员起初以为是福利措施刺激了工人的生产积极性。于是随后取消了这些措施,但他们惊奇地发现,产量不但没有下降,反而继续上升。这更加证明了物质条件的改变不是提高产量的唯一原因。

通过对此次试验的结果分析,研究人员发现,管理方式的改变可能是工人改变工作态度,进而提高产量的主要原因。

(三) 大规模访谈试验

从 1928 年 9 月开始,到 1930 年 5 月结束,研究人员总共对 2 万名左右的工人进行了访问和交谈,以便了解他们对公司领导、保险计划、升级、工资报酬等方面的意见和态度。在访问初期,研究人员提出的问题大都是一些"直接问题",结果发现工人由于害怕企业管理当局,不敢发表意见,往往是答非所问。后来,研究人员将问题改为"非正式提问式"的调查,让受访者自行选择适当的话题,工人可以随便发表他们的意见和看法,这样谈话的气氛就活跃了。

这次谈话之后,工人的产量有了大幅度的提高,这是由于工人把心中的不满"发泄"出来了,心情更为舒畅,产量自然增加了。经研究人员分析认为,任何一位员工的工作成绩,都要受到其他人影响。

(四) 电话线圈装配工试验

这项试验是在 1931 年 11 月到 1932 年 5 月间进行的,研究人员选出了 14 名男工在一间独立的观察室中进行,这 14 名男工包括 9 名绕线工、3 名焊接工和 2 名检验工。这 14 名工人中的绕线工和焊接工分成 3 组,每个小组包括 3 名绕线工和 1 名焊接工,两名检验工则分担检验工作。工人的工资报酬是按小组刺激计划计算的,以小组的总产量为基础付酬给每个工人,强调他们在工作中要协作,以便共同提高产量和工资报酬。

研究人员注意到的第一件事是,工人们对于什么是合理的日工作量有明确的理解,而它低于管理当局所规定的产量。工人估计到,如果产量超过了那个非正式标准,工资率将会降低,或者作为刺激工资制基准的标准,即管理当局规定的标准,将会提高。所以工人们面对两种危险性:第一种是产量过高,那会导致降低工资或提高产量标准;第二种是产量过低,那会引起监工的不满。每个工人的共同感觉是,不要超过那个非正式的产量标准而成为一个生产冒尖者,也不要过多地低于那个非正式标准而成为一个生产落后者,从而使同伴受到损失。为了使这个团体规范得以实行,团体中的成员采用了一些有趣的团体内部纪律措施,如"嘲笑、讽刺和给一下子"等。这适用于违反各种团体规范的人。避免伤害感情成为一种激励因素,工人们采取各种私下的措施来维持自己非正式团体成员的资格。

电话线圈装配工试验研究的第二个方面是确定人与人之间的相互关系,以便对社会结构或团体"构造"进行研究。社会关系分析者发现电话线圈装配工车间的正式结构之中有两个小集团或非正式组织。正式结构分成 3 个工作小组,每个工作小组由 3 名绕线工和 1 名焊接工组成($W1$、$W2$、$W3$、$S1$ 为一个工作小组,$W4$、$W5$、$W6$、$S2$ 为另一个工作小组,$W7$、$W8$、$W9$、$S3$ 为第三个工作小组)。而 2 名检验工($I1$、$I2$)则分担检验工作。这形成小集团 A 和小集团 B,如图 2-2 所示。小集团 A 包括 $W1$、$W3$、$S1$、$I1$、$W4$,小集团 A 在观察室的前部工作,被叫做"前部团体",小集团 B 包括 $W6$、$W7$、$W8$、$W9$、$S3$,而小集团 B 则由于其地理位置而被叫做"后部团体"。$W2$、$W5$、$S2$、$I2$ 则不属于任何小集团。在分析这些小集团时,研究人员试图指出小集团成员资格的确定因素。地理位置是一项因素,但并不起决定性作用。工种也不是一个决定性的因素,因为小集团 A 中就包含了绕线工、焊接工和检验工这 3 种不同的职业。同一小集团的成员相互之间做一些内部的活动,如闹着玩、交换工作、互相帮助……每一个小集团都不对其他小集团的成员做这些特殊的活动,而小集团 A 自认为优于小集团 B。

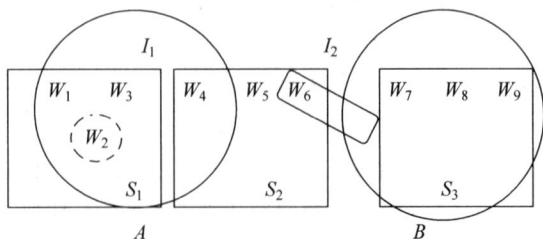

图 2-2　正式组织与非正式组织关系示意图

研究人员发现,小集团对工人起着两种作用:①它保护其成员免于遭受内部成员不当行为的伤害,如生产冒尖或生产落后;②它保护其成员免受管理当局职员的外来干预,如提高产量标准,降低工资率等。团体是对工人的获得和情绪进行控制的一种工具。

通过 4 个阶段历时近 8 年的霍桑试验,梅奥及研究人员认识到,人们的生产效率不仅要受到生理方面、物理方面等因素的影响,更重要的是受到社会环境、社会心理等方面的影响。

二、人际关系学说

梅奥对霍桑试验的结果加以研究后,于 1933 年发表了《工业文明中人的问题》一书,首次提出了与古典管理理论不同的新观点,形成了人际关系学说,其主要观点包括以下几个方面。

(一)工人是"社会人"

科学管理学派把人看做仅仅为了追求经济利益而进行活动的"经济人",认为金钱是刺激其积极性的唯一动力。霍桑试验证明人是"社会人",认为人不是孤立存在的,而是属于某一工作集体并受这一集体影响的,他们不是单纯地追求金钱收入,还要追求人与人之间的友情、安全感、归属感等社会和心理的欲望的满足。

(二)企业中存在着"非正式组织"

企业中除了"正式组织"之外,还存在着"非正式组织"。所谓"正式组织"就是古典管理理论所指出的,为了有效地实现企业的目标,规定企业各成员之间相互关系和职责范围的一定组织体系。这种组织对于个人有强制性。梅奥认为,人是社会的动物,在共同的工作过程中,人们必须发生相互之间的联系,产生共同的情感,进而形成一个体系,即"非正式组织"。这种"非正式组织"对于工人的行为影响很大,是影响生产效率的重要因素。

(三)新的企业领导能力在于通过提高职工的满足度来提高其士气

所谓职工的满足度主要是指职工的安全的感觉和归属的感觉这些社会需求方面的满足程度。按照梅奥等人的观点,工人劳动生产率最主要的是同工人的士气有关,而士气又与工人的满足度有关,工人的满足度越高,士气就越高,劳动生产率便越高。

企业中管理人员的新的领导能力在于,要同时具有技术—经济技能和人际关系技能。因此,要对各级管理人员进行训练,使他们学会了解人们的逻辑行为和非逻辑行为,学会通过同工人交谈来了解其感情的技巧,以便在正式组织的经济需求和非正式组织的社会需求之间保持平衡。

三、行为科学理论

霍桑试验之后,大批的研究者和实践者继续从生理学、心理学、社会学、人类学等角度对人际关系进行综合研究,从而建立了关于人的行为及其调控的一般理论。1947 年在美国芝加哥召开的一次跨学科的会议上,首先提出了"行为科学"这一名称,由此进一步形成和完善了行为科学理论。在梅奥之后,该理论的研究主要集中在 4 个领域:有关人的需要、动机和激励的问题;有关"人性"的问题;有关非正式组织及人际关系的问题;有关领导方式的问题。20 世纪 60 年代,为了避免同广义的行为科学相混淆,出现了组织行为学这一名称,专指管理学中的行为科学。

在行为科学中,人性假设理论的影响可能最为深远,因此这里做重点介绍。归根结底,各级管理者管理目标的实现与否和速度快慢,在相当大程度上取决于其能否获得下属的高效配合。这种情况下,研究被管理者的利益诉求和行为模式之间的内在关系,就成为管理者调动被管理者工作热情、进行有效管理的前提和基础。截至目前,人性假设理论在人性的认识和判断方面所取得的一系列成果,已经成为管理者选择管理方法和管理手段的重要依据。美国心理学家和行为学家谢恩归纳分类了人性的 4 种假设,即经济人、社会人、自我实现人和复杂人假设。

(一)经济人假设

经济人又称为"理性—经济人"或"实利人",这是古典经济学家和古典管理学家关于人的特性的假设。这种假设起源于享乐主义,又经 19 世纪理性主义的影响而形成,盛行于 19 世纪末 20 世纪初。该假设认为人的一切行为都是为了最大限度地满足自己的利益,工作就是为了获得经济报酬。美国行为科学家麦格雷戈在其所著的《企业的人性方面》一书中提出的 X 理论就是对经济人假设的概括。其基本观点如下。

(1)多数人十分懒惰,他们总想设法逃避工作。

(2)多数人没有雄心大志,不愿负任何责任,而心甘情愿地受别人的指导。

(3)多数人的个人目标都是与组织目标相矛盾,必须用强制、惩罚的办法,才能迫使他们为达到组织的目标而工作。

(4)多数人工作都是为了满足基本的需要,只有金钱和地位才能鼓励他们工作。

(5)人大致可分为两类,多数人都是符合上述设想的人;另一类人是能够自己鼓励自己,能够克制感情冲动的人,这些人应承担管理的责任。

基于这种假设采取的管理方式是,订立各种严格的规章制度,规范员工的行为,对消极怠工者严厉惩罚;为了提高工作积极性,则可以用经济利益予以刺激,即采用"胡萝卜加大棒"的政策。泰罗制就是经济人观点的典型代表。

(二)社会人假设

人际关系学说的倡导者梅奥等人依据霍桑试验的材料提出了社会人假设。该假设认为社会性的满足往往比经济上的报酬更能激励人们,物质利益对于调动生产积极性只有次要意义,人们最重视的是在工作中与人友好相处。其基本观点如下。

(1)从根本上说,人是由社会需求而引起工作动机的,并且通过与同事的关系而获得认同感。

(2)工业革命与工作合理化的结果,使工作本身失去了意义,因此只能从工作上的社会关系去寻求意义。

(3)员工对同事的社会影响力,比管理者所给予的经济诱因及控制更为重要。

（4）员工的工作效率随着上司能够满足他们社会需求的程度而改变。

从社会人假设出发，应采取不同于经济人假设的管理措施，主要有以下几点：第一，管理人员不能只注意完成生产任务，而应把注意的重点放在关心人和满足人的需要上；第二，管理人员不应只注意指挥、监督等，而更应重视员工之间的关系，培养员工的归属感和认同感；第三，在实行奖励时，应提倡集体奖励制度，而不主张个人奖励制度。

（三）自我实现人假设

自我实现人假设由美国心理学家马斯洛提出。所谓自我实现，就是指只有个人的才能得到充分发挥，人才会感到最大的满足。该假设认为，人是自我激励、自我指导、自我控制的，除了社会需求之外，还有一种想充分发挥自己才能的欲望。麦格雷戈总结并归纳了马斯洛与其他类似的观点，提出了 Y 理论。其基本要点如下。

（1）一般人都是勤奋的，如果环境条件有利，工作就如同游戏或休息一样自然。

（2）控制和惩罚不是实现目标的唯一手段。人们在执行任务中能够自我指导和自我控制。

（3）在适当的条件下，一般人不仅会接受某种职责，而且还会主动寻求职责。

（4）大多数人而不是少数人，在解决组织的困难问题时，都能发挥高度的想象力、聪明才智和创造性。

（5）有自我满足和自我实现需求的人往往以达到组织目标作为自己致力于实现目标的最大报酬。

（6）在现代社会条件下，一般人的智能潜力只得到了一部分的发挥。

根据自我实现人假设，管理者的任务就是创造一个能多方面满足员工需要的环境，使他们的智慧、能力得以充分的发挥，更好地为实现组织目标和个人目标而努力。

（四）复杂人假设

复杂人假设是对待人性的一种权变思想。该假设认为，现实组织中的人是各种各样的，是复杂的，不能简单地归结于一两种，经济人假设、社会人假设、自我实现人假设这 3 种人性的假设虽各有一定的合理性，但不能适用于所有的人。根据上述假设而提出的理论被称为超 Y 理论。其基本观点如下。

（1）人的需要是多种多样的，而且这些需要随着人的发展和生活条件的变化而发生改变。

（2）人在同一时间内有各种需要和动机，它们会发生相互作用并结合成为统一的整体，形成错综复杂的动机模式。

（3）人在组织中的工作和生活条件是不断变化的，因而会产生不同的需要。

（4）一个人在不同单位或同一单位的不同部门工作，会产生不同的需要。

（5）由于人的需要不同，能力各异，对不同的管理方式会有不同的反应，因此没有适合于任何组织、任何时间、任何个人的统一的管理方式。

由于人是复杂的，所以不同的人对管理方式的要求也是不同的，管理者应根据具体的情况，灵活采用不同的管理措施，即因人、因事而异，不能千篇一律。

第四节　现代管理理论

第二次世界大战以后,特别是 20 世纪 60 年代以来,西方企业的经营环境发生了重大的变化。生产和组织规模急剧扩大,生产力迅速发展,生产社会化程度不断提高,引起了人们对管理理论的普遍重视。许多学者总结前人的经验、理论,从自己的角度出发,并结合本专业的特点,去研究现代管理问题,这为管理理论基础的发展创造了极为有利的条件,从而出现了研究管理学理论的各种学派。各个学派是相互影响、相互渗透、相互作用的,形成了盘根错节、竞相争荣的局面。美国管理学家孔茨形象地称之为"现代管理理论的丛林"。

一、管理过程学派

管理过程学派,又叫管理职能学派、经营管理学派。这个学派在西方是继古典管理理论学派和行为科学学派之后影响最大、历史最久的一个学派。古典管理理论的创始人之一亨利·法约尔是此学派的开山鼻祖,后经哈罗德·孔茨等人发扬光大,成为现代管理理论丛林中的一个主流学派。其代表人物有:法约尔、厄威克、古利克、孔茨、奥唐奈等。

小贴士

哈罗德·孔茨

哈罗德·孔茨,美国管理学家、管理过程学派的主要代表人物之一,1908 年出生于美国俄亥俄州,1935 年获得耶鲁大学哲学博士学位。毕业后曾在多家企业担任管理要职,1963 年任美国管理科学院院长,1965 年起任行政管理研究所所长,并于 1965—1971 年兼任行政管理研究公司总裁。1962 年起先后获得过美国米德·约翰逊奖、空军航空大学奖、泰罗金钥匙、福特·芬雷奖等一系列学术奖励。

孔茨与奥唐奈合著的《管理学》一书是西方企业管理过程学派的代表作之一。因其对管理学发展所做的卓越贡献,孔茨被列入《美国名人录》《金融和工业名人录》和《世界名人录》。

这个学派的基本观点包括 4 个方面:第一,管理是一个过程,即让别人同自己一起去实现既定目标的过程。第二,管理过程的职能有 5 个,即计划工作、组织工作、人员配备、指挥和控制。第三,管理职能具有普遍性,即各级管理人员都执行着管理职能,但侧重点则因管理级别的不同而异。第四,管理应具有灵活性。

二、经验主义学派

经验主义学派又被为经理主义,以向西方大企业的经理提供管理企业的成功经验和科学方法为目标。可以划归为这一学派的人很多,其中有管理学家、经济学家、社会学家、统计学家、心理学家、大企业的董事长、总经理及管理咨询人员。该学派的代表人物是德鲁克、戴尔、斯隆等。

经验主义学派的主要思想是：有关企业管理的理论应该从管理的实际出发，特别是以大企业管理经验为主要研究对象，加以抽象和概括，然后传授给管理人员或向经理提出实际的建议。也就是说，管理学就是研究管理的经验，通过研究管理的成功与失败，就能了解管理工作中存在的问题，从而对企业进行有效的管理。

三、决策理论学派

决策理论学派的代表人物是曾获诺贝尔经济学奖的赫伯特·西蒙，其代表作为1960年出版的《管理决策的新科学》一书。

决策理论学派认为，决策贯彻于管理的全过程，管理就是决策。决策是管理人员的主要任务，管理人员应该集中研究决策问题。

关于决策的准则问题是决策理论学派对管理学的重要贡献之一。他们提出，以"令人满意的准则"代替"最优化"准则作为决策的准则，受到许多人的肯定，认为是较为实际可行的理论。

在决策的过程中，决策理论学派特别强调信息联系的作用。西蒙等人认为，信息联系在决策过程中具有重要作用，他们把信息联系定为决策的前提。信息传递的渠道又分可为正式渠道和非正式渠道。决策理论学派对非正式渠道更加重视，把权力机构放在次要的地位。

小贴士

赫伯特·西蒙

赫伯特·西蒙（Herbert. A. Simon，1916—　）是决策学派的主要代表人物，是美国经济学家和社会学家，在管理学、组织行为学、经济学、心理学、政治学、社会学、计算机科学方面都有一定的造诣。他早年就读于美国芝加哥大学，于1943年获得博士学位。1949年以前在芝加哥、伯克利大学任教，1949年以后一直在卡耐基—梅隆大学任教，曾来中国访问和讲学。由于在决策理论研究方面所做出的杰出贡献，他被授予1978年度的诺贝尔经济学奖。

四、社会系统学派

社会系统学派从社会学的观点来研究管理，把企业组织中人们的相互关系看成一种协作的社会系统，是社会大系统中的一个组成部分，受到社会环境各方面因素的影响。管理人员的作用就是在围绕着物质的、生物的和社会的因素去适应总的合作系统。美国高级经理和管理学家切斯特·巴纳德是该学派的代表人，其代表著作是《经理的职能》（1938年），被管理学界称为美国管理文献中的经典著作。

社会系统学派的主要观点如下。

（1）组织是一个社会协作系统。这个系统能否继续生存取决于协作的效果、协作的效率和协作目标能否适应协作环境。

（2）正式组织的存在有3个条件：共同的目标、协作的愿望、信息的沟通。

（3）经理人员的职能有3条：建立和维持一套信息传递的系统；善于激励组织成员

为实现组织目标而做出贡献；确定组织目标。

> **小贴士**
>
> ### 切斯特·巴纳德
>
> 切斯特·巴纳德（Chester I. Barnard,1886—1961）在现代管理学领域可以说是首屈一指的大师级人物,他对现代管理学的贡献,犹如法约尔和泰罗对古典管理学的贡献。巴纳德既是一个管理理论家,又是一个成功的商业人士。美国《财富》杂志盛赞他为"可能是美国适合任何企业管理者职位的具有最大智慧的人"。同时,巴纳德也是第一位将决策提升为管理核心的人,这一观点此后得到西蒙、马奇等人的发展,衍生出决策学派。

五、管理科学学派

管理科学学派的理论与泰罗的科学管理理论实际上属于同一思想体系,但它又不是泰罗理论的简单延续,而是在它的基础上有新的发展。管理科学学派将近年来的最新科学技术成果应用到管理工作的各个方面,形成了许多新的管理思想和管理技术,使管理工作的科学性达到了新的高度。该学派的主导思想是用先进的数学方法及管理手段,使生产力得到最合理的组织,以获得最佳的经济效益。其代表人物有：布莱克特、丹齐克、丘奇曼等人。

管理科学学派的主要特点如下。

（1）生产和经营管理各个领域的各项活动都以经济效果好坏作为评价标准,即要求行动方案能以总体的最少消耗获得总体的最大经济效益。

（2）借助于数学模型求得最优实施方案,使各项活动效果定量化。

（3）广泛依靠计算机进行各项管理活动。

（4）强调使用先进的科学理论和管理方法,如系统论、信息论、控制论、运筹学、概率论等数学方法和数学模型。

六、权变理论学派

权变理论学派是20世纪70年代在西方国家形成的,它以系统观点为理论依据,从系统的观点来考虑问题。其代表人物有：卢桑斯、伯恩斯、斯托克、洛希等人。

该学派认为,在企业管理中没有一成不变的、普遍适用的最好的管理理论和方法,要根据企业所处的内、外部环境条件的变化而随机应变,即采取什么样的管理理论、方法和技术应取决于组织的环境。

权变理论为人们分析和处理各种管理问题提供了一种十分有用的方法。它要求管理者根据组织的具体条件及其面临的外部环境,采取相应的组织结构、领导方式和管理方法,灵活地处理各项具体管理业务。这样,就使管理者把精力转移到对现实情况的研究上来,并根据具体情况进行具体分析,提出相应的管理对策,从而有可能使其管理活动更加符合实际情况,更加有效。所以,管理理论中的权变的或随机制宜的观点无疑是应当肯定的。同时,权变学派首先提出管理的动态性,人们开始意识到管理的职能并不是一成不变的,以往人们对管理行为的认识大多从静态的角度来认识,权变学派使人们对管理的动态性有了新的认识。

小贴士

弗雷德·卢桑斯

　　弗雷德·卢桑斯(Fred Luthans,1939——　),美国尼勃拉斯加大学教授,权变学派主要代表人物,1973年发表了《权变管理理论:走出丛林的道路》一文,1976年他又出版了《管理导论:一种权变学说》,系统地介绍了权变管理理论,提出了用权变理论可以统一各种管理理论的观点。卢桑斯曾担任美国管理学会主席,1997年荣获美国管理学会杰出教育家大奖,2000年入选美国管理学会名人廊。

案例分析

松下公司的"人情味"管理模式

　　松下公司由松下幸之助等3人创建于1918年,创立之初仅是一家小作坊。经过不懈努力,松下公司如今已经发展成为世界著名的综合性电子技术跨国企业集团,产品涵盖家电、数码视听电子、办公产品、航空等诸多领域。2010年,松下公司在英国《金融时报》全球500强企业排名中位列第190名,营业额为79 751.8百万美元。松下公司的发展壮大,与其极具特色的"人情味"管理模式密不可分。

　　松下幸之助经过常年观察发现,计时工薪制度职能调动员工20%～30%的工作效能,而如果对员工的激励较充分,那么其工作效能则可以发挥到80%～90%。据此结果,松下幸之助创造并长期实践了以"感情投资"和"感情激励"为特色的"人情味"管理模式。如果通俗地对该模式加以概括,那么它无外乎包括"拍肩膀"、"送红包"和"请吃饭"、"出气室"4个方面。

　　所谓"拍肩膀",不是有事无事见人就拍。松下幸之助在工作室或者车间里,如果发现某位员工正在认认真真做工作时,就会走到其身边仔细观察,看看员工的工作或者是其生产的产品,而后会像朋友一样轻轻拍拍肩膀,说上几句赏识和鼓励的话语。

　　所谓"送红包",不是谁都有份、皆大欢喜。松下公司的红包通常只送给那些革新者或对企业有贡献的员工。通常,当某个员工完成了重大的技术革新项目、其建议被公司采纳或是其贡献为企业带来的巨大的经济社会效益时,就会得到重赏。当然,红包的金额可能各不相同,关键是看员工的贡献大小。但是无论如何,只要员工努力工作,其工作成就就不会被忽视和埋没。

　　所谓"请吃饭",不是随便什么时候或者随便哪一个员工都请。通常,每逢年节厂庆、职工婚嫁或是需要关照与慰问时,松下幸之助或者厂长经理们就会自掏腰包宴请员工,或是亲自登门探访。席间,所有人不分上下级,宾主相敬,拉家常、谈时事、说长道短都可以。

　　除了上述3个做法外,松下公司的"人情味"管理还体现在其设立的"出气室"上。松下公司为行政人员和管理人员专门设立了"出气室",室内做了橡皮仿真塑像。如果某位员工对其主管心有怨气却又不便发作时,就可以到"出气室"发泄,拳打脚踢、棍棒齐上均无人限制。当然,等员工发泄过后,有关人员就会与其谈心,让其畅所欲言,随后再帮其分析问题、解决问题。

人都是有思想、有感情的,管理者如何与员工进行思想和感情交流,看来大有文章可做。

【思考题】

1. 松下公司"人情味"管理的人性假设是什么?
2. 松下公司的这种管理模式适用于所有企业吗?

本 章 小 结

思想是实践的升华,而理论是系统化的思想。遵循这一规律,本章对管理理论的形成和演进过程以及这一过程中的代表性观点进行了概要梳理。本章首先对人类早期具有代表性的管理实践以及由此引发的管理思想进行了总结性论述,随后重点介绍了古典管理、行为科学管理、现代管理3个历史发展阶段中具有广泛影响管理理论。学习本章内容,有助于理解和把握管理的产生、形成及发展的基本脉络。

思 考 与 练 习 题

1. 管理理论的形成和发展经历了哪几个阶段?
2. 古典管理理论阶段有哪些代表人物? 他们各自的主要观点是什么?
3. 简要介绍霍桑试验及其主要结论。
4. 简述关于人性的 4 种假设。
5. 简要说明现代管理理论阶段的主要理论和它们的主要观点。

实 训 项 目

将班级 5~6 名同学为一组分为若干组,在网上或报纸、杂志上搜集几个以国内外著名企业为蓝本的管理案例或资料,分析其中所包含的管理思想,每组写一份 1 000 字左右的报告。

第三章

计划与决策

【学习目的】

(1) 掌握计划的含义,以及决策、目标管理的概念和目标管理的过程。

(2) 了解计划的类型和决策的程序。

(3) 了解计划的编制过程、决策的类型和决策的方法。

【关键概念】

(1) 计划:计划也称谋划、筹划或规划,是指在工作或行动之前,通过科学地分析、预测与决策,对未来工作或行动做出全面筹划和部署的一系列活动。

(2) 计划工作:计划工作是指制订计划,也就是根据实际情况,通过科学地预测,权衡客观的需要和主观的可能,提出在未来一定时期内要达到的目标,以及实现目标的途径。

(3) 限定因素:限定因素是指妨碍组织目标得以实现的因素。也就是说,在其他因素不变的情况下,抓住这些限定因素,就可以影响组织目标的实现程度。

(4) 目标管理:目标管理是一种程序或过程,它是组织中的上级和下级一起协商,根据组织的使命确定一定时期内组织的总目标,由此决定上、下级的责任和分目标,并把这些目标作为组织经营、评估和奖励每个单位和个人贡献的标准。

(5) 决策:决策是指为实现一定的目标,从两个或两个以上的可行方案中,选择一个满意方案的分析判断和选择过程。

(6) 风险型决策:风险型决策是指各种可行方案的条件大部分是已知的,但每个方案的执行都可能出现几种结果,各种结果的出现有一定的概率,决策的结果只有按概率来确定,存在着风险的决策。

(7) 德尔菲法:德尔菲法是指采用函询的方式或电话、网络的方式,反复地咨询专家们的建议,然后由策划人做出统计,如果结果不趋向一致,那么就再征询专家,直至得出比较统一的方案。

【引例】

某厂有甲、乙两个车间,由于生产进度的需要,领导决定让甲、乙两个车间的工人利用休息日到厂内加班。

甲车间工人不知道让他们加班到几点,也不知道要完成多少件产品才能下班,只告诉他们抓紧时间干就行了。结果,刚工作两三个小时,就有人叫苦了,近中午时,有些人甚至愤怒,他们抱怨为什么休息日要加班,得生产多少产品,到底什么时候下班。越往后人们抱怨越多,有的人甚至不干了。

而乙车间的工人,加班前得到领导通知,不仅知道生产多少产品,而且知道什么时候下班,也知道取得多少报酬。并且,技术人员还教他们怎么样做才能提高生产效率。所以,他们信心满怀,干劲十足,越往后,人们情绪越高。因为他们知道胜利就在眼前了。

上述案例告诉人们,要想带领大家共同完成某项工作,首先就应该让大家知道要做什么,即要有明确的目标;其次要指明行动的路线,这条路线应该是清楚的、快捷的(如提高生产率的方法),也就是说,要提出实现目标的可行途径,即计划方案。这些是人们有效开展工作的前提。确定目标及计划行动方案是计划职能的核心任务。

第一节   计   划

一、计划的含义与分类

(一)计划的含义

在日常的工作和生活中,我们对"计划"这个词并不陌生。大到国家的"星火"计划,小到人们身边的学习作业计划,计划几乎无处不在。人们经常会有这样的体会,如果行动前能对整个事情有一个周密的计划,对要做什么以及如何去做都能有所了解,那么人们会以更大的热情和把握投入到事情中去,而结果是成功率也会更高。计划工作是全部管理职能中最基本的一项职能,它与其他3个职能有着密切的联系。主管人员围绕着计划规定的目标,去从事组织、领导以及控制工作等活动,以达到预定的目标。要想使组织中的各种活动能够有节奏地进行,就必须有严密而统一的计划。从提高组织的经济效益的角度来说,计划工作是十分重要的。

计划,也称谋划、筹划或规划,是指在工作或行动之前,通过科学的分析、预测与决策,对未来工作或行动做出全面筹划和部署的一系列活动。计划有广义和狭义之分,广义的计划是指制订计划、执行计划和检查计划的执行情况这3个阶段的工作过程。狭义的计划实际上就是指制订计划。

对计划工作的定义:计划工作是指制订计划,也就是根据实际情况,通过科学地预测,权衡客观的需要和主观的可能,提出在未来一定时期内要达到的目标,以及实现目标的途径。

(二)计划工作的任务

计划工作的任务,就是根据社会的需要以及组织的自身能力,确定出组织在一定时期内的奋斗目标;通过计划的编制、执行和检查,协调和合理安排组织中各方面的经营和管理活动,有效地利用组织的人力、物力和财力资源,取得最佳的经济效益和社会效益。计划工作的任务经常用5W1H来概括。

1. 目标——明确做什么(What to do it)

"做什么":就是要明确组织的使命、战略和目标,以及计划工作的具体任务和要求,明确每一个时期的中心任务和工作重点。例如,企业生产计划的任务主要是确定生产哪些产品,生产多少,怎样安排进度,如何安排产品投入和产出的数量,在保证按期、按质和按量完成订货合同的前提下,使得生产能力得到尽可能充分的利用。

2．目的——回答为什么做(Why to do it)

"为什么做":要论证组织的使命、目标和战略以及行动计划的可能性和可行性,也就是说要提供制订的依据。实践表明,计划工作人员对组织和企业的宗旨、目标和战略了解得越清楚,认识得越深刻,他们在计划工作中就越能够发挥主动性和创造性。这就是通常人们所说的为什么"要我做"和"我要做"的结果是不一样的,其道理就在于此。

3．人员——由谁去做(Who to do it)

"谁去做":计划不仅要明确规定目标、任务、地点和进度,还应规定具体由哪个部门、哪个人负责。例如,开发一种新产品,要经过市场调研、产品设计、样机试制、小批试制和正式投产几个阶段。在计划中要明确规定每个阶段由哪个部门负主要责任,由哪些部门协助,在各阶段交接时,由哪些部门和哪些人员参加鉴定和审核等。

4．地点——在哪里做(Where to do it)

"哪里做":规定计划的实施地点或场所,了解计划实施的环境条件和限制,以便合理安排计划实施的空间组织和布局。例如,工厂里的厂房的设计和布局,就是按照不同的工序来进行的。

5．时间——何时做(When to do it)

"何时做":规定计划中各项工作的开始和完成的进度,以便进行有效的控制和对能力及资源进行平衡。

6．方式与手段——怎么做(How to do it)

"怎么做":制订实现计划的措施,以及相应的政策和规则,对资源进行合理分配和集中使用,对人力、生产能力进行平衡,对各种派生计划进行综合平衡等。

(三)计划的类型

计划的种类很多,依据不同的原则,可将计划分为不同的类型。各种类型的计划不是彼此分裂的,而是由分别适用于不同条件下的计划组成的一个计划体系。计划通常从以下几个方面进行分类。

1．按计划的表现形式分类

计划的不同表现形式是计划多样性的重要方面,确定计划形式对于发挥计划职能有着重大意义。按照计划的不同表现形式,可以将计划分为宗旨、目标、战略、政策、规则、程序、规划和预算等几种类型。

(1)宗旨

各种有组织的集体经营活动,都至少应当有一个目的或使命。这种目的或使命,是社会对该组织的基本要求,称为宗旨。宗旨即表明组织是干什么的,应该干什么。例如,一个工商企业的基本宗旨是向社会提供有经济价值的商品或劳务;法院的宗旨是解释和执行法律;大学的宗旨是培养高级人才等。

每个企业都必须明确它的宗旨。例如,著名的日本索尼(SONY)公司的宗旨是:"索尼是开拓者、永远向着那未知的世界探索"。它表示索尼公司绝不步别人后尘的意志。

（2）目标

组织在一定时期的目标或各项具体目标都是在宗旨指导下提出的,它具体规定了组织及其各个部门的经营管理活动在一定时期要达到的具体成果。目标不仅仅是计划工作的终点,而且是组织工作、人员配备、指导与领导以及控制等活动所要达到的结果。

（3）战略

战略是指确立组织的基本长期目标,组织应该合理分配必需的资源以实现长期目标。对于一个企业来说,制订战略的根本目的,是使公司尽可能有效地比竞争对手占有持久的优势。例如,福特汽车公司早期决定向市场投入廉价的标准化汽车,它的经营战略是尽量降低成本,采用大批量生产,产品标准化、规格化,占领市场。

（4）政策

政策是组织在决策或处理问题时用来指导和沟通思想活动的方针与明文规定。政策有助于将一些问题事先确定下来,避免重复分析,并给其他的派生计划以一个全局性的概貌,从而使主管人员能够控制住全局。制订政策还有助于主管人员把职权授予下级。

组织要保持其政策的连续性和完整性,这样才能使政策深入员工的思想,形成一种持久作用的机制促使目标的实现。政策多变,前后不连贯,只会促成员工和下级主管人员追求眼前利益的短期行为。但保持政策的连续性,有时因种种原因而很难做到:第一,政策的表述往往不容易做到十分规范和精确,这难免使人们发生曲解。第二,正式组织所实施的逐级授权的政策,造成了权力的分散,从而导致人们广泛地参与政策的制定和对政策的解释,这就肯定会出现曲解和歪曲政策的现象。第三,情况在不断变化。而政策的制订大多只是针对当时、当地、当事的特殊情况,当情况发生变化时,就不得不修改政策以适应变化了的情况。这很容易造成政策的不稳定和不连贯的问题。可见,制订政策和保持政策的连续性是一种比较困难的计划工作。

（5）规则

规则也是一种计划,只不过是一种最简单的计划。它是对具体场合和具体情况下,允许或不允许采取某种特定行动的规定。规则常常与政策和程序相混淆,所以要特别注意区分。规则与政策的区别在于规则在应用中不具有自由处置权,而政策在决策时具有一定的自由处置权,规则与程序的区别在于规则不规定时间顺序,可以把程序看成一系列规则的总和。规则与程序,就其实质而言,旨在抑制思考。所以,有些组织只是在不希望它的员工运用自由处置权的情况下才加以采用。

（6）程序

程序也是一种计划,它规定了如何处理那些重复发生的问题的方法和步骤。程序是指导如何采取行动,而不是指导如何去思考问题。程序的实质是对所要进行的活动规定时间顺序,因此,程序是详细列出必须完成某类活动的准确方式。例如,公司政策规定员工享有假期,为了实行这项政策,公司所建立的程序编制度假时间表,制订了假期工资支付方法、支付标准,以及申请度假的详细规定。

（7）规划

规划是为了实施既定方针所必需的目标、政策、程序、规则、任务分配、执行步骤、使用的资源等而制订的综合性计划。规划有大有小,大的如国家的社会经济发展规划;小的像企业中质量管理小组的活动规划等。组织的规划一般是粗线条的、纲要性的、综合性的计划。

大的规划往往派生有许多小的规划,而每个小的派生规划都会给总规划带来影响,小规划不当或不周的后果会影响整个规划。一个表面上看来不重要的程序或规则,如果考虑不当,也会使一个重要的规划遭受失败。所以,使规划工作的各个部分彼此协调,需要有特别严格精湛的管理技能。

（8）预算

预算作为一种计划,是以数字表示预期结果的一种报告书。它也可称为"数字化"的计划。例如,财务收支预算,也可称为"利润计划"或"财务收支计划"。预算可以帮助组织的各级管理部门的主管人员,从资金和现金收支的角度,全面、细致地了解企业经营管理活动的规模、重点和预期成果。预算也是一种控制方法,预算工作的主要优点是它促使人们去详细制订计划,去平衡各种计划。由于预算总要用数字来表现,所以它能使计划工作做得更细致、更精确。

2. 按计划的期限分类

按计划的期限或时间,可以将计划分为短期计划和长期计划,以及介于长、短期计划之间的中期计划。长期计划一般为期五年以上,是战略性计划,可以解决发展中的一些重大的问题。所以,它在整个计划体系中占有特别重要的地位。中期计划一般指为期一年以上、五年以下的计划,是根据长期计划提出的战略目标和要求,并结合计划期内的实际情况制订的。中期计划是长期计划的具体化,又是短期计划的依据。有了中期计划,才能保证计划的连续性。短期计划包括的计划期限较短。一般指一年以下,包括季、月、旬、日、轮班和小时计划。短期计划是贯穿中、长期计划的具体执行计划。以上 3 种计划,相互衔接,反映事物发展在时间上的连贯性。

3. 按组织职能分类

计划还可以按组织职能进行分类。职能是指企业的职能,而不是管理的 5 项职能。例如可以按职能将某个企业的经营计划分为销售计划、生产计划、供应计划、新产品开发计划、财务计划、人事计划、后勤保障计划等。这些职能计划通常就是企业相应的职能部门编制和执行的计划。

将计划按组织职能进行分类,有助于人们更加精确地确定主要作业领域之间的相互依赖和相互影响关系,有助于估计某个职能计划执行过程中可能出现的变化,以及对全部计划的影响,并有助于将有限的资源更合理地在各职能计划之间进行分配。

4. 按计划的内容分类

按计划的内容分类,计划可分为:专项计划和综合计划。专项计划又称专题计划,是指为完成某一特定任务而拟订的计划。例如,基本建设计划、新产品试制计划等。综合计划是指对组织活动所做出的整体安排。综合计划与专项计划的关系是整体与局部的关系,专项计划必须以综合计划作指导,避免同综合计划相脱节。

5. 按计划所涉及的组织层次分类

按计划所涉及的组织层次分类,计划可分为:上层管理计划、中层管理计划、基层管理计划。上层管理计划着眼于组织整体的、长远的安排,注重组织在环境中的定位,确定与环境的能量互换关系,一般属于战略计划。中层管理计划一般着眼于组织内部的各个组成部分的定位及相互关系的确定,它既可能包含部门的分目标等战略性质的内容,又可能有各部门的工作方案等作业性的内容。基层管理计划着眼于每个岗位、每个员工、每个工作时间的工作安排和协调,基本是作业性的内容。通常上层管理计划与长期的战略性计划有关,中下层管理计划与短期的战术执行性计划有关。

二、计划工作的原理

(一)限定因素原理

所谓限定因素,是指妨碍组织目标得以实现的因素。也就是说,在其他因素不变的情况下,抓住这些限定因素,就可以影响组织目标的实现程度。限定因素原理可以表述如下:在计划工作中,主管人员越是能够了解和找到对达到目标起主要限制作用的因素,就越能够有针对性地、有效地选择各种可行方案。

限定因素原理有时又被形象地称为"木桶原理"。其含义是木桶能盛多少水,取决于桶壁上最短的那块木板条。限定因素原理表明,主管人员在制订计划时,必须全力找出影响计划目标实现的主要限定因素或决定因素,有针对性地采取有效措施。

限定因素原理是计划与决策的精髓。计划与决策的关键,就是尽可能地找出和解决限定性的或策略性的因素。否则,对问题面面俱到地安排计划、组织决策、进行检查,不仅会浪费时间和费用,而且还有可能把主要注意力转移到工作中的非关键性问题上,从而影响预期目标的实现。

(二)许诺原理

在计划工作中,选择合理的计划期限应当有某些规律性可循。如果计划期限过长,则经济上可能划不来,如果计划期限过短,也会有风险。那么,怎样确定合理的计划期限呢?确定合理的计划期限,就体现在"许诺原理"上。许诺原理可以表述为:任何一项计划都是对完成各项工作所做出的许诺,许诺越大,所需的时间就越长,因而实现目标的可能性就越小;承担者的任务越多,计划工作的期限就越长,反之就会缩短。

按照许诺原理,计划必须有期限要求,事实上,对于大多数情况来说,完成期限往往是对计划的最严厉的要求。所以,必须合理地确定计划期限,并且不应随意缩短计划期限。再有,每项计划的许诺不能太多,因为许诺(任务)越多,则计划时间越长。如果主管人员实现许诺所需的时间长度比他可能正确预见的未来期限还要长,如果他不能获得足够的资源,使计划具有足够的灵活性,那么他就应当断然地减少许诺,或是将他所许诺的期限缩短。

(三)灵活性原理

灵活性原理是指计划工作中体现的灵活性越大,则由于未来意外事件引起的损失的危险性就越小。计划必须具有灵活性,当出现意外情况时,有能力改变措施而不必花太大的代价。必须指出,灵活性原理就是制订计划时要留有余地,但在执行计划时,则一般不应有灵活性。

对主管人员来说,灵活性原理是计划工作中最重要的原理,在承担的任务重而目标期限长的情况下,灵活性便显出它的作用。当然,灵活性是有一定限制条件的,它的限制条件如下。

(1)不能总是以推迟决策的时间来确保计划的灵活性。因为未来是很难完全预料的,如果人们一味等待收集更多的信息,尽量地将未来可能发生的问题考虑周全,当断不断,就会坐失良机,导致失败。

(2)使计划具有灵活性是要付出代价的,甚至由此而得到的好处可能补偿不了它的费用支出,这就不符合计划的效率性。

(3)有些情况往往根本无法使计划具有灵活性。为了确保计划本身具有灵活性,在制订计划时,应量力而行,不留缺口,但要留有余地。

(四)改变航道原理

改变航道原理是指计划制订出来后,计划工作者就要管理计划,定期地检查现状和预测前景,促使计划的实施,必要时可根据当时的实际情况作必要的检查和修订。

改变航道原理与灵活性原理不同,灵活性原理是使计划本身具有适应性,而改变航道原理是使计划执行过程具有应变能力。为此,计划工作者应经常地检查计划,重新制订计划,以此达到预期的目标。就像航海家一样,必须经常核对航线,一旦遇到情况就可绕道而行,所以把该原理称为"改变航道原理"。

计划制订出来后,计划工作者就要管理计划,促使计划的实施,而不能被计划所"管理",不能被计划框住。必要时,可以根据当时的实际情况作必要的检查和修订。因为未来情况随时都可能发生变化,因此,制订出来的计划就不能一成不变。如果情况已经发生了变化,就要调整计划或重新制订计划。

三、制订计划的程序

虽然计划的类型和表现形式各种各样,但是,管理人员在编制计划时,其工作步骤都是相似的,依次包括以下内容:估量机会、确定目标、确定前提条件、拟订可供选择的方案、评价各种备选方案、选择方案、制订派生计划、编制预算。

(一)估量机会

对机会的估量,要在实际的计划工作开始之前就着手进行,它虽然不是计划的一个组成部分,但却是计划工作的一个真正起点。其内容包括:对未来可能出现变化和预示的机会进行初步分析,形成判断;根据自己的长处和短处搞清自己所处的地位;了解自己利用机会的能力;列举主要的不肯定因素,分析其发生的可能性和影响程度;在反复斟酌的基础上,下定决心,扬长避短。

(二)确定目标

在估量机会的基础上,为整个组织及其所属的下级部门确定计划工作的目标。在这一步上,要说明基本的方针和要表达的目标,说明制订战略、政策、规则、程序、规划和预算的任务,指出工作的重点。一个组织往往有许多目标,有的可能是关于经济方面的,有的可能涉及社会、环境、政治方面。作为一个组织,应在哪些主要方面制订出自己的目标呢?管理学家在这方面进行了许多研究,并提出了不少的建议。其中,彼得·德鲁克提出的建议最具代表性。德鲁克认为,凡是经营管理成功的企业都在市场、生产力、发明创造、物质和金融资源、人力资源、利润、管理人员的行为表现及培养发展、工人的表现及社会责任等方面有自己的目标。

(三)确定前提条件

所谓计划工作的前提条件就是计划工作的假设条件,换言之,即计划实施时的预期环境。负责计划工作的人员对计划前提了解得愈细愈透彻,并能始终如一地运用它,则计划工作也将做得越协调。一般来说,对以下几个方面的环境因素的预测是必不可少的。
(1)宏观的社会经济环境;
(2)政府政策,包括政府的税收、价格、信贷、能源、进出口、技术、教育等;
(3)组织面临的市场环境;
(4)组织的竞争者,包括国内外的竞争者、潜在的竞争者等;
(5)组织的资源,如资金、原料、设备、人员、技术、管理等。

(四)拟订可供选择的方案

要尽可能地寻求、拟定、提供可供选择的行动方案。所谓"条条道路通罗马",即实现某一目标的方案途径是多条的。但是,方案也不是越多越好。即使用数学方法和计算机,还是要对可供选择方案的数量加以限制,以便把主要精力集中在对少数最有希望的方案的分析方面。不过,也要注意,有时,最显眼的方案不一定就是最好的方案,一个不引人注目的方案或通常人提不出的方案,效果却往往是最佳的,这里体现了方案创新性的重要。

(五)评价各个备选方案

评价各个备选方案就是按照前提和目标来权衡各种因素,比较各个方案的利弊,对各个方案进行评价。评价实质上是一种价值判断,在很大程度上取决于评价者的各种主观因素和所采用的标准,作为计划部门应当力求保证评价的客观性。

评价可供选择的方案,要注意考虑以下几点:第一,认真考察每一个计划的制约因素和隐患;第二,要用总体的效益观点来衡量计划;第三,既要考虑到每一个计划的有形的、可以用数量表示出来的因素,又要考虑到无形的、不能用数量表示出来的因素;第四,要动态地考察计划的效果,不仅要考虑计划执行所带来的利益,还要考虑计划执行所带来的损失,特别注意那些潜在的、间接的损失。

(六)选择方案

选择方案是在评价各种备选方案的基础上走出的关键一步,也是决策的实质性阶段——抉择阶段。可能遇到的情况是,同时有两个可取方案。在这种情况下,必须确定出首先采用哪个方案,而将另一个方案也进行细化和完善,并作为后备方案。

(七)制订派生计划

派生计划就是总计划下的分计划。总计划要靠派生计划来保证,派生计划是总计划的基础。

(八)编制预算

计划工作的最后一步是把计划转化为预算,使之数字化。预算实质上是资源的分配计划。预算工作做好了,可以成为汇总和综合平衡各类计划的一种工具,也可以成为衡量计划完成进度的重要标准。

四、计划工作的编制方法

计划工作的效率高低和质量好坏,在很大程度上取决于计划编制的方法。传统的计划方法是综合平衡法,现在看来已很难适应组织所面临的复杂多变的外部环境。现代计划方法大量采用数学、计算机科学的成果,不仅大大提高了计划工作的质量,而且大大加快了计划工作的进度。下面介绍几种主要的方法。

(一)滚动计划法

滚动计划法是一种定期修订未来计划的方法。该方法是在已编制出的计划的基础上,每经过一段固定的时期(例如一年或一季度等,这段固定的时期被称为滚动期)便根据变化了的环境条件和计划的实际执行情况,对原计划进行调整,并逐期向前推移。由于这种方法是在每次调整时,都要根据前期计划执行情况和客观条件的变化,将计划向前延伸一段时间,使计划不断滚动、延伸,所以称为滚动计划法。

采用滚动计划法,可以根据环境条件的变化和实际完成情况,定期地对计划进行修订,增加了计划的准确性,有利于计划的顺利实施;同时这种计划方法使长、中、短期计划能够相互衔接,既保证了长期计划的指导作用,使得各期计划能够基本保持一致,也保证了计划应具有的基本弹性。这种计划方法的缺点是计划的工作量比较大。

(二)网络计划技术法

网络计划技术法,又叫关键路线法,在我国也称统筹法。它是利用网络理论,制订计划,并对计划进行评价、审定的技术方法。

这种现代化的计划技术起源于美国,后来在世界各国得到广泛的应用和发展。我国于20世纪60年代初开始使用网络计划技术。应用这种方法可以有效地利用人力、物力和财力,用最少的劳动消耗,达到预定目标。

网络计划技术的基本原理就是,首先应用网络图的形式来表达一项计划中各项工作(任务、活动、工序等)的先后顺序和相互关系;其次,通过计算找出计划中关键工序和关键路线,然后通过不断改善网络图选择最优方案,并在计划执行过程中进行有效的控制和监督,保证取得最佳的经济效益。

（三）线性规划法

线性规划法是运筹学中研究较早、发展较快、应用广泛、方法较成熟的一个重要分支，它是辅助人们进行科学管理的一种数学方法。线性规划方法就是通过建立线性规划模型，来求解最优方案。

第二节　目　标　管　理

【引例】

建筑工人的故事

有个人经过一个建筑工地，问那里的建筑工人们在干什么。3个建筑工人有3个不同的回答。第一个建筑工人回答：“我在做养家糊口的事，混口饭吃。”第二个建筑工人回答：“我在做整个国家最出色的建筑工作。”第三个建筑工人回答：“我正在建造一座高楼大厦。”

从这个案例中可以看出：3个建筑工人的回答给出了3种不同的目标，第一个建筑工人说自己做建筑是为了养家糊口，这是短期目标导向的人，只考虑自己的生理需求，没有大的抱负；第二个建筑工人说自己做建筑是为了成为全国最出色的建筑工人，这是职能思维导向的人，做工作时只考虑本职工作，只考虑自己要成为什么样的人，很少考虑组织的要求；而第三个建筑工人的回答说出了目标的真谛，这是经营思维导向的人，这类人思考目标的时候会把自己的工作和组织的目标联系起来，从组织价值的角度看待自己的发展，这样的员工才会获得更大的发展。

一、目标的含义及特点

任何一个组织要有效地运用其有限的资源，就必须有明确的目标。只有具备明确的目标，整个组织的活动才是有序的，才能够评价管理的效率与效果。因此，目标对每个组织而言都起着非常重要的作用。

（一）目标的含义

所谓目标是指一个组织在未来一段时期内期望达到的目的。它反映了组织在特定的时期内，在综合考虑内、外部环境条件的基础上，希望某一时期内在履行其使命上能够达到的程度或取得的成效。组织的目标与组织的宗旨不同，宗旨表达的是组织的一种追求，不仅比较抽象，而且也许最终也无法完全实现。如医院的宗旨是救死扶伤，学校的宗旨是教书育人。它是组织的一种使命，说明了该组织存在的根本目的或价值。但仅有宗旨显然不够，需要通过目标的具体化才能转化为组织成员的具体的行动指南。所以目标是一种行动承诺，比宗旨更具体，且具有可操作性、可实现性、可检验性。

（二）目标的特点

1. 目标的差异性

目标的差异性主要体现在不同性质的组织目标有所不同。比如，服务性组织与有形产品的生产组织、企业与事业组织,由于它们的组织宗旨不同,因此其组织目标也不同。例如,企业更加注重营利,而事业单位则不以营利为主要目标。另外,即使是相同性质的组织,由于自身资源与外部环境不尽相同,其组织目标也可能会有所不同,如同一行业中的不同企业追求的目标就不完全相同。

2．目标的多元性

不同的组织会有不同的目标,在同一个组织内部,不同的部门也会有不同性质的多个目标。彼得·德鲁克提出,凡是成功的企业都会在市场、生产力、发明创造、物质和金融资源、人力资源、利润、管理人员的行为、工人的表现和社会责任方面有自己的一定的目标,如表 3-1 所示。

表 3-1　德鲁克提出的经营成功的企业所包括的各种目标

目 标 性 质	目 标 内 容
市场方面	应表明本公司希望达到的市场占有率或在竞争中应占据的地位
技术改进与发展方面	对改进和发展新产品,提供新型服务内容的认识与具体措施
提高生产力方面	有效地提高原材料的利用,最大限度地提高产品的数量和质量
物质和金融资源方面	获得物资和金融资源的渠道及有效的利用
利润方面	用一个或几个经济指标表明希望达到的利润率
人力资源方面	人力资源的获得、培训和发展,管理人员的培养及个人才能的发挥
职工积极性发挥方面	发挥职工在工作中的积极作用,采取激励和报酬等措施
社会责任方面	注意本公司对社会产生的影响,说明对社会应尽的责任

综合德鲁克提出的以上目标,组织的目标通常应包括以下几个主要方面。

（1）生存目标:是组织的最基本目标,是组织生存和发展的必要前提,如学校的生源、企业的最低产出规模等。

（2）经济目标:主要包括组织的资金运用、成本核算、投资回报等。比如,对营利性组织而言,经济目标常用投资回报（率）、生产与销售收入、成本、利润（率）等指标加以衡量。对非营利性组织而言,经济目标常用费用的控制、资金的运用等指标加以衡量。

（3）内部员工目标:主要指组织内部的人力资源的开发与管理。包括人员的招聘、员工的培训、奖惩措施的制订、人际关系的协调等。

（4）社会目标:包括社会责任、环境保护、组织的社会形象等,与组织所处的环境有关。

3．目标的层次性

从组织的总战略目标到每一个部门、每一个员工的工作目标,组织目标往往要经过逐层的分解与细化,一般而言,组织有多少个管理层次,目标就会经过多少层的分解与细化。从最高层的战略目标,经过部门目标,最后形成岗位目标。从而使得抽象的目标具体化,并成为指导每一个组织成员工作的标准。

4．目标的时间性

目标的时间性包含两层含义:一是指要在规定的时间内完成组织目标,所以目标应有完成的时间限制;二是指组织目标应随着时间的变化做出相应的调整,特别是当环境发生较大的变化后,原先制订的目标也应有所变化,体现出目标的弹性,而不是目标一旦确定,就一成不变。

二、目标管理

(一)目标管理的概念

目标管理(Management by Objectives,MBO)由美国管理大师彼得·德鲁克于1954年在其所著的《管理实践》中最先提出来的,其后他又提出"目标管理和自我控制"的主张。德鲁克认为,并不是有了工作才有目标,而是相反,有了目标才能确定每个人的工作。所以"企业的使命和任务,必须转化为目标",如果一个领域没有目标,这个领域的工作必然被忽视。因此管理者应该通过目标对下级进行管理,当组织最高层管理者确定了组织目标后,必须对其进行有效分解,转变成各个部门以及各个人的分目标,管理者根据分目标的完成情况对下级进行考核、评价和奖惩。

目标管理提出以后,便在美国迅速流传。当时正值第二次世界大战后西方经济由恢复转向迅速发展的时期,企业亟须采用新的管理方法来调动员工的积极性,以此来提高企业的竞争能力,目标管理的出现可谓应运而生,于是被广泛应用,并很快为日本、西欧国家的企业所仿效。我国20世纪80年代初开始在企业中推广,目前采取的干部任期目标制、企业层层承包等,都是目标管理方法的具体运用。

所谓的目标管理乃是一种程序或过程,它是组织中的上、下级之间通过共同协商,根据组织的使命确定一定时期内组织的总目标,并将总目标分解成分目标,由此决定上、下级的责任,并把这些目标作为组织经营、评估和奖励每个单位和个人贡献的标准。具体而言,它是一种通过科学地制订目标、实施目标,并且依据目标进行考核评价,来实现组织的管理任务的管理方法。

(二)目标管理的特点

1. 明确目标

研究人员和实际工作者早已认识到制订个人目标的重要性。美国马里兰大学的早期研究发现,明确的目标要比只要求人们尽力去做有更高的业绩,而且高水平的业绩是和高的目标相联系的。人们注意到,在企业中,目标技能的改善会提高生产率。

2. 参与决策

目标管理中的目标不是像传统的目标设定那样,单向由上级给下级规定目标,然后分解成子目标落实到组织的各个层次上,而是用参与的方式决定目标,上级与下级共同参与选择设定各对应层次的目标,即通过上、下级协商,逐级制订出整体的组织目标、经营单位目标、部门目标直至个人目标。因此,目标管理的目标转化过程既是自上而下的,又是自下而上的。

3. 规定时限

目标管理强调时间性,制订的每一个目标都有明确的时间期限要求,如一个季度、一年、五年,或在已知环境下的任何适当期限。在大多数情况下,目标的制订可与年度预算或主要项目的完成期限一致。

4．评价绩效

目标管理要求组织不断地将实现目标的进展情况及时地反馈给个人，以便他们能够以此来调整自己的行动。也就是说，下属人员不但要完成自己的个人绩效目标，而且要同他们的上级领导人一起检查这些目标的完成情况。每个人因此对他所在部门的贡献就变得非常明确。尤其重要的是，管理人员要努力引导下属人员对照预先设立的目标来评价业绩，积极参加评价过程，用这种鼓励自我评价和自我发展的方法，鞭策员工对工作的投入，并创造一种激励的环境。

（三）目标管理的过程

由于各个组织活动的性质不同，目标管理的步骤可以不完全一样，但一般来说，可以分为以下 4 步。

1．建立完整的目标体系

实行目标管理，首先要建立一套完整的目标体系。这项工作是从企业的最高主管部门开始的，然后由上而下地逐级确定目标。上下级的目标之间通常是一种"目的—手段"的关系：某一级的目标，需要用一定的手段来实现，这些手段就成为下一级的次目标，按级顺推下去，直到作业层的作业目标，从而构成一种锁链式的目标体系。

制订目标的工作与所有其他计划工作一样，需要事先拟定和宣传前提条件。这是一些指导方针，如果指导方针不明确，就不可能希望下级主管人员会制订出合理的目标来。此外，制订目标应当采取协商的方式，应当鼓励下级主管人员根据基本方针拟定自己的目标，然后由上级批准。

2．明确责任

目标体系应与组织结构相吻合，从而使每个部门都有明确的目标，每个目标都有人明确负责。但往往会看到，在组织中，一个重要的分目标却找不到对此负全面责任的管理部门，而有时组织中的有些部门很难为其确定重要的目标。这种情况的反复出现，最终会促使对组织结构的调整。所以，从这个意义上说，目标管理还有助于搞清组织机构的作用。

3．组织实施

目标既定，主管人员就应放手把权力交给下级成员，由他们自己去完成，而主管人员自己去抓重点的综合性管理。达到目标主要靠执行者的自我控制。如果在明确了目标之后，作为上级主管人员还像从前那样事必躬亲，便违背了目标管理的主旨，不能获得目标管理的最佳效果。当然，这并不等于说，上级在确定目标后就可以撒手不管了。上级的管理应主要表现在指导、协助、提出问题、提供情报以及创造良好的工作环境等方面。

4．检查和评价

为了更好地进行目标管理，对各级目标的完成，应该事先规定出期限，定期进行检查。检查的方法可灵活地采用自检、互检和责成专门的部门进行检查。检查的依据就是事先确定的目标。对于最终结果，应当根据目标进行评价，并根据评价结果进行奖罚。经过评价，使得目标管理进入下一轮循环过程。

（四）目标管理的优点

（1）目标管理有助于实现有效控制，解决了控制中控制标准和控制手段等难点问题，使控制工作落到了实处。

（2）目标管理有助于改进组织结构的职责分工。由于组织目标的成果和责任力图划归一个职位或部门，容易发现授权不足与职责不清等缺陷。

（3）目标管理调动了职工的主动性、积极性、创造性。由于强调自我控制、自我管理，将个人利益和组织利益紧密联系在一起，因而提高了员工的士气。

（4）目标管理强调员工的参与，促进了上、下级之间的意见交流和相互了解，改善了人际关系，有利于提高组织的凝聚力。

（五）目标管理的缺点

1. 偏重操作而忽视原理

目标管理具有目标明确的优点，因此常常使人误认为目标管理简单易行，从而疏忽了对它的深入了解和认识。

2. 制订目标缺乏统一指导

目标管理要求必须给目标的制订者提供指导，满足这一要求，目标管理才能发挥作用。

3. 制订目标存在困难

真正可考核的目标通常很难确定。有时，制订目标过于着重经济效果或远离实际，这样，除了会给对个人产生过大的压力外，还可能会出现下级人员为追求过高目标而不择手段，采取违法或不道德做法的情况。

4. 过度强调短期目标

通常情况下，管理人员制订目标管理计划很少会设立超过一年的目标。所确定的目标往往是一季度或更短的短期目标。这就要求高层管理者对各级目标制订者予以指导，以确保短期目标为长期目标服务。

5. 缺乏灵活性

明确的目标和明确的责任是目标管理的主要特点，也是目标管理取得成效的关键。但是，计划是面向未来的，而未来存在许多不确定因素，这就要求必须根据已经变化了的计划工作对目标进行修正。

（六）实行目标管理要注意的问题

（1）实行目标管理首先要求管理者必须知道什么是目标管理，为什么要实行目标管理。这样才能取得好的效果。如果管理者本身不能很好地理解和掌握目标管理的原理，那么，由其来组织实施目标管理也是一件不可能的事。

（2）目标管理要逐步推行、长期坚持。推行目标管理要有许多相关配套工作，如提高员工的素质，健全各种责任制，做好其他管理的基础工作，制订一系列的相关政策。这些都是企业的长期任务，因此目标管理只能逐步推行，而且要长期坚持，不断完善，才能取得良好的效果。

（3）要提高员工的职业道德水平，培养合作精神。而且要注意，实行目标管理时，目标方案的制订应尽可能完备，以保证事后奖惩的公正性。方案一旦确定，就应该具有严肃性，坚持执行，不能随意更改。

┌─── 小贴士 ──

　　美国一家协会调查资料表明,在所调查的公司中 80％的企业都实行了不同形式的目标管理制度。日本的调查资料表明,60％的公司实行了目标管理制度。

　　从美国对 70 个目标管理计划的实施调查情况看,高层管理者对目标管理高度重视,并参与目标管理的实施过程,生产管理效率平均提高 56％;而在高层管理者对目标管理重视程度略差的情况,生产管理效率仅提高 6％。

└──

第三节　决　　策

　　现代管理理论认为,管理的重心在经营,经营的重心在决策。决策的正确与否,直接关系到企业的兴衰成败。决策正确,企业的生产经营活动才能顺利进行;决策失误,企业的生产经营活动就会遇到挫折,甚至失败。

一、决策的含义

　　决策是组织为实现一定的目标,从两个或两个以上的可行方案中,选择一个满意方案的分析判断和选择过程。决策的概念,包括以下几个要点。

　　(1)决策应有明确合理的目标。这是决策的出发点和归宿。决策是理性行动的基础,行动是决策的延续,如果行动没有目标,那么就是盲目的、错误的行动,只会导致企业的损失和浪费。

　　(2)决策必须有两个或两个以上的备选方案,这是科学决策的根本。从理论上讲,达成任何一项目标都会有若干方案,为寻求实现企业某一特定经营目标,必须从多个可行方案中,通过分析、比较和判断,进行选优。

　　(3)决策的重点在于科学地分析、判断与选择,这是决策质量的保证。

　　(4)最后所选取的方案,只能是令人满意的或足够好的,而不是最优的。为什么没有最优方案,只有满意方案? 这是因为人们所处的环境总是千变万化的,某一个方案也许今天是最优的,但明天也许就不是最优选择,而且由于人的能力有限,对外界信息的了解不可能是完全的,那么基于不完全的信息所做出的决策也就谈不上是最优的。

二、决策的类型

　　依据各种不同的划分标准,可以将决策分成许多类型,不同类型的决策,需要采用不同的决策方法。为了进行正确的决策,就要求人们必须对决策进行科学的分类。

(一)按照决策的重要程度分类

按照决策的重要程度,可以将决策分为战略决策、战术决策和业务决策。

1. 战略决策

战略决策是对涉及组织目标、战略规划的重大事项进行的决策活动,是对有关组织全局性的、长期性的、关系到组织生存和发展的根本问题进行的决策,具有全局性、长期性和战略性的特点。如企业的方针、目标与计划、产品线的引进等。由于战略决策面临的问题较为复杂,决策过程所需考虑的环境变化多端,这就要求决策方案的设计、研究、分析乃至最后的抉择都需要决策者有高度的洞察力和决策判断能力。因而,这类决策一般由高层管理者做出。

2. 战术决策

战术决策是指为保证企业总体战略目标的实现而解决局部问题的重要决策,是对组织的人力、资金、物资等资源进行合理配置以及经营组织机构加以改变的一种决策,具有局部性、中期性与战术性的特点。如企业财务决策、产品开发方案的制订等。与战略决策相比,战术决策是战略决策的支持性步骤和过程,也是管理中的主要业务决策。这类决策一般由中层管理人员做出。

3. 业务决策

业务决策是涉及组织中的一般管理和处理日常业务的具体决策活动,具有琐碎性、短期性与日常性的特点。人们对此类决策也要加以重视,因为如果许多业务决策都考虑不周,那么经营决策就不能够顺利进行。当然,业务决策的有效与否在很大程度上依赖于决策者的经验和常识。这类决策一般由基层管理者做出。

(二)按照决策的重复程度或所涉及的问题分类

按照决策的重复程度或所涉及的问题,可以将决策分为程序化决策和非程序化决策。

1. 程序化决策

程序化决策是指能够运用常规的方法解决重复性的问题以达到目标的决策。组织运行中面临的问题极其繁多,但有许多问题是管理者在日常工作中经常遇到的。如常见的产品质量缺陷、设备故障等。在处理这类问题时,管理者凭以往的经验就能找出问题的症结,并提出解决问题的方法。程序化决策使管理工作趋于简化和便利,可降低管理成本、简化决策过程,缩短决策时间,也使方案的执行较为容易。

2. 非程序化决策

非程序化决策是指为解决偶然出现的、一次性或很少重复发生的问题做出的决策。如重大的人事变动、大的投资开发项目等。当管理者面临突发性或者新出现的问题时,并没有现成的解决方法。这就要求管理者必须依靠非程序化决策寻找到独特的解决办法。需要管理者有一种应变式的反应。

(三)按照决策的环境因素的可控程度分类

按照环境因素的可控程度,可以将决策分为确定型决策、风险型决策和非确定型决策。

1. 确定型决策

确定型决策是指各种决策方案中对未来的各种情况规划都非常明确,决策者确知需要解决的问题、环境条件、决策过程及未来的结果,在决策过程中只要直接比较各种备选方案的执行后果,就能做出精确估计的决策。在实际工作中,确定型决策并不多,特别是对高层管理者来说,这是一种理想化的决策活动。

2. 风险型决策

风险型决策是指各种可行方案的条件大部分是已知的,但每个方案的执行都可能出现几种结果,各种结果的出现有一定的概率,决策的结果只有按概率来确定,存在着风险的决策。

3. 非确定型决策

非确定型决策是指决策者不能预先确知可能有几种环境状态,或各种状态发生的概率无从估计,信息不明朗,也无资料可以借鉴。所以解决的方法通常是决策者凭直觉、经验和胆识。

(四)按照决策的手段分类

按照决策的手段,可以将决策分为经验决策和科学决策。

1. 经验决策

经验决策是指依靠过去的经验和对未来的直觉进行决策。在这种决策中,决策者的主观判断与个人价值观起重大作用。此类决策感性成分较多,理性成分较少。现代社会中,环境千变万化,涉及的问题越来越复杂,依靠过去的经验和对未来的直觉进行的决策往往导致失误,因此科学决策越来越受人们重视。但是在许多时候,由于人们无法获得充分的信息,经验决策仍起着重要作用。

2. 科学决策

科学决策是指决策者按科学的程序,依据科学的理论,用科学的方法进行决策。科学决策有一套严密程序:先进行大量的调查、分析、预测工作,然后在行动目标的基础上确定各种备选方案,再从可行性、满意性和可能后果等多方面分析、权衡各备选方案,最后进行方案择优,执行该方案,并搜集反馈信息。在整个决策过程中,使用现代化的决策技术,如运筹学、计算机模拟等,有时还需借助现代化的决策工具,如电子数据处理系统、管理信息系统、决策支持系统等。

(五)按照决策主体的多少分类

按照决策主体的多少,可以将决策分为群体决策和个体决策。

1. 群体决策

群体决策是指多个人一起共同参与做出的决策。相对于个人决策,群体决策能更大范围地汇总信息;能拟订更多的备选方案;能更好地沟通;能做出更好的决策等。所谓"三个臭皮匠胜过一个诸葛亮"就说明了群体决策的优势。

2. 个体决策

个体决策则是指单个人做出的决策。相对于群体决策而言,个体决策通常较省时,成本较低,效率较高。

三、决策的程序

(一)确定决策目标

确定决策目标是决策的前提。决策目标是指在一定外部环境和内部环境条件下,在市场调查和研究的基础上所预测达到的结果。决策目标是根据所要解决的问题来确定的,因此,必须把握住所要解决问题的要害。只有明确了决策目标,才能避免决策的失误。所以,确定决策目标是决策的首要环节。

根据决策目标在决策中的地位与重要程度,一般将它分为 3 类:①必须完成的目标,对于组织和决策来说,这是绝对重要的决策目标,因为,完成它就意味着决策的成功。②希望完成的目标,对于组织和决策来说,这是相对重要的决策目标,能够全部完成更好,部分完成也算决策的收获。③不予重视的目标,对于组织和决策来说,这是重要性程度最低的决策目标,在决策方案中不需要专门考虑的目标。

在确定决策目标时,必须要注意以下几个问题。

(1) 要把目标建立在需要与可能的基础上。

(2) 要使目标明确、具体,并尽可能数量化,以便于衡量决策的实施效果。

(3) 要明确目标的约束条件。直接影响目标实现的条件为"目标的约束条件"。确定目标,不仅要提出目标,而且要对那些与实现目标有联系的各种条件,都加以分析。

(4) 要明确主要目标。任何组织的决策目标往往是多元的,它们之间常常存在着这样或那样的矛盾。确定决策目标时,要取消根本没有条件实现的目标,放弃某些相互冲突的目标,合并相似的次要目标。然后分清主次,综合平衡,使次要目标服从主要目标,突出主要目标,保证主要目标的实现。

(二) 拟订多个可行的备选方案

一旦决策目标确定以后,管理者就要提出达到目标和解决问题的各种方案。这一步骤需要创造力和想象力。在提出备选方案时,管理者必须把试图达到的目标铭记于心,而且要提出尽量多的方案。管理者常常借助其个人经验、经历和对有关情况的把握来提出方案。为了提出更多、更好的方案,需要从多种角度审视问题,这意味着管理者要善于征询他人的意见。备选方案可以是标准的和鲜明的,也可以是独特的和富有创造性的。通过头脑风暴法、德尔菲法等可以提出富有创造性的方案。

(三) 分析比较备选方案

备选方案拟订以后,随之便是对备选方案进行评价,评价标准是看哪一个方案最有利于达到决策目标。评价的步骤一般分 3 步:第 1 步是看备选方案是否满足必须达到的目标要求。凡是满足必须达到的目标要求的,就予以保留,反之就淘汰。第 2 步是按希望完成的目标要求,对保留下来的方案进行评估。第 3 步是对各方案进行全面权衡,从中选择最满意的方案。例如,管理者会提出以下的问题:该方案有助于质量目标的实现吗?该方案的预期成本是多少?与该方案有关的不确定性和风险有多大?在此基础上,管理者就可以做出最后选择。尽管选择一个方案看起来很简单,只需要考虑全部可行方案并从中挑选一个能最好地解决问题的方案,但实际上做出选择是很困难的。由于最好的选择通常建立在仔细判断的基础上,所以管理者必须仔细考察所掌握的全部事实,并确信自己已获得足够的信息。

（四）选择满意方案

在对所有方案的优劣信息都分析清楚以后,决策者最终要从其中选择一个相对满意的方案作为实施方案。这时决策者的经验和决策者对待风险的态度往往会起较大的作用。因为理论上讲通过计算选择一个满意化程度最高的方案是非常简单的,但实践中往往这若干方案的差别可能不是特别明显,或者说每个方案均有各自的优劣势,这个方案在某一方面可能具有竞争力,但在另一方面又显得欠缺,而另一方案可能正好相反。因此,到底如何取舍,有时取决于决策者的价值观、风险意识、审时度势的能力等。

（五）执行方案

决策制订的目的在于付诸实施。决策的正确与否及其效果如何,要以执行结果来验证。所以,必须制订相应的实施办法,如明确责任,制订考核标准,建立有关的激励机制等。

同时,还要注意以下几个问题。

第一,必须知道决策的内容和做出决策的理由。而且决策执行者必须对能成功地实施决策达成共识。这就需要在决策过程的初期就吸收执行决策的人加入进来。如企业在新产品设计过程中就同时包含了设计、工程、市场调查的人员。

第二,管理者要认真地计划如何实施决策。在决策实施计划中应注意如下问题:①预测当决策完全实施时的状况;②编制决策执行时间表;③列出每个实施步骤所需要的资源和行动;④估计每个步骤所需要的时间;⑤明确每个步骤应由谁负责。

第三,决策者必须要预测决策实施过程中可能遇到的障碍。因此,必须花一些额外时间来确定潜在的问题和潜在的机会。这样就能采取行动去预防问题和有准备去衡量没有预料到的机会。

（六）评价决策效果

决策制订过程的最后一步就是评价决策效果,看它是否已解决了问题。选择的方案和实施的方案,取得理想的结果了吗? 评价的结果如发现问题依然存在会怎样处理呢? 领导必须仔细地分析什么地方出了错。是没有正确认识问题吗? 是在方案评价中出错了吗? 是方案选对了而实施不当吗? 对这类问题的回答将驱使决策者追溯前面的步骤,可能需要重新开始整个决策过程。

四、决策的方法

决策有许多方法,概括起来分为两大类:一类是定性决策方法,另一类是定量决策方法。

（一）定性决策方法

定性决策方法,是一种直接利用决策者本人或有关专家的智慧来进行决策的方法。常见的定性决策方法主要有以下几种。

1. 德尔菲法

德尔菲法(Delphi Technique)是美国兰德公司于 20 世纪 50 年代初发明的,最早用于预测,后来推广应用到决策中来。德尔菲是古希腊传说中的神谕之地,城中有座阿波罗神殿可以预卜未来,因而借用其名。

所谓德尔菲法是指采用函询的方式或电话、网络的方式,反复咨询专家们的建议,然后由策划人做出统计,如果结果不趋于一致,那么就再征询专家,直至得出比较统一的方案。这种策划方法的优点是:专家们互不见面,不能产生权威压力,因此,可以自由、充分地发表自己的意见,从而得出比较客观的决策方案。

德尔菲法是一种广为适用的预测决策方法,运用这一方法的步骤如下。

(1) 确定预测题目。预测题目即预测所要解决的问题,预测题目要明确具体,适合实际需要。

(2) 选择专家。选择专家是本法的重要环节,因为预测结果的可靠性取决于所选专家对预测主题了解的深度和广度。选择专家须解决 4 个问题:第一,什么是专家。德尔菲法所选专家是指在预测主题领域从事预测或决策工作 10 年以上的技术人员或管理者。第二,怎样选专家。如果预测或决策主题较多地涉及组织内部情况或组织机密,则最好从内部选取专家。如果预测或决策主题仅关系某一具体技术的发展,则最好从组织外部挑选甚至从国外挑选。第三,选择什么样的专家。所选专家不仅要精通技术,有一定的名望和代表性,而且还应具备一定的边缘科学知识。第四,专家人数。一般以 10~15 人为宜,对重大问题的预测或决策,专家人数可相应增加。

(3) 制订调查表。制订调查表即把预测或决策问题项目有秩序地排列成表格形式,调查表项目应少而精。

(4) 预测过程。德尔菲法预测一般要分 4 轮进行。第 1 轮:把不带任何限制条件的调查表发给专家,调查表只提出要预测的问题。专家可以以各种形式回答有关提问,提出应预测的事件。第 2 轮:组织者要对回收的调查表进行汇总整理,归并相同的事件、剔除次要的、分散的事件,并用准确的术语制订出事件一览表。该表可在第 2 轮调查时作为调查表反馈给专家;由各专家对第 2 轮调查表所列事件做出评价,阐明自己的意见。第 3 轮:将第 2 轮的统计结果连同据此修订的调查表再发给专家,请专家再次做出具体预测,并充分陈述理由。组织者同样要对这一轮回收的调查表进行汇总整理、统计分析与预测,以备作第 4 轮的反馈材料。第 4 轮:将第 3 轮的统计结果连同据此修订的调查表再次发给专家,请专家再次做出具体预测,并在必要时做出详细、充分的论证。在第 4 轮调查结束后,组织者依然要将回收的调查表进行汇总整理、统计分析与预测,最后由决策者在统计分析的基础上做出结论。

(5) 作出预测结论。一般来说,德尔菲法经过 4 轮调查就可以较好地使专家意见趋于一致,或对立的意见已十分明显,此时就可把资料整理出来,做出预测结论。

德尔菲法具有如下特点:第一,匿名性;第二,多轮反馈沟通;第三,预测结果的统计性。

2. 头脑风暴法

头脑风暴法即通过有关专家之间的信息交流,引起思维共振,产生组合效应,从而产生创造性思维。头脑风暴法的特点是：针对需要解决的问题，相关专家或人员聚在一起，在宽松的氛围中，敞开思路，畅所欲言，寻求多种决策思路。

使用头脑风暴法的 4 个基本原则如下。

（1）各自发表自己的意见，对别人的建议不作评论；

（2）建议不必深思熟虑，越多越好；

（3）鼓励独立思考、奇思妙想（想法越离奇越好）；

（4）寻求各种想法的组合和改进。

3. 哥顿法

哥顿法是美国人哥顿于 1964 年提出的决策方法。该法由会议主持人先把决策问题向会议成员作笼统的介绍，然后由会议成员（即专家成员）讨论解决方案；当会议进行到适当时机，决策者将决策的具体问题展示给小组成员，使小组成员的讨论进一步深化，最后由决策者吸收讨论结果，进行决策。

（二）定量决策方法

定量决策方法是建立在数学工具基础上的决策方法，其核心是把与决策有关的变量与变量、变量与目标之间的关系，用数学式表示出来（即建立数学模型），然后根据决策条件，通过计算求得答案。这种方法可以适用于具有较详细的预测数据资料的决策，所运用的数学工具多种多样，复杂程度也不相同。定量决策方法一般分为确定型决策、非确定型决策和风险型决策。

1. 确定型决策方法

确定型决策方法是研究环境条件已确定情况下的决策，即自然状态已知的决策。一般都可以根据已知条件，直接计算出各方案的损益值，然后比较损益值，就可以得到最佳方案。

确定型决策方法有很多，如直接择优法、临界点分析法、时间序列分析法等。在实际工作中，这类方法并不简单。如一辆运送货物的汽车，从一个城市到其他 10 个城市巡回一次，其路线有：$10! = 3\,628\,800$ 条，要从中找到最短的路线，就需要用线性规划的数学方法才能解决。所有确定型决策可以用数学规划，包括线性规划、非线性规划、动态规划等方法得到最优解。但在实践中许多决策问题不一定追求最优解，只要能达到满意值即可。

2. 非确定型决策方法

由于研究的环境条件不确定，可能会出现不同的情况，而情况出现的概率又无法估计，非确定型决策方法就是在这种情况下，计算出各种方案在可能出现的几种自然状态下的收益值或损益值。然后，根据决策者对待风险的不同态度采用不同的方法进行决策。不确定型决策的方案选择准则有：保守主义准则、冒险主义准则、折中主义准则和最大后悔值最小化准则。现通过实例加以说明。

例如：某企业计划开发新产品，有 3 种设计方案可供选择。不同设计方案制造成本、产品性能各不相同，在不同的市场状态下的损益值也不同。有关资料如表 3-2 所示。

表 3-2　某企业开发新产品待选方案

市场状态 损益值 方案	畅销	一般	滞销	大中取大法	小中取大法
方案 A	70	40	10	70	10
方案 B	90	30	0	90	0
方案 C	100	30	−10	100	−10

（1）冒险法

冒险法,也称"大中取大"或"好中求好"决策法。采用这种方法决策的决策者认为未来总会出现最好的自然状态,因此他对方案的比较和选择就会倾向于选取那个在最佳状态下能带来最大效果的方案。

用冒险法选择方案的过程如下:首先,在各方案的损益值中找到最大值(70,90,100),然后,再从中选最大值 100 所对应的方案 C 为决策方案。

（2）保守法

保守法,也称"小中取大"或"坏中求好"决策法。决策者认为未来会出现最差的状态,因而为避免风险起见,决策时只能以各方案的最小收益值进行比较,从中选取相对收益为大的方案。所以,依据保守主义准则进行的决策也叫"小中取大"法,或"坏中求好"法。

用保守法选择方案的过程如下:首先,在各方案的损益值中找到最小值(10,0,−10),然后,再从中选最大值 10 所对应的方案 A 为决策方案。

（3）折中法

持折中观的决策者认为要在乐观与悲观两种极端中求得平衡。也即决策时既不把未来想象得非常光明,也不将之看得过于黑暗,而认为最好和最差的自然状态均有出现的可能。

用折中法选择方案的过程如下:首先,找出各方案在所有状态下的最大值和最小值;其次,决策者根据自己的冒险偏好程度,给定最大值一个乐观系数 $a(0 < a < 1)$,那么,最小值系数就是 $1-a$;再次,用给定的系数和对应的各方案最大值和最小值计算各方案的加权平均值;最后,加权平均值的最大值对应的方案就是最佳方案。

最大系数为 0.7,则最小系数为 0.3。各方案的加权平均值如下。

方案 A：$70×0.7+10×0.3=52$;

方案 B：$90×0.7+0×0.3=63$;

方案 C：$100×0.7+(−10)×0.3=67$。

方案 C 的加权平均值 67 为最大,方案 C 就是最佳方案,如表 3-3 所示。

（4）最大后悔值最小化法

考虑到决策者在选定某一方案并付诸实施后,如果在未来实际遇到的自然状态并不与决策时的判断相吻合,这就意味着当初如果选取其他的方案反而会使企业得到更好的收益。

表 3-3　折中法选取计算表

市场状态　　损益值 方案	畅销	一般	滞销	max	min	加权平均数 （a＝0.7）
方案 A	70	40	10	70	10	52
方案 B	90	30	0	90	0	63
方案 C	100	30	－10	100	－10	67

这种情况表明,这次决策存在一种机会损失,它构成了决策的"后悔值"。这里,"后悔"的意思是:决策者选择了一种方案,实际上就放弃了其他方案可能增加的收益。所以,决策者将为此而感到后悔。"最大后悔值"最小化决策法就是一种力求使每一种方案选择的最大后悔值达到尽量小的决策方法。

用最大后悔值最小化法选择方案的过程如下:首先将每种自然状态下的最大收益值减其他方案的值,从而求出每种方案的最大后悔值,然后再选择最小的最大后悔值相对应的方案为选用方案。

各方案的最大后悔值为(30、10、20),取其最小值(30、10、20)＝10,对应的方案 B 就是最佳方案,如表 3-4 所示。

表 3-4　最大后悔值比较表

市场状态　　损益值 方案	畅销	一般	滞销	最大后悔值
方案 A	30	0	0	30
方案 B	10	10	10	10
方案 C	0	10	20	20

3. 风险型决策方法

有时会碰到这样的情况,一个决策方案对应两个或两个以上相互排斥的可能状态,每一种状态都以一定的可能性(0-1 概率)出现,并对应特定结果,这种已知方案的各种可能状态及其发生的可能性大小的决策就被称为风险型决策。风险型决策的目的是如何使收益期望值最大,或者损失期望值最小。期望值是一种方案的损益值与相应概率的乘积之和。下面用决策树来说明风险型决策方法。

决策树是一种树状图,是以决策收益为依据,通过计算做出选择的一种决策方法。决策树由决策结点、方案枝、状态结点、概率枝 4 个要素组成。如图 3-1,在决策树中,决策结点用矩形框表示,决策者需要在决策结点处进行方案(策略)的决策。从它引出的每一个分支,都是方案分支,都代表决策者可能选取的方案,总的分支数目就是方案数。最后选中的方案的期望值写在决策结点的上方,未被选上的方案要"剪枝"。每个方案分支的末端是状态结点,用符号○表示。其上方的数字为该方案的期望值。从状态结点引出的分支叫概率分支,每个分支上面都写明它代表的自然状态及其出现的概率。这样,自左而右层层展开便得到形如树状的决策树,如图 3-1 所示。

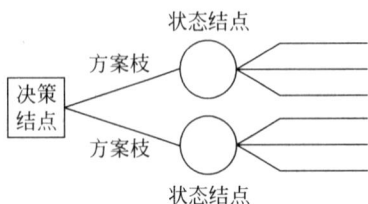

图 3-1 没有概率的决策树图

决策树法的决策程序如下。

(1)绘制树状图。图形根据已知条件排列出各方案和每种方案的各种自然状态,自左而右层层展开。

(2)将各状态概率及损益值写在概率枝上。

(3)计算每种方案的期望值并标在该方案对应的状态结点上。

(4)剪枝。比较每个方案的期望值,将期望值小的方案剪掉,用 // 标于方案枝上。

(5)剪枝后剩下的方案就是最佳方案。

例如:某企业在下年度有甲、乙两种产品方案可供选择,每种方案都面临滞销、一般和畅销 3 种市场状态,各种状态的概率和损益值如表 3-5 所示。

表 3-5 两种方案的损益值比较表

方 案		甲		乙	
		概 率	损 益 值	概 率	损 益 值
市场状态	滞销	0.2	20	0.3	10
	一般	0.3	70	0.4	50
	畅销	0.5	100	0.3	160

试用决策树法选择最佳方案。

依据已知条件,绘制决策树如图 3-2 所示。

甲方案的期望值 $= 20 \times 0.2 + 70 \times 0.3 + 100 \times 0.5 = 75$

乙方案的期望值 $= 10 \times 0.3 + 50 \times 0.4 + 160 \times 0.3 = 71$

甲方案的期望值大于乙方案的期望值,所以选择甲方案。

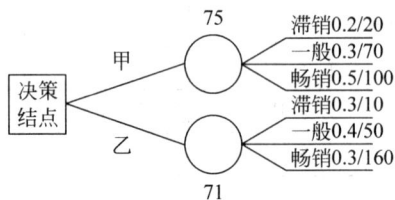

图 3-2 有概率的决策树图

案 例 分 析

案例 3-1　　兴旺家具公司五年目标

兴旺家具公司是布朗先生在 20 世纪 60 年代创建的,开始时主要经营卧室和会客室家具,取得了巨大的成功,后来随着规模的不断扩大,从 70 年代开始,公司不断增加产品品种,又进一步经营学习桌、餐桌和儿童家具。1978 年,布朗退休,他的儿子约翰继承父业,不断拓展卧室家具业务,扩大市场占有率,使得公司产品深受顾客欢迎。到 1985 年,公司卧室家具方面的销售量比 1978 年增长了近两倍。但公司在学习桌、餐桌和儿童家具的经营方面一直停滞不前,面临着严重的困难。

为了扭转上述局面,公司董事长提出了他的五年发展目标,但却由此引来了副总经理的一系列质疑。

一、董事长提出的五年发展目标

兴旺家具公司自创建之日起便规定,每年 12 月份召开一次公司中、高层管理人员会议,研究讨论战略和有关的政策。1985 年 12 月 14 日,公司又召开了每年一次的例会,会议由董事长兼总经理约翰先生主持。约翰先生在会上首先指出了公司中存在的员工思想懒散、生产效率不高的问题,并对此进行了严厉的批评,要求迅速扭转这种局面。与此同时,他还为公司制订了今后五年的发展目标。具体包括以下内容。

(1)卧室和会客室家具销售量增加 20%。

(2)学习桌、餐桌和儿童家具销售量增长 100%。

(3)总生产费用降低 10%。

(4)降低补缺职工人数 5%。

(5)建立一条电脑桌椅生产线,争取五年内达到年销售额 500 万美元。

通过建立上述这些目标主要是想增加公司收入,降低成本,获取更大的利润。但公司副总经理托马斯跟随布朗先生工作多年,了解约翰董事长制订这些目标的真实意图。约翰开始接手父亲产业时,对家具经营还颇感兴趣。但后来,他的兴趣开始转移,转向经营房地产业。为此,他一直努力寻找机会想以一个好价钱将公司卖掉。为了能提高公司的声望和价值,他准备在近几年狠抓一下经营,改善公司的绩效。

托马斯副总经理意识到自己历来与约翰董事长的意见不一致,因此在会议上并没有发表什么意见。会议很快就结束了,大部分与会者都带着反应冷淡的表情离开了会场。托马斯有些垂头丧气,但为了公司的未来他仍想会后找董事长就公司发展目标问题谈谈自己的看法。

二、副总经理对公司发展目标的质疑

公司副总经理托马斯觉得,约翰董事长根本就不了解公司的具体情况,更不了解市场的情况,不知道他自己所制订的目标意味着什么,更不知道制订这些目标的依据。这些目标听起来很好,但托马斯认为并不适合本公司的情况。他心里这样分析道:

第一项目标太容易了,这是本公司最强的业务,用不着花什么力气就可以使销售量增加 20%。

第二项目标很不现实,在没有进行市场调查的情况下,盲目制订出实现 100% 的增长很不现实,另外在该领域,本公司的实力远不如竞争对手,因而这项目标不可能实现。

第三项目标也难以实现,由于要扩大生产,又要降低成本,显然不能做到,这无疑会对工人施加更大的压力,从而也就迫使更多的工人离开公司,这样空缺的岗位就越来越多,在这种情况下,怎么可能降低补缺职工人数 5% 呢?

第五项目标倒有些意义,可改变本公司现有产品线都是以木材为主的经营格局。但未经市场调查和预测,怎么能确定五年内的年销售额达到 500 万美元呢?

经过这样的分析后,托马斯认为他有足够的理由对董事长所制订的目标提出质问。

除此之外,还有另外一些问题使他困扰不解,一段时期以来,发现董事长似乎对这家公司已失去了兴趣;他已50多岁,快要退休了。他独身一人,也从未提起他家族将由谁来接替他的工作。如果他退休以后,那该怎么办呢?托马斯毫不怀疑,约翰先生似乎要把这家公司卖掉。董事长企图通过扩大销售量,开辟新的生产线,增加利润收入,使公司具有更大的吸引力,以便在出卖中捞个好价钱。"如果董事长真是这样的话,我也无话可说了。他退休以后,公司将会变成什么样子,他是不会在乎的。他自己愿意在短期内葬送掉自己的公司,我又有什么办法呢?"托马斯心想。

【思考题】

1. 你认为约翰董事长为公司制订的发展目标合理吗?为什么?你能否从本案例中概括出制订目标需注意哪<u>些</u>基本要求?

2. 假如你是托马斯,如果董事长在听取了你的意见后同意重新考虑公司目标的制订,并责成你提出更合理的公司发展目标,你将怎么做?

案例 3-2　　　　　　目　标　管　理

某国有企业为了充分发挥各职能部门的作用,充分调动各职能部门人员的积极性,开始推行目标管理,该企业首先对各部和科室实施了目标管理。经过一段时间的试点后,逐步推广到全企业各部门、工段和班组。多年的实践表明,实行目标管理,不仅取得了较好的经济效益,改善了企业经营管理,挖掘了企业内部潜力,增强了企业的应变能力,而且提高了企业素质,使企业的经济效益倍增。

按照目标管理的原则,该企业把目标管理分为3个阶段进行。

第一阶段:目标制订阶段

1. 总目标的制订

该企业通过对国内外市场需求的调查,结合企业的长远规划的要求,并根据企业的具体生产能力,提出了20××年"三提高"、"三突破"的总方针。所谓"三提高",就是提高经济效益、提高管理水平和提高竞争能力;"三突破"是指在新产品数目、创汇和增收节支方面要有较大的突破。在此基础上,该企业把总方针具体化、数量化,初步制订出总目标方案,并发动全企业职工反复讨论、不断补充,送职工代表大会研究通过,正式制订出该企业20××年的总目标。

2. 部门目标的制订

企业总目标由企业负责人向全企业宣布后,全企业就对总目标进行层层分解,层层落实。各部门的分目标由各部门和企业管理委员会共同商定,先确定项目,再制订各项目的指标标准;分目标制订的依据是企业总目标和有关部门负责拟定、经厂部批准下达的各项计划任务,原则是各部门的工作目标值只能高于总目标中的定量目标值,同时,为了集中精力保证目标的完成,目标的数量不可太多。为此,各部门的目标分为必考目标和参考目标两种。必考目标包括厂部明确下达的目标和部门主要的经济技术指标;参考目标包括部门的日常工作目标或主要协作项目;其中必考目标一般控制在2~4项,参考目标项目可以多一些。目标完成标准由各部门以目标卡片的形式填报厂部,通过协调和讨论最后由厂部批准。

3．目标的进一步分解和落实

部门的目标确定了以后，接下来的工作就是把每项进行目标分解并且层层落实到具体的每个人。

（1）部门内部小组（个人）目标管理，其形式和要求与各部门制订目标的方法相类似、拟定目标也采用目标卡片，由各部门自行负责实施和考核。要求各个小组（个人）努力完成各自目标值，从而保证部门目标的如期完成。

（2）该各部门目标的分解是采用流程图方式进行的。具体方法是：先把各部门的目标分解落实到职能组，由职能组再把目标分解落实到工段、工段再下达给个人。这样通过层层分解，企业的总目标就落实到了每一个人身上，使每个人都能明确自己的目标。

第二阶段：目标实施阶段

该企业在目标实施过程中，主要抓了以下 3 项工作。

1．自我检查、自我控制和自我管理

目标卡片经主管副经理批准后、一份存企业管理委员会，一份由制订单位自存。每一个部门、每一个人都对自己的目标非常明确，所以在目标实施过程中，人们会自觉地、努力地实现这些目标，并能对照目标进行自我检查、自我控制和自我管理。这种"自我管理"，充分地调动了各部门及每一个人的主观能动性和工作热情，充分挖掘自己的潜力，完全改变了过去那种上级只管下达任务、下级只管向上级汇报完成情况，并由上级不断检查、监督的传统管理办法。

2．加强经济考核

虽然该企业目标管理的循环周期为一年。但为了进一步落实经济责任制，充分调动每名员工的积极性，随时纠正目标实施过程中与原目标之间的偏差，该企业改变了过去目标管理的一个循环周期只考核一次、评定一次的规定、坚持每一季度考核一次并在年终时进行总的评定。这种加强经济考核的做法、进一步调动了广大职工的积极性，有力地促进了经济责任制的落实，使全企业的精神面貌有了巨大的改变。

3．重视信息反馈工作

为了能掌握目标实施情况，以便采取措施、及时协调，使目标能顺利实现，该企业特别强调了在目标实施过程中的信息反馈工作，并采用了两种信息反馈方法：

（1）该企业为了及时反映工作质量和服务协作方面的情况，建立"工作质量联系单"。这样在当两个部门发生工作纠纷时，企业管理部门就能从"工作质量联系单"中及时了解情况，经过深入调查，尽快加以解决，这样即提高了工作效率、又减少了部门之间不协调现象。

（2）为了调整目标，企业又建立了"修正目标方案"。具体内容包括目标项目、原定目标、修正目标以及修正原因等，并规定在工作条件发生重大变化需修改目标时，责任部门必须填写"修正目标方案"提交企业管理委员会，由该委员会提出意见交主管副经理批准后才能修正目标。

该企业管理者在实施过程中由于狠抓了以上 3 项工作，因此，不仅大大加强了对目标实施情况的了解,更重要的是使各部门提高了责任心和主动性,从而使企业各部门从过去等待问题找上门的被动局面,转变为积极寻找和解决问题的主动局面。

第三阶段:目标成果评定阶段

目标管理实际上就是根据成果来进行管理的,所以对成果的评定显得十分重要,该企业采用了"自我评价"和上级主管部门评价相结合的做法,即在下一个季度第一个月的10日之前,每一部门必须把一份季度工作目标完成情况表报送企业管理委员会(在这份报表上,要求每一部门自己对上一阶段的工作根据实际情况进行打分);企业管理委员会核实后,也给予恰当的评分;如必考目标为35分,一般目标为20分。每一项目标超过指标3%加1分。一般目标有项未完成但不影响其他部门目标完成的,扣一般项目中的2分,影响其他部门目标完成的则扣分增加到3分;分数与各部门奖金直接挂钩,加1分相当于增加该部门基本奖金的1%,减1分则扣该部门奖金的1%。如果有一项必考目标未完成则扣至少10%的奖金。该企业在目标成果评定工作中深深体会到:实行目标管理必须同明确的责任划分结合起来,这样才能调动员工的积极性,才能深入持久,企业才能具有生命力,达到最终的成功。

【思考题】

1. 在目标管理过程中,应注意一些什么问题?

2. 目标管理有什么优缺点?

3. 增加和减少员工奖金的发放额是实行奖惩的最佳方法吗?除此之外,你认为还有什么激励和约束措施?

本　章　小　结

计划工作是全部管理职能中的基本职能,组织中的任何一项管理活动都需要按计划执行;否则就是盲目的行动,而组织的目标也就难以实现。计划工作就是要确定组织的目标即实现这些目标的途径。

本章从3个方面对计划工作进行了阐述:①计划的概述包括计划的含义、计划的类型、计划编制过程及计划的编制方法。②目标管理包括目标的概念、目标管理的概念、目标管理的过程。③决策包括决策的概念、决策的类型、决策的程序、决策的方法。

思考与练习题

1. 简述计划工作的含义与任务。

2. 概要说明计划工作的原理。

3. 简述目标管理的优缺点。

实 训 项 目

将班级学生按 3～4 人的标准组成若干团队,每个团队确定一个主发言人,根据所给具体情况按下列要求进行练习。

1. 每个团队的成员首先在小组内介绍自己的一次成功的决策或糟糕的决策,分析是什么原因导致了正确的决策或错误的决策。如购买大件学习物品、选课、制订学习计划等。以团队为单位,总结正确决策的共同特征,并给出正确决策的几点建议,然后与其他团队分享自己团队的想法。

2. 每个团队上网或拜访两个不同类型的组织,如政府机关与企业,比较不同类型的组织在目标的设定与计划方面有何不同,并与其他团队一起分享成果。

第四章

组　　织

【学习目的】

(1) 了解组织的含义和分类。

(2) 掌握组织工作的基本原则。

(3) 熟悉组织结构的类型。

(4) 明晰人员配备的含义及基本原则。

(5) 了解组织文化的含义、结构和特征。

(6) 理解企业文化塑造的原则和基本途径。

【关键概念】

(1) 组织：是指多个社会个体为实现某一(或某些)特定的、共同的目标组合而成的有机整体,是人们为了实现共同目标而开发和设计的一种手段和工具。

(2) 组织工作：就是将实现组织目标所需进行的各项活动和工作加以分类、综合,设计出合理的组织结构,并使之有效运转的工作过程。

(3) 组织结构：是组织内部各级各类职务和职位的权责范围、联系方式和分工协作关系的整体框架,是组织得以持续运转和组织目标得以顺利实现的制度安排。

(4) 人员配备：就是管理者为了确保组织目标的顺利实现,为每个工作岗位配备适当数量的合适工作人员,并使他们高效完成工作任务的过程。

(5) 管理人员考评：就是对管理人员的管理者素质、能力、行为和绩效进行的考核与评价。

(6) 组织文化：就是一个组织在运行过程中形成的,并为全体成员普遍接受和共同信奉的理想、价值观念和行为规范的总和。

【引例】

通用电气公司的组织体制变革

美国通用电气公司(General Electric Company,GE),是世界上最大的电气和电子设备制造公司,同时也是一家提供技术和服务业务的跨国公司。美国通用电气公司由老摩根于 1892 年合并了 3 家公司而组建。在其逾百年的发展历程中,通用电气公司以各种方式吞并了国内外众多企业,成为一个庞大的跨国公司。据 2007 年统计,GE 的销售收入为 1 727.38 亿美元,是世界上拥有市场资产第二多的公司,并且过去 4 年销售收入一直位于世界第一或第二。目前,通用电气公司业务遍及世界 100 多个国家,拥有员工 30 多万人。可以说,通用电气公司的发展历史,就是一部组织管理变革的发展史。通用电气公司的组织管理变革,集中体现在组织体制变革方面。

公司管理体制的变革,是通用电气公司因市场变化而进行的适应性调整过程。由于通用电气公司实行多角化经营战略,其产品种类繁多,产品线复杂,因而市场竞争对手和竞争激烈程度可想而知。但是,恰恰由于激烈的市场竞争,造就了通用电气公司在组织管理方面的积极变革。20 世纪 50 年代初,通用电气公司就完全采用了"分权的事业部制",将整个公司分为 20 个事业部,每个事业部各自独立经营、单独核算。到了 1963 年,公司的组织机构划分为 5 个集团组、25 个分部和 110 个部门。1976 年以后,随着公司经营业绩的迅速增长,对原有组织机构进行重新设计已经刻不容缓。于是,公司决定将原有的 5 个集团组扩充到 10 个,110 个部门扩充到 170 个。同时公司还改组了领导机构成员,指派了 8 个新的集团总经理、33 个分部经理和 100 个新的部门领导,同时还成立了一个由 5 人组成的董事会,负责监督整个公司的运营状况,并为公司制订长期基本发展战略。

与此同时,在 20 世纪 60 年代末,在通用电气公司面临严重赤字危机的情况下,公司于 1971 年采用了一种新的战略性措施,即设立于事业部内的"战略事业单位"。按照规定,这种"战略事业单位"属于独立的组织部门,可以在事业部内有选择地对某些产品进行独立管理,对各种产品、销售、设备和组织编制出严密的、有预见性的战略计划。在这种"战略事业单位"优异表现的支持下,通用电气公司当年的销售额和利润额就双双创出新高。

20 世纪 70 年代中期,美国经济又一次出现危机,此次危机当然也危及到了通用电气公司。于是,新任董事长琼斯于 1977 年年底决定进一步改组公司管理体制,从次年起实行"执行部制",也就是"超事业部制"。这种管理结构就是在各个事业部的上一个管理层增设一些"超事业部",负责统辖和协调各事业部之间的活动。改组后,董事长琼斯和两名副董事长组成最高领导机构"执行局",专门负责制订公司的长期战略计划,负责宏观公共关系和税制研究等工作。执行局下设 5 个"执行部",每个执行部由一名副总经理负责。执行部下共设 9 个总部(集团)、50 个事业部、49 个战略事业单位。各事业部的日常事务以及有关市场、产品、技术、顾客等方面的战略决策现在分别向各执行部报告即可。这 5 个执行部加上其他国际公司,分别由两位副董事长领导。此外,财务、人事和法律事务由 3 个参谋部门直接由董事长领导。

第一节　组织理论概述

一、组织的含义与特点

(一)组织的含义

从管理学角度看,"组织"一词具有两个含义:其一,名词意义上的组织,是人与人之间基于共同目标形成的群体,如政府部门、企业、宗教团体等;其二,动词意义上的组织,是管理工作的一项重要职能,是人与人、人与物之间进行资源优化配置的活动过程。

鉴于此,在应用时通常将名词意义上的"组织"称为"组织",而将动词意义上的"组织"称为"组织工作"。

这样,如果作正式界定,组织是指多个社会个体为实现某一(或某些)特定的、共同的目标组合而成的有机整体,是人们为了实现共同目标而开发和设计的一种手段和工具。

(二)组织的特点

组织是管理的载体,通常具有 4 个主要特点。

(1)组织具有既定的目标。共同目标的存在是组织存在的前提和基础。或者说,从合理性角度讲,组织的存在就是要解决个人独立活动无法完成某些工作或无法实现某些目标等问题而建立起来的。

(2)组织内存在分工与合作。从经济性角度看,将社会个体组合为一个组织,其目的就在于提高实现特定目标的效率,而没有分工与合作的组织,其运转效率必然是较低的。

(3)组织具有相对稳定性。组织一经建立,通常就会维持一段时间相对不变,只有在内、外部环境发生较大变化而使得原有组织形式出现目标不适应时,组织重组和变革要求才会出现。

(4)组织具有权责制度体系。权责对等是保证分工与合作效率的重要机制保证,是组织内各部门之间和各项工作之间有效协调的基础,进而是组织总体决策得以全面贯彻执行、组织目标得以顺利实现的前提。

二、组织的作用和类型

(一)组织的作用

如果将组织的群体作用加以分解,可以发现组织的作用主要体现在 3 个方面。

(1)组织是帮助人类社会超越自身发展能力的重要保障。组织存在的基础在于生产的社会化。在社会需求不断复杂化、多样化的背景下,单纯依靠个人力量是难以满足这些需求的。反之,通过组织来协调配置各种资源,则可以通过尽可能少的资源投入获得较多的产出,使得社会需求得到资源约束条件下的最大满足。

(2)组织是内、外部信息有效传递的桥梁。以平行部门和上下级管理层次为载体,以组织内部权责关系为依托,组织内、外的信息可以在组织内部有效传递,从而对内可以组织成员及时有效地完成工作任务,对外可以保证组织对外部环境变化做出适应性调整。

(3)组织能够帮助组织成员实现其个人目标。作为社会个体的人,之所以会加入组织并投入个人的时间、人力或其他要素,目的就在于要实现依靠个人努力无法实现的某种目标。组织在这方面的作用就在于它可以通过群体的协作效应,在保证组织目标实现的同时,有效满足内部成员的个人需求。

(二)组织的类型

组织的类型繁多,正式组织和非正式组织是其中的一种常用的划分方法。

1. 正式组织

正式组织是指为了实现一定目标并按照一定程序建立起来的、具有明确职责分工的组织。或者说,正式组织是组织设计工作的结果,是由管理者经过正式筹划而形成的成员间的权责关系,它对组织成员的行为具有相当高的强制力。

2. 非正式组织

事实表明,在一个正式组织中常常会存在一个甚至多个非正式组织。所谓非正式组织,就是未经正式筹划而由人们在日常交往中自发形成的一种人际关系和社会关系网络。比如,在某个单位内部,爱好钓鱼的同事可能会自发形成一个钓友会、爱好旅游的同事可能会自发形成一个驴友会等。这些非正式组织都不是刻意安排的,而是其内部成员间通过频繁的日常交往、情趣沟通和感情融合而自发形成的;其领导者往往是自然形成的,而不是经由正式选举或上级任命产生的,但其影响力和号召力却很强。

3. 非正式组织对正式组织的影响

非正式组织存在于正式组织之中,因此其对正式组织的运行和绩效必然会产生现实影响。具体地说,非正式组织对正式组织的影响既可以产生积极的一面,也可以产生消极的一面。

非正式组织对正式组织的积极影响主要表现为:第一,它可以满足成员心理上的需求并激励成员的士气,创造一种特殊的人际关系氛围,提高正式组织的稳定性;第二,它可以弥补成员间在能力方面的差异,促进其工作任务的顺利完成;第三,它可以借助成员间信息沟通快捷的优势而成为改善正式组织信息沟通的工具和纽带。

非正式组织对正式组织的消极影响主要表现为它可能在某些时候与正式组织构成冲突,影响其成员与其他组织成员之间的协作与团结,妨碍组织目标的顺利实现。

总之,非正式组织的存在可以被认为是一种正常的和无法消除的现象,正式组织的管理者所需做的工作就是要学会发现非正式组织的存在,并善于因势利导,最大限度地发挥其积极作用,克服其消极影响。

三、组织工作与组织工作原则

(一)组织工作的含义与特点

组织工作就是将实现组织目标所需进行的各项活动和工作加以分类、综合,设计出合理的组织结构,并使之有效运转的工作过程。由此可见,组织管理工作的任务就是通过设计和维持组织内部的结构及其相互之间的关系,使组织中的各个部门和每一个成员为实现组织目标而协调一致地工作。

根据组织工作的含义可以发现,组织工作一般具有3个基本特点。

第一,组织工作是一个过程。它一般由确定组织目标、分解目标、划分工作并形成部门、规定职务职责和权限、通过职权关系和信息系统联结各部门业务活动等步骤来加以实施。

第二,组织工作是一个动态过程。组织工作不是一蹴而就的,更不是一劳永逸的,组织内、外部环境的变化如果累积到一定程度,对组织目标的实现已经或将会产生较明显的影响,那么就要求组织结构进行适应性调整。

第三,组织工作过程中必须充分考虑非正式组织的影响。由于非正式组织会对正式组织的目标实现产生积极和消极影响,且其存在具有普遍性,因此组织工作过程中必须注意设计和维持二者目标的平衡性,并在领导工作中对非正式组织加以影响和利用。

(二)组织工作的原则

1. 目标统一原则

目标统一原则是指组织结构的设计和组织形式的选择,必须有利于组织目标的实现。换言之,组织设计过程中要以事为中心,因事设机构、设职务,做到人与事的高度协调,避免因人设事、因人设职现象的发生。

2. 分工协调原则

分工协调原则是指组织工作要按照提高管理专业化程度的要求,在组织结构设计过程中把组织目标分解成各级、各部门以至每个人的目标和任务,使组织的各个层次、各个部门、每个组织成员都能够了解自己在实现组织目标中的工作职责和职权。

3. 权责一致原则

权责一致原则是指在组织结构设计过程中,既要明确规定每一管理层级和各个部门的职责范围,又要充分赋予其完成工作职责所需的管理权限,做到职权和职责的对等。

4. 统一指挥原则

统一指挥原则是指组织机构和个人应该有一个并且仅有一个直接上级,要求在上、下级之间形成一条清晰的指挥链,避免多头领导和多头指挥。

小贴士

手 表 定 律

手表定律是指一个人有一只表时,可以知道现在是几点钟,而当他同时拥有两只表时却无法确定。两只表并不能告诉一个人更准确的时间,反而会使看表的人失去对准确时间的信心。手表定律在企业管理方面给人们一种非常直观的启发,就是对同一个人或同一个组织不能同时采用两种不同的方法,不能同时设置两个不同的目标,甚至同一个人或企业不能由两个人来同时指挥,否则将使这个企业或者个人无所适从。

---

5. 有效管理宽度原则

有效管理宽度原则是指一个上级直接领导与指挥的下属人数应该有一定限度,每一个管理者都应根据管理的职责和职权来慎重地确定自己的管理宽度。当上级的管理宽度过大时,其与下属之间的关系就会超出其驾驭能力。

6. 均衡性原则

均衡性原则是指同一类机构人员之间在工作量、职责和职权等方面应大体平衡,不宜偏多或偏少,避免苦乐不均、忙闲有别等不良现象。

小贴士

木 桶 效 应

木桶效应又称"短板效应",其核心内容是:一只木桶能够盛多少水,并不取决于桶壁上最高的那块木块,而是取决于桶壁上最短的那块。

木桶原理的一个管理学推论是:只有每个组织成员和每个部门顺利实现了本人和本部门的工作目标,组织目标才能顺利实现。

---

7. 精干高效原则

精干高效原则是指在组织结构设计过程中,必须将精干高效放在首要地位,力求减少管理层次、精简管理机构并精减人员,充分发挥组织成员的积极性,实现"人有其事,事得其人,人事相宜",工作任务量饱和,部门活动紧张有序的理想效果。

8. 集权与分权相结合的原则

集权与分权相结合的原则是指为了保证有效管理,组织内必须实行集权和分权相结合的领导机制,并合理划定集权与分权的界限,兼顾组织的灵活性和适应性。

第二节　组织结构设计与运行

【引例】

碧波公司的组织结构调整

碧波公司成立于 1992 年,最初专门生产洗发水。该公司凭借鲜明的产品特色、独特的销售方式和免费送货上门等优质服务而征服了广大消费者。随后,公司先后开发了护手霜、洗手液、防晒霜、眼霜、焗油膏、护发素、沐浴露等一系列日化用品。不过,随着公司产品的日益多样化和公司规模的迅速壮大,曾经一向运行良好的组织结构,正在面临一系列挑战,亟待进行调整。

碧波公司原有组织结构是按照部门职责的专业化原则设计的,分别由财务、营销、生产、人事、采购、研究与开发等部门组成。但是目前,职能部门之间的矛盾越来越突出,已经到了非调整不可的地步。于是,2009 年公司董事会决定,根据产品种类将公司分成 5 个独立经营的分公司,每个分公司独立核算、自主经营。但是没过多久,重组后的公司内又相继出现新的问题。各分公司经理常常不顾总公司的方针、政策,独立行事,而且各分公司在采购、人事等方面也出现了大量重复。在此情况下,公司总裁意识到自己在分权的道路上步子迈得似乎过大了。于是,他又决定收回分公司经理的一些职权,强调以后他本人拥有新产品研发、关键人员任命、20 万元以上资本支出等方面的最终决策权。然而,在职权被收回后不久,各分公司的经理们就开始纷纷抱怨公司政策的摇摆不定,甚至有人干脆提出了辞职要求。

一、组织结构设计的影响因素

(一)组织结构的含义

组织结构是组织内部各级各类职务和职位的权责范围、联系方式和分工协作关系的整体框架,是组织得以持续运转和组织目标得以顺利实现的制度安排。从这个意义上看,组织结构设计的任务就是通过设计合理的组织结构,来规划并分配组织中各部门的职能和职权,使得组织资源得到最优配置,有效保证组织活动的有序展开。

(二)组织结构设计的影响因素

1. 外部环境

任何组织都是社会大系统的一个子系统,与其他社会子系统之间存在着各种各样的联系。这种情况下，无论是与之存在直接关联还是存在间接关联的子系统发生变化，对特定组织系统的内部结构必然会产生直接或间接影响。

2. 组织战略

组织战略是特定组织全局性和长期性目标的综合表现。在组织结构与组织战略的关系上，一方面，组织战略的变化和调整必然要求组织结构进行相应调整。只有适应了组织战略要求的组织结构，才能为组织战略的实施提供全面保障。另一方面，组织战略的制订又必须考虑组织结构的现实以及调整的可行性，否则再好的战略也难以得到有效执行。

3. 技术

技术以及技术设备的水平，不仅会影响组织活动的效果和效率，而且会对组织人员的素质提出客观要求，进而会影响到岗位设计、部门设计、职务设计、管理宽度与管理层次等一系列组织结构设计问题。有研究成果发现，技术的类型和其复杂程度同组织结构之间存在着明显的相关性，进而组织的绩效与技术和组织结构之间的适应程度密切相关。

4. 组织规模与生命周期的影响

通常，组织规模是影响组织结构的最直接、最重要的因素。组织规模越大，组织的复杂程度就越高，对专业化和规范化的要求也越高，并必然给组织的协调管理带来更大困难。这时，分权式组织结构就要优于集权式组织结构；反之，组织规模越小，组织的复杂程序就越低，对专业化和规范化的要求也就较低。这时集权式组织结构就要优于分权式组织结构。

企业生命周期理论认为，组织的生命周期可以划分为创业阶段、集合阶段、规范阶段和精细阶段。其中，每个阶段又都由稳定发展时期和变革时期两个时期组成。当组织处于稳定期时，组织结构有必要保持稳定；当组织处于变革时期时，组织内部的矛盾和问题就会不断显露，必须通过组织结构的变革来确保组织与内、外部环境变化的适应性和协调性。

二、组织结构设计的内容

（一）岗位设计

岗位设计就是在优化劳动分工的基础上，以工作专门化为原则，按工作性质的不同，将实现组织目标所必须进行的活动划分为最小有机组成部分的行为过程。比如，目前我国很多高校根据工作专门化要求设计了教师岗、辅导员岗、行政管理岗和工勤岗 4 类岗位。

（二）部门设计

所谓部门设计，就是将工作按照内、外部环境影响下的某种内在逻辑合并成一个组织单元的活动过程。一般而言，将整个组织划分为若干部门的目的在于明确其权力和责任，不同部门根据其工作性质的差别采取不同的管理行为，以便加强部门内部的沟通、交流与协作。

部门设计可以通过工作职能、产品类别、地区分布、顾客细分等多种依据加以实施。比如,高校里通常按学科不同将教学单位划分成不同的系、教研室等,这种划分就是按工作职能进行部门思想设计的具体体现;服装商场分别设立男装部、女装部、童装部等,就是按顾客细分进行部门思想设计的具体体现。

(三)管理宽度与管理层次的设计

管理宽度就是组织中的上级主管能够直接有效地指挥和领导的下属成员的数量,而管理层次则是指一个组织设立的行政等级的数目。

通常,管理宽度与管理层次是决定组织结构的两个重要参数,而且管理宽度和管理层次本身就是高度相关的。组织的管理层次一般根据组织的管理宽度和组织规模确定:即在管理宽度既定的条件下,管理层次与组织规模成正比关系,组织规模越大,人员越多,组织工作就越复杂,所需的管理层次也就越多,组织整体结构就越扁平化;反之,组织规模越小,所需的管理层次就越少,组织整体结构就越高耸化。在组织规模既定的情况下,管理层次与管理宽度成反比关系,管理宽度越宽,所需的管理层次就越少;反之,管理宽度越窄,所需的管理层次越多。

三、组织结构的常见形式

截至目前,组织结构的常见形式包括直线制组织结构、职能制组织结构、直线职能制组织结构、事业部制组织结构、矩阵式组织结构、委员会制组织结构等。随着社会生产力的发展,以网络型组织结构和集团控股型组织结构为代表的一些新型组织结构开始出现。为了表述方便,本部分介绍均以工业企业为例。

(一)直线制组织结构

直线制组织结构是最早出现,也是最简单的一种组织结构形式。其中,所谓"直线"是指在该种组织结构中职权遵从了由上层"流向"下层的顺序关系。

如图4-1所示,直线制组织结构中不设职能管理部门,指挥和管理职能均由各级管理者直接行使,因而具有结构简单、权责明确、指挥统一等优点;但由于它没有专业化分工,要求管理者具备多方面的业务管理能力,因而主要适用于产品单一、工艺技术较为简单、业务内容单纯、规模较小的组织。

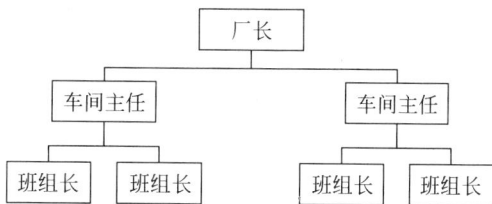

图 4-1　直线制组织结构

（二）直线职能制组织结构

直线职能制组织结构是以直线制组织结构为基础发展而来的一种组织结构,与直线制组织结构的不同点在于,它不仅设置了直线主管领导,而且又在各级直线主管领导之下增设了组织所需的职能部门。

在直线职能制组织结构中存在着两类职权,即直线职权和职能职权。其中,直线职权是直线主管领导所拥有的对下级进行指挥和命令的权力,职能职权是职能部门管理人员所拥有的对下级机构进行业务指导和建议的权力。这里,职能部门只起到参谋和助理的作用,对下属机构及其管理人员不具有发布命令的权力,如图 4-2 所示。

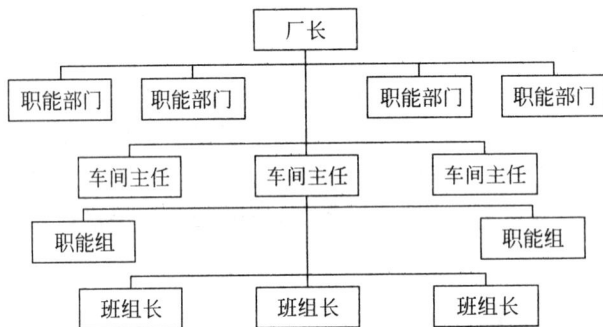

图 4-2　直线职能制组织结构

直线职能制组织结构的优点在于它以直线指挥系统为主的同时,可以利用职能部门的参谋作用,这样它既可以保证整个组织命令的统一,又有利于优化行政管理者的决策。但是随着组织规模的扩大,该种组织结构的缺点也会逐渐暴露出来,即各职能部门自成体系,往往不重视横向信息沟通,可能引发矛盾和不协调现象。同时,由于高层领导过多地参与日常经营活动,不利于下属积极性和主动性的发挥。直线职能制组织结构一般对中小企业较为适用,对规模较大的企业则不太适用。

（三）事业部制组织结构

事业部制组织结构最初由美国通用汽车公司于 1924 年提出,目前被在多个领域或地域从事多种经营的大型企业所普遍采用。这种组织结构的主要特点是在总公司领导下按地区或所经营的产品设立事业部,各事业部具有独立的产品和市场,实行独立核算、自负盈亏的经营原则,是独立的利润中心。组织总部按照"集中政策、分散管理、集中决策、分散经营"的原则,对各事业部进行分散管理。公司最高管理层是企业的最高决策机构,主要负责企业的战略管理,制订总体发展目标、方针和计划,并负责各部门之间的总协调,具有诸如人事、财务、战略管理等重要权力。事业部制组织结构的形态,如图 4-3所示。

事业部制组织结构的优点表现在 3 个方面:第一,它能够实现集权(总公司)与分权(事业部)的有效结合,从而既有利于公司最高层管理者集中精力研究组织的战略规划和长期规划,又有利于调动各事业部的积极性、主动性和创造性;第二,有利于增强事业部

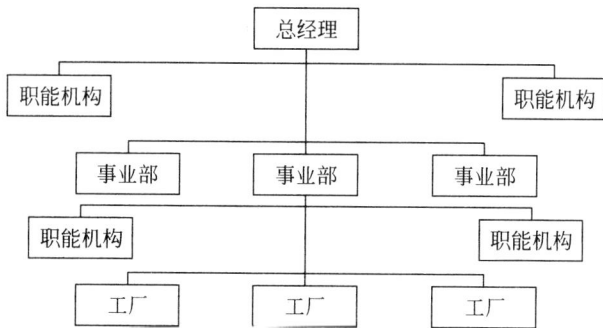

图 4-3　事业部制组织结构

领导人的责任感,且有利于培养综合性高级经营人才;第三,由于各事业部具有较多的自主权,因而有利于其根据市场需求的变化和竞争形式的变化,及时调整生产和经营方向,进而增强公司对外部环境变化的整体适应性。

事业部制组织结构的缺点主要体现在 3 个方面:第一,它容易导致总公司与事业部之间的机构重叠和资源的重复配置,因此其管理费用较高;第二,各事业部独立性较大,容易导致本位主义,相互之间的协作机制难以真正形成;第三,各事业部拥有各自独立的经济利益,因而容易产生对总公司资源和共享市场的不良竞争,引发不必要的内耗,进而导致总公司协调任务的加重。

20 世纪 70 年代,美国和日本的一些大型企业在其基础上又开发了一种新型的组织结构——超事业部制。

所谓超事业部制,就是在组织最高管理层和各个事业部之间增加一级管理机构,负责管辖和协调所属各个事业部的活动。这种组织结构可以更好地协调各事业部之间的关系,甚至可以同时利用若干个事业部的力量进行新产品开发等活动。

(四) 矩阵式组织结构

矩阵式组织结构是在直线职能制垂直指挥系统的基础上,增设一种横向指挥链系统而形成的具有双重职权关系的组织矩阵。矩阵式组织结构是一种临时性组织机构,如图 4-4 所示。

矩阵式组织结构作为一种临时性组织机构,其项目成员来自于纵向职能部门,他们是为配合项目经理来完成项目组工作的临时抽调人员,既受纵向职能部门的领导,又受横向项目组的领导。项目任务完成后,矩阵式组织结构便宣告解散,各类人员回到原有部门。矩阵式组织结构主要适用于一些需要集中多方面专业人员集体攻关的项目或企业。

矩阵式组织结构的优点可概括为 4 个方面:第一,有利于集中组织精干力量之所长,形成思想相互激发局面,快速完成组织内的临时性和攻关性问题。第二,有利于加强职能部门的横向联系,克服其相互脱节、各自为政现象。第三,各种专业人员和专业设备随用随调,不但有利于提高资源的利用率,而且有利于提高组织的灵活性和应变能力。第四,各类专业人员在临时性机构中的共同工作过程,有利于培养其合作精神和全局意识。

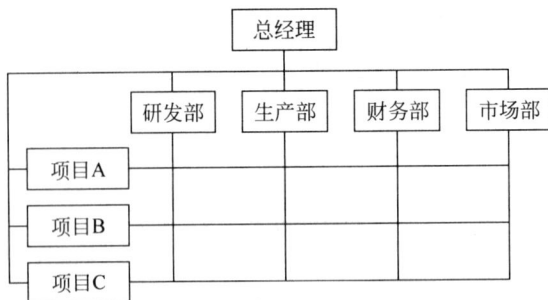

图 4-4　矩阵式组织结构

矩阵式组织结构的缺点表现在两个方面：第一，由于项目机构属临时性组织，因而容易使成员产生短期行为，且不利于责任心的形成。第二，由于组织成员接受双重领导，因而容易引发责任不清、推诿扯皮现象，造成组织混乱。

（五）集团控股型组织结构

集团控股型组织机构是一些资金实力雄厚的大公司跨越企业内部边界，通过持股控制（包括绝对控股、相对控股和参股3种基本形式）方式，在非相关领域开展多种经营而形成的组织结构形式。

集团控股型组织结构中，持有其他企业股权的母公司称为集团核心企业，被绝对控股或相对控股的子公司称为集团紧密层企业，一般参股的关联公司称为半紧密层企业。集团控股型组织结构的出现，是大型公司跨区域或跨行业配置资源、抢占市场的产物。

集团控股型组织结构的优点在于：第一，它大大增加了各关联企业的竞争实力。第二，母公司对子公司只承担有限责任，因而经营风险可以得到一定程度的控制。

集团控股型组织结构的缺点则在于：因为公司治理具有间接性，因此各公司之间的协调性较差，战略控制和监督的难度也较高。

（六）网络型组织结构

网络型组织结构是一种以创意组织为核心，以业务外包为基础，由研发、制造、物流、广告、销售等各类业务关联企业整合而成的新型组织结构。如图 4-5 所示，网络型组织的经理小组实际上是一个创意小组，主要致力于创意和经营策划、制订政策并协调与各个合同企业的关系，创造与维护良好的企业关系网络。比如，有些出版公司专注于选题、组稿和编辑，而将版面设计、印刷、发行等业务外包给其他企业。

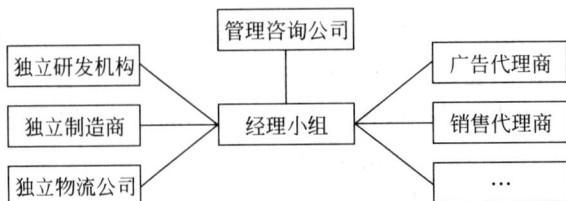

图 4-5　网络型组织结构

精干、高效、灵活是网络型组织结构的突出优点,它具有很强的应变能力,不需要大规模投资,也不需要组建庞大的员工队伍。

不过,由于网络型组织结构实际上是以契约关系组建而成的,因而发包企业对生产经营的全过程难以实现严密控制,存在着一定的经营风险,特别是在诚信意识较差的社会背景下,产品或服务的质量和及时性都存在失控的风险。

小贴士

帕金森定律

英国历史学家诺斯古德·帕金森通过长期调查研究,出版了其成名作《帕金森定律》。他在该书中阐述了机构人员膨胀的原因及后果:一个不称职的官员,可能有 3 条出路,第一是申请退职,把位子让给能干的人;第二是让一位能干的人来协助自己工作;第三是任用两个水平比自己更低的人当助手。第一条路是万万走不得的,因为那样会丧失许多权利;第二条路也不能走,因为那个能干的人会成为自己的对手;看来只有第三条路最适宜。于是,两个平庸的助手分担了他的工作,他自己则高高在上发号施令,他们不会对自己的权利构成威胁。两个助手既然无能,他们就上行下效,再为自己找两个更加无能的助手。以此类推,就形成了一个机构臃肿、人浮于事、相互扯皮、效率低下的领导体系。

第三节 人员配备

【引例】

谁来担任新的市场部经理

人和房地产开发公司市场部经理向公司提交了辞呈,跳槽至待遇更加优厚的另一家公司。因此,人和公司现在急需任命一位新的市场部经理。公司赵总认为,凭自己的观察,刘明、高远二人各具特点,都具有担任市场部经理的潜质。于是,将二人提交董事会研究,以期尽快确定最终的人选。但是,大家觉得两个人似乎都不适合担任市场部经理。因为大家得出的一致结论是:刘明虽然能力较强,且思路敏捷、敢于承担责任,但是他却凭借自己的研究生学历而目中无人,不愿意听取他人意见,因此日后恐怕难以同部门员工搞好内部关系,也难以同其他部门领导做到有效沟通。高远虽然性情温和,善于同下属沟通交流,且工作起来干劲十足,但是他的最大缺点就是做事优柔寡断,缺乏领导魄力,因而恐怕在未来的工作中难以开创新的业务。

在经过激烈讨论后,有人提议可以考虑将本市另一家房地产企业的市场部经理林伟"挖过来"。不过,这一方案也被否定了,因为有几位董事认为,林伟的确不失为难得的人才,但是把他挖来后,他是否能够快速理顺各种关系,迅速熟悉本公司业务并有效地开展工作呢?再说,这样做很可能会挫伤本公司市场部人员的积极性,导致"挖来一个人,走了一批人"的不利后果。

怎么办?

人的问题是任何组织管理工作的核心。无论组织结构设计得多么精细,也无论职权与职责划分得多么科学,如果不能将最合适的人员配备到最合适的工作岗位以谋求人与事的最佳结合,那么组织系统的运转效率必然难以实现最大化。

一、人员配备的作用、程序与原则

人员配备就是管理者为了确保组织目标的顺利实现,为每个工作岗位配备适当数量的合适工作人员,并使他们高效完成工作任务的过程。

(一)人员配备的作用

由于人员配备过程既涉及作为整体的组织,又涉及作为个体的员工,因此人员配备工作的作用通常可以从满足组织的需要与满足员工的需要两个角度来加以分析。

1. 满足组织的需要

第一,通过人力资源的合理配置,实现人与岗位和工作的最优匹配,保证组织系统正常、有序地运转。

第二,通过人力资源配置,为组织发展储备和培养管理人员。

第三,通过人力资源配置和组织文化的塑造,维持并提高组织的凝聚力。

2. 满足组织成员的个人需要

第一,通过人力资源配置,使组织成员的知识与能力得到公正的评价与运用。

第二,通过人力资源配置,使组织成员的知识和能力得到不断发展,素质得到不断提高。

第三,通过人力资源配置,使组织成员形成个人发展甚至晋升的希望和预期。

(二)人员配备的程序

(1)在职务设计的基础上,制订用人计划,使人员的数量、层次和结构满足组织目标和机构设置的需要。

(2)基于经济性或组织稳定性的考量,确定外部招聘或内部调配的人员来源渠道。

(3)根据岗位标准,选配合适的人员。

(4)根据环境变化、组织发展需要以及其对员工技能的现实要求,制订并实施人员培训计划,有组织、有重点地进行人员培训。

(5)从素质、能力、工作业绩等角度出发,对人员进行考评(即考核与评价),并据此决定员工的续聘、晋升、调动或降职。

(三)人员配备的基本原则

1. 因事择人原则

员工的选聘应根据空缺岗位对人员知识、素质和能力的实际需求,选择最合适的人员,使工作高效率完成。

2. 量才使用原则

人的差异客观存在,一个人只有处在最能发挥其才能的岗位上,才能使其潜能得到充分开发和利用。因此,应根据每个人的知识、素质和能力水平来安排合适的岗位。

3. 用人之长原则

人总有长处和短处,组织在用人的过程中应全面认识员工的优势,并根据其特长将其配备到最能发挥其特长的工作岗位上,做到人尽其才。

4. 责权利一致原则

对组织成员的配备要确保权力、责任与利益的有机统一,做到"在其位、谋其政、行其权、尽其责、得其利、获其荣"。

5. 人事动态平衡原则

随着内、外部环境的变化,组织本身会发生变化,人员的知识与能力也会不断丰富和提高,且组织对人员的认知与评价也会趋于全面。因此,人与事的配合就需要进行不断调整,使组织中的每个成员都能得到最合理的配置和使用,实现人与事的动态平衡。

二、管理人员选聘

与普通工作人员相比,组织中的管理人员对组织的运行效率和组织目标的顺利实现具有更为深刻的影响。因此,管理人员配备得恰当与否,对组织的生存和发展就显得尤为重要。

(一)管理人员的选聘条件

由于组织和部门的层次、规模、业务性质不同,不同的职位对人员配备的要求也就存在一定的差异性。不过,从普遍角度看,管理人员选聘过程除了以较高的政治素养、良好的道德品质和健康的身心素质作为基本条件外,还通常要考虑如下 5 个条件,即管理欲望、业务知识水平、创新与冒险精神、决策能力、沟通与协调能力。

1. 管理欲望

强烈的管理欲望是管理者从事管理工作的基本前提。管理意味着对权力的科学运用,而对权力不感兴趣的人,就不会很好地运用权力,影响组织目标的顺利实现。

2. 业务知识水平

管理者未必是专家,但了解一定的专业知识、具备一定的技术水平与能力,仍是管理者必不可少的条件。对相关业务知识知之甚少或一窍不通,就无法对业务活动进行合理安排,无法对可能出现的业务问题进行科学预测和准确判断,也就必然会降低管理效率。

3. 创新与冒险精神

唯有不断创新,组织才能因充满生机而不断发展。而创新就意味着既有成功的可能,也有失败的风险。因此,是否善于创新、是否富于冒险精神,就应该作为组织对所有管理人员必须具备的品质有一个共同要求。

4. 决策能力

从某种意义上讲,"管理就是决策"。作为一名管理者,经常需要进行决策。迟缓的决策会浪费发展机遇或错过解决现实问题的最佳时机,而错误的决策则将导致行动方向的偏误。因此,思维敏捷、善于发现问题,并能够做到"多谋善断"、"当机立断",就是管理人员不可或缺的一种重要能力。

5. 沟通与协调能力

管理者具有较强的沟通与协调能力，才能够按照分工与协作的原则来合理调配人员，布置工作任务，调节工作进程，才能够创造和谐融洽的气氛与强大的凝聚力。因此，作为管理者，必须具备进行有效沟通与协调的能力。

（二）管理人员的选聘方式

一般来说，管理人员的选聘方式主要有两种，即内部提升和外部招聘。

1. 内部提升

内部提升又称"内升制"，是组织内部成员的能力和素质得到充分确认后，被安排到职位更高、责任更大的职务岗位上的人员选聘方式。

内部提升方式的优点可以概括为 4 个方面：第一，由于被提升的内部成员对组织情况较为熟悉，因此就职后能够迅速进入角色，快速打开工作局面。第二，组织对被提升者显性能力和素质比较了解的同时，对其隐性能力和素质也会比较熟悉，因而可以避免因对外部招聘者的片面认识所造成的损失，降低组织的招聘风险。第三，有利于使每一个员工看到希望和机会，因此有利于调动员工的工作热情，提高员工的忠诚度和组织的凝聚力。第四，可以简化选聘程序，降低选聘费用。

内部提升方式的缺点主要表现在 3 个方面：第一，空缺岗位候选人范围较小，选聘到合适人选的难度较大。第二，容易造成"近亲繁殖"和管理思维定式，不利于组织的管理创新和管理水平的提升。第三，容易引发同事间的矛盾，导致内部人员的关系紧张。

2. 外部招聘

外部选聘又称"外求制"，是根据一定的标准和程序，通过自我组织或外部委托等方式，从组织外部候选者中选择和招募管理人员的选聘方式。

外部招聘的优缺点与内部提升方式的优缺点是互现的。具体地说，外部招聘的优点主要表现为：第一，空缺岗位候选者来源较广，因而易于招聘到合适的人选。不仅如此，被招聘的外部人员由于没有太多顾虑，因此可放手开展工作，形成"外部竞争优势"。第二，可以给组织带来新鲜活力，有利于将其他组织的管理经验移植到本组织，从而有利于组织创新和管理创新。第三，有利于平息与缓和内部竞争所带来的紧张关系。

外部招聘的缺点主要表现为：第一，外聘人员对组织缺乏深入了解，因而就职后进入角色的速度较慢，胜任岗位工作所需的时间也较长。第二，组织对外聘者缺乏全面而深入的了解，特别是对其隐性管理能力与素质的评价难度较高，因而招聘风险较高。第三，由于排除了内部成员提升的可能性，因而会严重挫伤其工作积极性，减弱其进取意识。第四，由于外部招聘需要经过信息发布、专家测评等一系列环节，因此岗位空置时间较长，选聘支出也较高。

在实际工作中，由于内部提升和外部招聘两种选聘方式的优缺点均较突出，因而通常把二者结合起来使用，将从外部招聘的人员先安排在较低的职位上，然后根据其表现再做提升。

> —— 小贴士 ——
> **晕轮效应与彼得现象**
>
> 　　晕轮效应是一种以偏概全的主观认识偏差,它常表现为以事物或人的个别特征推及一般特征,将并无内在联系的一些特征人为地联系在一起、全盘肯定或全盘否定等。彼得现象是人们在某一职位上取得一定成就后,往往就会被提升到他力所不能及的更高职位上的现象,即提升过度现象。
>
> 　　在人员配备过程中,组织领导应该竭力避免在选人、用人方面出现晕轮效应,否则就容易导致彼得现象的发生。

三、管理人员培训

　　为了与组织系统调整、管理知识更新、管理技术变革相适应,以保持管理的动态效率,对管理人员进行适当形式的培训就显得尤为重要。

（一）管理人员培训的目标

　　1. 补充和更新知识

　　知识经济时代背景下,知识的更新速度越来越快,先进科学技术和管理技术的涌现速度也越来越快。在这种情况下,如果不对管理人员的知识进行及时补充和更新,那么后者把握管理活动新规律、掌握管理活动新方法和新手段的能力就难以得到保证,管理的科学性、合理性自然也就无从谈起。

　　2. 传递信息

　　当代社会,管理人员开展管理活动、进行管理决策的过程中,对于组织相关信息的依赖性越来越强。因此,通过适时、适当培训,对于管理人员获得法律法规、生产技术、市场、竞争对手、贸易伙伴、行业动态等方面信息具有重大促进作用。

　　3. 改变态度

　　每个组织都有自己独特的历史和文化,有自己的价值观念和行为准则。显然,管理人员只有充分了解并高度认同这样的文化,接受这样的价值观念和行为准则,才能在组织中高效工作。这一点对于新选聘的管理人员来说尤其重要。

　　4. 发展能力

　　管理者的管理能力既可以在管理实践中形成,也可以通过培训得到拓展和提升,这一点已经得到了实践活动的广泛证明。

（二）管理人员培训的方法

　　1. 在职培训

　　管理具有实践性和科学性,管理人员素质和能力的提升、管理经验的丰富、管理思维的演进都离不开管理实践活动。所谓在职培训,就是通过日常工作实践来锻炼和培养管理人员的培训方法。该方法是管理人员培训的基本方法,其具体形式包括以下几个方面。

　　（1）职务轮换。就是让管理人员连续分别担任同一层次不同的管理职务,或不同层次相应职务,从而丰富管理人员管理知识和管理阅历、拓展管理人员管理视野、完善管理人员自我认识的培训方法。

（2）临时提升。当由于某种原因而出现主要管理岗位临时性空缺时，临时指定某个具有培养价值的管理人员代理相应职务的培训方法，即可称为临时提升。临时提升可以使受训者体验高一层管理工作，并在代理期间充分展示或迅速弥补其所欠缺的管理能力，是一种有效的培训方法。

（3）委以助手职务。该种培训方法就是安排有培养前途的管理人员担任部门或组织领导者的助手，使其在较高的管理层次上全面接触和了解各项管理工作，从中得到锻炼与培养。

2. 教育和训练

所谓教育和训练，就是通过各种形式与内容的教育，对管理人员进行不同程度的系统知识训练的培训方法。该种方法是从知识和技能方面培养管理人员的常用方法，其常见形式包括短期培训、举办知识讲座、定期脱产轮训、派赴高校接受正规教育、组织专题研讨会等。

3. 其他培训方法

其他培训方法主要是指在对管理人员进行教育和训练过程中的辅助性培训方法，如决策训练、敏感性训练、角色扮演等。

四、管理人员考评

管理人员考评，就是对管理人员的管理者素质、能力、行为和绩效进行的考核与评价。通过管理人员考评，可以全面检验管理人员的使用情况和工作情况，并为其职务和职权变更、工作报酬调整以及组织管理人员培训等工作提供客观依据。

（一）管理人员考评的内容

1. 管理素质考评

管理素质考评主要包括对管理人员身心素质、思想政治、工作作风、社会道德和职业道德水平等方面的考评。

2. 管理能力考评

管理能力考评就是对管理人员学识、智能、技能，以及由此形成的现实管理能力和发展潜力的考核与评价。也就是对管理人员是否符合现任职务要求、任职后能力是否有所提高，从而能否担任更重要管理工作的考核与评价。管理能力考评是人才考评的重点和难点。

3. 管理行为考评

管理行为考评的主要内容就是对管理人员勤勉工作状况的考核与评价，通常包括对被考评者的纪律性和主动性、责任心和事业心等方面内容。

4. 管理绩效考评

管理绩效考评就是对管理者工作效率和工作效果的考评。绩效往往是能力和努力程度的函数，因此通过绩效考评，可以在一定程度上判断管理人员的管理能力与管理行为是否符合组织要求。但是，由于管理绩效除了取决于管理者的能力和行为外，还会受其所处管理环境的影响，因此在绩效考评过程中必须对其加以充分考虑，避免考评结果的偏差。

（二）管理人员考评的方法

1．自我考评

自我考评就是管理人员根据组织要求定期对自己工作情况和工作绩效进行的综合评价与判断，其主要形式是述职。这种方法有利于管理人员主动而自觉地培养和提高自己的管理素质、管理能力和管理水平，但其缺点则在于管理人员可能避重就轻，过多地描述成绩而极少剖析自我不足。

2．上级考评

上级考评就是由管理人员的直接或间接上级对管理人员的管理素质、管理行为、管理能力和管理绩效进行考评。一般情况下，当考评者是管理人员的直接上级时，考评结构和考评结果较为真实、可靠。

3．平级考评

平级考评强调将与被考评者具有直接业务联系的其他部门的管理人员作为考评者，对被考评者的管理素质、管理行为、管理能力和管理绩效所进行的综合判断与评价。

4．下级考评

下级考评就是以被考评者的下属为考评者，对被考评者的管理素质、管理行为、管理行为和管理绩效所进行的综合判断与评价。通常情况下，由于彼此接触频繁、了解深入，因而下级考评结果比较客观，但该方法的缺点则在于考评结果可能被管理人员的人缘好坏所左右。

5．360度考评

所谓360度考评，实际是一种同时将管理人员上级、同级和下级作为考评者，对各自考评结果以合理权重进行加总，形成对被考评管理人员素质、能力、行为和绩效综合评价的一种考评方法。该方法由于涉及面较广，因此较为费时费力，但其结果却相当客观、真实、有效。

第四节　组织文化

【引例】

创业与立业

经过全面的市场调研和市场预测，刘远志将拿出所有前期创业利润，在市中心开办了一家大型超市，自己担任总经理一职。通过劳动力市场招聘和校园招聘的办法，刘远志终于招聘到了自己所需要的450多名年轻员工。但是，如何才能让这些人主动地视刘远志的事业为自己的事业而努力工作呢？这可是决定超市能否生存和发展的重大问题。

在咨询了一些企业界朋友和管理专家后，刘远志塑造了自己的团队文化，而其口号就是"一起创业，一起分享"。他的具体做法如下。

第一，每一名管理人员，每周都要腾出一小时时间，到其他部门做一名普通员工，与他们一道做些最普通的工作。

第二，超市设立"总经理特别奖"，对于能够提出合理化建议，并被采纳的员工，视建议所创造的价值派送奖金。

第三，创办内部报纸《心声报》，对表现优异的员工进行书面介绍，同时刊发员工的各类文学作品。

第四，建立轮流休息制度。将紧邻电梯间的一个会议室改为休息间，并以温馨格调装修。所有员工每天都可以轮流到休息间喝上一杯免费咖啡或其他软饮料。

第五，建立员工生日庆祝制度。每月为当月过生日的员工开集体庆生晚会，超市所有管理人员全部到场祝贺。

第六，建立利润分享制度。超市每年年末，所有管理人员和员工代表一起核算各部门利润，并按其在超市总利润中所占的比例，以超市总利润的 30% 作为分享利润，并作为年终奖励。

事实证明，刘远志的付出获得了超乎想象的回报；他最初开办的那家超市与随后创办的几家连锁超市，一直因优质的服务而业绩突出；他的超市"王国"里，每一位员工嘴角总挂着甜甜的微笑。

一、组织文化的含义和内容

（一）组织文化的含义

就共性而言，按照英国人类学家爱德华·泰勒在其《原始文化》一书中的表述，"知识、信仰、艺术、道德、法律、习惯等凡是作为社会的成员而获得的一切能力、习性的复合整体"总称为文化。

作为人类文化现象的组织文化，管理学者们在广泛研究的基础上，也形成了一系列定义。人们认为，组织文化就是一个组织在运行过程中形成的，并为全体成员普遍接受和共同信奉的理想、价值观念和行为规范的总和。

（二）组织文化的内容

目前，管理学界对组织文化的内容结构划分已经基本取得了一致性看法，认为它可以划分为 4 个层次。如图 4-6 所示，在组织文化的层结构中，自内而外分别为精神层文化、行为层文化、制度层文化和物质层文化。

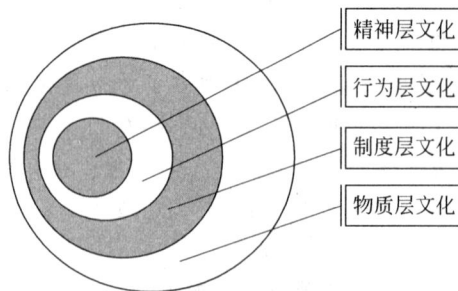

图 4-6　组织文化的层结构示意图

（1）精神层文化

精神层文化是组织在生产或经营实践中所形成的员工群体心理定式和价值取向,它是组织精神、经营哲学、道德观和价值观的综合体现与高度概括,组织的领导和成员共同信守的基本信念、价值标准、职业道德和精神风貌,反映着全体员工的共同追求和共同认识。组织精神文化是组织的灵魂和组织文化的核心,是物质文化和行为文化的升华,是组织的上层建筑。

（2）行为层文化

行为层文化又称为组织行为文化,它是组织员工在生产经营、学习娱乐中形成的活动文化,包括组织经营活动、公共关系活动、人际关系活动、文体活动中产生的文化现象。行为层文化动态体现着组织的经营作风、精神风貌、人际关系等,也是组织精神、核心价值观的行为反映。

（3）制度层文化

制度层文化是组织为实现自身目标而对所有员工的行为进行规范化和有序化管理而形成的文化,是具有组织特色的各种规章制度、道德规范和员工行为准则的总和。主要包括组织领导体制、组织机构和组织管理制度 3 个方面。

（4）物质层文化

物质层文化是组织文化的表层部分,是一种以组织产品或物质设施为表象的组织文化,是精神层和制度层形成的条件。实践证明,物质层文化的表现主要有两种途径:第一,通过组织提供的产品或服务的形象来体现;第二,通过组织创造的生产环境、生活环境、文化设施等物质现象来体现。

二、组织文化的功能

（一）导向功能

组织文化的导向功能一般表现在两个方面,即组织哲学和价值观念的引导与指导作用。其中,组织哲学决定了组织运转的思维定式和处理问题的基本原则;组织价值观念则规定了组织的价值取向,决定了组织领导和员工的行动目标。

（二）激励功能

自我价值的实现是人的最高需求,这种需求得到满足,必将形成强大的激励。共同的价值观念将使每个员工感到自我存在的价值,特别是在领导全面关心的背景下,职工会感知到受人尊重所带来的快乐,因而会以高昂的热情全身心地投入到工作之中。不仅如此,在组织文化建设成功、在社会上产生了正面影响时,员工会产生强烈的荣誉感和自豪感,并用实际行动去主动维护组织的良好声誉。

（三）约束功能

组织文化通常会对组织员工的思想、心理和行为产生约束与规范作用,而且这种约束不是制度式的硬约束,而是基于特有群体行为、群体意识、共同习惯而产生的共鸣式约束,对组织成员的自我控制具有极大的促进作用。

（四）凝聚功能

组织文化的基本诉求在于确立团体意识与和谐的组织氛围，使员工分散的价值观念整合或指向于组织价值观念。一旦组织价值观念转变为员工共有价值观念，它就会产生一种强大的向心力和凝聚力，最终转化为组织活力和效率。

（五）调适功能

组织各部门之间、不同成员之间，难免会由于某些工作或非工作原因产生矛盾和冲突；同样，组织与外部环境之间也会产生不协调之处。这两种情况均需要进行调整和适应。组织哲学和组织道德规范将使组织管理者及普通成员科学地化解矛盾与冲突，自觉地进行调适，主动地约束和完善自我。

小贴士

企业文化的力量

企业文化对企业长期经营业绩具有重大作用，这个作用不仅是促进，更是直接提高。美国知名管理学家约翰·考特与其研究小组历时 11 年，对企业文化之于企业经营业绩的影响进行了深入研究。结果显示，凡是重视企业文化因素特征（消费者、员工、股东）的公司，其经营业绩远远高于那些不重视企业文化建设的企业（见表 4-1）。

表 4-1　重视企业文化与不重视企业文化的公司经营业绩比较　　　　　　%

项　　目	重视企业文化的公司	不重视企业文化的公司
总收入平均增长率	682	166
员工增长	282	36
公司股票价格上涨	901	74
公司净收入提高	756	1

（资料来源：蒋永忠，张颖.管理学基础[M].北京：清华大学出版社，2007）

三、组织文化塑造的原则与路径

（一）组织文化的塑造原则

组织文化的塑造过程是一项复杂的系统工程，是组织各级管理者与被管理者为了实现长期或中期战略目标而进行的前瞻性规划。组织文化的塑造过程中，一般应遵循以下几项重要原则。

1. 人本原则

组织文化形成和其功能发挥的前提条件是所有组织成员存在着共同愿景，而组织愿景是管理过程中人本理念的产物。鉴于此，组织文化的塑造，必须以组织成员的需要满足为出发点和最终归宿，此即为人本原则。该原则要求组织管理者必须尊重全体员工在组织文化建设中的主体地位、个人价值观和心理要求，从而使全体员工都能自觉自愿地参与到组织文化的全面塑造进程。

2. 开放原则

任何组织均是一个开放的运行系统,其经营或运行目标的确定会受到外部环境的深刻影响,而且应随着外部环境的变化而变化。因此,服务于组织目标实现的组织文化也应受外部环境的影响并根据外部环境的变化而进行调整。换言之,组织文化的塑造过程必须以开放的眼光,对物质层、制度层、行为层和精神层等各层次的内容和形式加以合理设计、科学调整和动态创新。

3. 个性原则

归根结底,任何一个组织在塑造自身文化体系的初始起点上,其直接目的应在于使自身呈现出有别于同类组织的独特属性,以期形成其他组织难以模仿的运行特色和竞争优势。个性原则的含义就在于,在组织文化塑造过程中,应坚持本组织的特征,抓住本组织的个性特点,从实际情况出发来打造具有本组织特色的文化系统。

4. 竞争原则

竞争原则是指在进行组织文化的总体设计时,应该从战略高度和长远角度,以竞争优势的确立和强化为原则,进行全盘谋划和部署,全力改善组织运行与管理模式,务求在长期运行中不断提高组织的核心竞争力。

(二)组织文化塑造的路径

1. 确立模式

由于组织价值观是整个组织文化的核心和灵魂,因此选择和确立价值标准体系就构成了塑造组织文化的首要任务和战略任务。具体而言,就是要在全面把握组织价值观与组织文化要素之间的协调关系的基础上,充分挖掘自身文化要素,并对其进行科学组合与匹配,形成适合组织长期发展的组织文化模式。

2. 强化认同

在组织价值标准体系和组织文化模式确立之后,就应该通过恰当的方式使其深入人心,将领导层愿景转化为全体员工的共同愿景。这一过程中,可以通过重点宣传、树立典型、培训等一系列方法,对组织文化的内涵与外延、目标与功能进行全面解释和普及,争取形成一致性共识,将员工目标引向组织目标。

3. 提炼定格

经过员工的初步认同和基本应用后,将各方反馈意见进行认真分析和评价,去伪存真、由表及里地全面归纳出能够为员工所接受的内容和形式,并在综合整理和归纳的基础上,以条理化、格式化的语言、文字、图案进行定格。

4. 巩固落实

一般来说,即使在组织文化已经很成熟的组织中,背离组织核心机制观念的行为也会经常发生。为此,只有经过长时间的巩固落实,方能保证组织文化在全体员工的心理和行为层面最终演进为自我约束和自我激励机制。这一阶段,建立必要的落实制度、强化领导的示范作用就显得尤为重要。

5. 丰富发展

任何一种组织文化都是特定时期和特定外部环境影响下的产物。为此,当组织的内、外部环境发生变化时,就应不失时机地在内容和形式上对组织文化进行科学调整、更新、丰富和发展,保证组织凝聚力和竞争力的不断提升。

案 例 分 析

宝洁校友会的背后

宝洁公司(Procter & Gamble)是一家美国消费日用品生产商,也是目前全球最大的日用品公司之一,总部位于美国俄亥俄州辛辛那提,全球员工超过 10 万人。2010 年,宝洁公司在《财富》杂志世界 500 强企业中排名第 66 位,在同行业中以 7 969.7 亿美元的销售收入位列第一。

作为一家企业,怎么会有校友会呢?它的背后又有哪些故事值得我们去了解呢?原来,保洁公司在同行业中一直以低离职率著称,而与此同时,由其培养出来的人才遍布众多优秀公司。在美国商界,曾经被宝洁雇用过的员工,大多数人会对宝洁心存感激,因而会主动加入由其自发组成的"宝洁校友会","不后悔成为宝洁人"是他们共同的心声。这些职业经理人到了新的工作岗位后,仍然将从宝洁学到的各类经验,以及在宝洁形成的管理理念应用到实际工作中。在这个庞大的"校友会"中,我们会发现微软总裁史蒂夫·鲍尔莫(Steven Ballmer)、波音公司总裁吉姆·麦克纳尼(Jim McNerney)、通用电气董事长兼首席执行官杰夫·伊梅尔特(Jeff Immelt)等众多商界领袖的名字。

是什么原因让如此众多的"校友会"成员念念不忘宝洁公司,"不后悔成为宝洁人"呢?因为正是在宝洁公司,其完善的培训体制和内部提升制度,使他们的管理能力得到了真正的形成和提升。第一,这些供职于宝洁的员工,当初进入公司时就经过了严格筛选,他们的综合素质得到了全面保证。在进入公司后,公司就会给予他们具有挑战性的工作,锻炼他们各方面的综合能力。在这个过程中,他们会因为个人的不懈努力而不断进步。第二,宝洁公司坚持使用内部提升体制,避免"空降兵"的出现。而且,宝洁公司会通过较强的在职培训(也就是直线经理在职指导下属),帮助下属实现不断提升,而由此形成的融洽的上下级关系也进一步提高了在职培训的效率。第三,宝洁的培训体制强调对管理者领导才能的培养,而这些才能主要包括协助团队的能力、策略性思维与沟通的能力等各个方面。最后,宝洁公司每年会由直线经理出面,讨论并帮助每个员工进行自己的职业生涯规划。人力资源部也会组织各部门高层给员工安排相关讲座,让他们更加清晰外部和内部的职业、薪酬前景,以保证员工在自己职业生涯中每一个重要决定都是经过深思熟虑后做出的。

总之,"宝洁这样做的目的是对每一个员工负责,这也是宝洁公司内部和谐文化的重要组成部分。"一位宝洁公司大中华区招聘和培训高级经理曾经这样评价。

【思考题】

1. 简述宝洁公司低离职率的原因有哪些。

2. 为什么宝洁公司"校友会"成员会对宝洁公司心存感激？

3. 简述宝洁公司的做法是否具有普遍适用性。

本　章　小　结

组织内部各种生产要素的数量和种类的多少并不能从根本上决定组织的竞争力高低。如果各种要素配置得当、利用效率较高,那么组织的整体竞争力就较强;反之,如果各种要素配置失当、利用效率较低,那么组织的整体竞争力就较低。鉴于此,科学地将实现组织目标所需进行的各项活动和工作加以分类、综合,设计出合理的组织结构,并使之有效运转的组织工作,对于提高组织的整体竞争力就具有重要的现实意义。

本章在理清了组织的含义、特点和类型的基础上,对组织工作的基本原则、组织结构设计、人员配备、人员考评工作以及与之密切联系的相关理论和实务进行了重点分析,并对影响组织工作效率与核心竞争力的组织文化工作进行了较为全面的介绍。

思考与练习题

1. 简要概括组织的含义、特点与作用。
2. 简要分析组织工作的基本原则。
3. 概括说明影响组织结构设计的因素。
4. 列举组织结构的基本类型。
5. 说明人员配备工作的作用和基本原则。
6. 比较说明内部提升和外部招聘的优缺点。
7. 说明人员配备的主要目标和方法。
8. 简要分析管理人员考评的内容和方法。
9. 概括说明组织文化的功能。

实　训　项　目

1. 在了解本校院系和部门设置的基础上,绘制本校的组织结构图,并说明各部门之间的业务关系。

2. 如果给你1 000万元的创业启动资金,创办一家电子设备企业,制作一份用工说明书,内容包括所需人员的类型、岗位要求、薪酬待遇等。

第五章

领　导

【学习目的】

(1) 了解领导的含义、领导权力的类型。

(2) 掌握领导特质理论、领导行为理论和领导权变理论,并用于实际问题的分析。

(3) 理解激励的概念和激励的过程。

(4) 掌握激励理论,并与激励方法相结合运用于管理实践。

(5) 了解沟通的过程,掌握沟通的技巧。

【关键概念】

(1) 领导:是组织的领导者指挥、带领、引导和鼓励组织成员为实现组织目标而努力的过程。

(2) 领导权力:是指领导者在其职责范围内对被领导者的控制力和影响力。

(3) 法定权:是由组织机构正式授予领导者在组织中的职位所引起的、指挥他人并促使他人服从的权力。

(4) 个人权力:又称为非职位权力,是指由于领导者的个人经历、地位、人格特殊品质和才能而产生的影响力,它可以使下属心甘情愿地、自觉地跟随领导者。

(5) 激励:就是激发、鼓励、维持动机,调动人的积极性、主动性和创造性,使人有一股内在的动力朝着所期望的目标奋进的心理过程。

(6) 沟通:又称沟通联络,是指信息从发送者到接收者的传递和理解的过程。

(7) 沟通障碍:在信息的传递和交换过程中,由于存在外界的干扰以及其他种种主、客观因素,经常出现信息的丢失或曲解,使得信息传递无法正常进行,或者不能产生预期的效果,这些都被称为沟通障碍。

(8) 正式沟通:是通过组织明文规定的渠道进行信息的传递和交流。

(9) 非正式沟通:是在正式沟通渠道之外进行的信息传递和交流。

【引例】

知名企业的激励措施

一、摩托罗拉的内部激励措施

摩托罗拉公司为充分调动员工的工作积极性,在内部激励方面做了很多工作,他们采取的激励措施如下。

1. 制订具有竞争优势的薪资

摩托罗拉在每年的薪资调整前,都对市场价格因素及相关的、有代表性的企业的薪资进行调查比较,以便于公司制订薪酬时,与其他企业相比能保持优势和具有竞争力。

2．提供福利待遇

摩托罗拉员工享受政府规定的医疗、养老、失业等保障,公司还为员工提供免费午餐、班车和住房。

3．公正的绩效评估

摩托罗拉业绩报告表是参照美国国家质量标准制订的,员工根据报告制订自己的目标,他们有机会通过不断提高业绩水平及对公司的贡献而获得加薪。个人评估一个月一次,部门评估一年一次,根据业绩报告表的情况,公司年底决定员工的薪酬涨幅及晋升情况。

4．尊重个人人格

每个季度,摩托罗拉的直接主管都会与其员工进行单独面谈,并通过正式渠道解决谈话中发现的问题。此外,员工还享有充分的隐私权,员工的机密档案,包括病例、心理咨询记录等都与员工的一般档案分开保存。

5．实现开放沟通

员工可以通过"总经理座谈会"、"业绩报告会"、"大家庭"报、公司互联网页、"畅所欲言"或"我建议"等形式反映个人问题,进行投诉或提出合理化建议,进行直接沟通。管理层也可以根据存在的问题及时处理员工事务,创造良好的工作环境。

二、欧莱雅的激励机制

关怀、信任、扶持人才,尤其是年轻人才,是欧莱雅保持朝气与活力的制胜之道。欧莱雅建立了由薪资、福利、奖金、利润分享、股权、巴黎培训等众多激励方式组成的激励体系。

1．薪资

在薪资方面,欧莱雅为员工提供在行业中位于中上水平、富有竞争力的薪资。薪资根据岗位责任与业绩而确定。

2．年终浮动奖金、利润分享

每年年底,根据员工的业绩表现,员工会得到相应的奖励。奖金的幅度完全与业绩挂钩,表现突出奖金也多,表现差的员工甚至拿不到奖金。同时,每年公司还有利润分享计划,拿出一定比例的收益与每一位欧莱雅员工分享。

3．股权

股权也是一种很重要的激励方式,得到股权奖励的员工也意味着将有更多的机会在海外从事工作或培训。

4．晋升与岗位轮换

表现优秀的员工,将优先得到职位晋升的机会。欧莱雅有着众多的品牌与事业部以及各种产品线,当公司中某个职位出现空缺时,欧莱雅会优先考虑留给公司内部表现突出的员工,让员工感到欧莱雅用人的灵活性。

5．培训机会

欧莱雅人视能够被派往法国巴黎总部培训为一种很大的激励。能够被选送到巴黎培训不仅仅是去学习某项技能以及建立内部工作关系,更是一种荣誉,只有表现最突出的经理人才能得到去巴黎总部学习的机会。

6. 内部沟通

欧莱雅拥有开放、平等的沟通环境,员工可以与上级主管进行公平争论。员工认为不公平的事情,可以通过多条渠道反映问题,到人事部投诉是其渠道之一。人事部会谨慎、认真地去调查与处理。员工还可以给总裁盖保罗写匿名信,反映问题,盖保罗会非常重视,有时会转给人事部,由人事部在保密的状态下认真调查。

三、安利公司的激励措施

谈到安利(中国)公司的成功,固然与它优异的产品质量、领先的科研能力和对社会的积极回报有关,但最值得关注的还应当是安利公司有着先进的销售人员激励制度,由此产生的销售人员忠诚度使它的全球化市场战略的宏伟目标得以实现。

1. 销售人员的嘉奖制度

安利公司的销售人员只要付出努力,就可以按产品的销售业绩取得顾客服务报酬及佣金。如果员工取得优异成绩,成为营业主任或经理,公司还会给予精神上的嘉奖,授予一系列的荣誉奖章,以肯定其在安利事业上所取得的骄人成就。

2. 旅游研讨会制度

安利公司每年都会在世界各地举办各类旅游研讨会,员工只要达到指定的业绩标准,便可免费出席。并可与公司高层管理人员沟通,交流业务心得与经验,学习营销技巧,增进团队精神,为再创事业新高注入新的动力。学习之余,还可顺道游览,增长见闻。

3. 注重员工能力的提高

安利公司通过各种资料让销售代表充分了解公司的最新产品及业务动态,掌握市场脉搏,洞悉商机。此外,还定期举办销售技能培训会,帮助员工提高业务技能和专业水平。

此外,安利公司给予员工的不仅仅是物质上的满足,更给了他们事业上和精神上的追求。从事安利销售工作,可发挥个人所长,获得个人事业的满足感,并能结识一群共抱积极态度、互相鼓励支持的事业伙伴,由此而树立勤奋进取、造福社会的健康、快乐人生。

第一节　领　导　概　述

任何组织都离不开领导,领导职能是其他管理职能的集中体现,是贯穿于整个管理活动中的一门非常深奥的艺术,领导水平的高低与组织的生死息息相关。因此,在管理学中对领导进行研究,对提高组织的管理水平,对培养管理者的管理能力都是十分必要的。

一、领导的概念

(一)领导的含义

关于领导的含义,很多学者提出了他们各自的看法。

哈罗德·孔茨给领导下的定义是"领导是一种影响力;是引导人们行为,从而使人们情愿地、热心地实现组织或群体目标的过程"。

德鲁克认为:"领导者的唯一定义就是其后面的追随者。"

约翰·纽斯特罗姆和基斯·戴维斯指出,领导是影响和支持其他人为了达到目标而富有热情地工作的过程。

斯蒂芬·罗宾斯把领导定义为一种影响一个群体实现目标的能力。这种影响的来源可能是正式的,如来源于组织中的管理职位;也可能是非正式的,如来源于领导者个人的影响力。

从这些观点可以看出,领导是组织的领导者指挥、带领、引导和鼓励组织成员为实现组织目标而努力的过程。这个概念包括3个要素。

（1）领导者必须要有部下或追随者。部下和追随者是实现领导过程、实现组织目标的人力资源保障。

（2）领导者拥有影响追随者的能力或力量。这些能力和力量包括由组织赋予领导者的职位权力,也包括领导者个人所具有的影响力。

（3）领导的目的是通过激励与影响下属来达到组织的目标。领导是一种目的性非常强的行为,它的目的在于通过领导者的影响使员工心甘情愿地、热心地为实现组织或群体的目标而努力。

在领导工作中,领导者是领导行为的主体,但千万不要把领导者与被领导者对立起来。实际上领导者与被领导者是各以对方的存在而存在的,没有被领导者当然也没有领导者了。在领导行为过程中,领导者当然要对被领导者施加影响,但此时被领导者也同样在对领导者施加影响。所以,领导是一种双向的动态过程,即除了领导者通过指导、激励等影响被领导者,被领导者也给领导者以信息来修正领导者现在和未来的行动。人们的能力、感受与心态是不断演变的,领导者与被领导者的关系也必须不断修正,行动必须持续调节,因此领导是一种动态的过程。

（二）领导与管理

领导与管理是一回事吗？领导是管理的一个方面,属于管理活动的范畴,但是除了领导,管理还包括其他内容,如计划、组织、控制等。

在实践中人们常把领导者与管理者混为一谈,但其实他们并不完全相同。从本质上说,管理是建立在合法的、有报酬的和强制性权力的基础上对下属命令的行为。下属必须遵循管理者的指示。在此过程中,下属可能尽自己最大的努力去完成任务,也可能只尽一部分努力去完成任务。而领导更多的是建立在个人影响力和专长以及模范作用的基础之上。因此,一个人可能既是管理者,也是领导者,但是,管理者和领导者两者分离的情况也是有的。一个人可能是领导者但并不是管理者,非正式组织中最具影响力的人就是典型的例子,组织没有赋予他们职位和权力,他们也没有义务去负责组织中的管理工作,但他们却能引导和激励甚至命令自己的成员。同样地,一个人可能是管理者,但并不是一个领导者。领导的本质就是被领导者的追随和服从,它不是由组织所赋予的职位和权力所决定的,而是取决于追随者的意愿,因此,有些握有职权的管理者可能没有部下的服从,也就谈不上是真正意义上的领导者。

为了使组织的管理工作更加有效,应该选取领导者来从事管理工作,也应该把每个管理者都培养成好的领导者。

小贴士

管理者是被任命的,他们拥有合法的权力进行奖励和惩罚,其影响力来自于他们所在的职位所赋予的正式权力。相反,领导者则可以是任命的,也可以是从一个群体中产生出来的,领导者可以不运用正式权力来影响他人的活动。

——摘自斯蒂芬·P.罗宾斯的《组织行为学》

(三)领导的权力基础

现代组织理论认为,领导者是权力的拥有者,领导是权力的化身。凡是领导者,不论其职位高低,都有相应的、法定的权力。领导功能发挥得怎样,从一定意义上讲,主要取决于权力运用艺术水平的高低。

所谓领导权力,是指领导者在其职责范围内对被领导者的控制力和影响力。在各级组织中,各级领导者之所以能对下属施加影响,率领和引导下属为实现组织目标而努力,很重要的原因就在于他们拥有相应的领导权力。领导者的权力来源于两个方面:一方面是来自于职位权力,另一方面来自于个人权力。

1. 职位权力

职位权力是指由于领导者在组织结构中所处的位置,上级或组织制度所赋予的权力,具有很强的职位特性。这种权力与领导者的职位相对应,退位后相应的权力便会消失,如法定权、奖赏权、强制权都属于职位权力。

(1)法定权

法定权是由组织机构正式授予领导者在组织中的职位所引起的、指挥他人并促使他人服从的权力。组织正式授予领导者一定的职位,从而使领导者占据权势地位和支配地位,使其有权力对下属发号施令。法定权力是领导者职权大小的标志,是领导者的地位或在权力阶层中的角色所赋予的,是其他各种权力运用的基础。

法定权具有 4 个突出的特点:层次性;固定性;自主性;单向性。

(2)奖赏权

奖赏权是能够向他人提供诸如奖金、提薪、表扬、升职以及其他任何令人愉悦的东西,从而诱导别人按其意志行事的权力。奖赏属于正激励,是领导者为了肯定和鼓励某一行为,而借助物质或精神的方式,使被刺激者得到心理、精神以及物质等方面的满足,从而激发出前进性行为的最大动力。

奖赏权来自于下属追求满足的欲望,建立在利益性遵从的基础上。当下属认识到服从领导者的意愿能带来更多的物质或非物质利益的满足时,就会自觉受其领导,领导者也因此享有相应的权力。领导者可以采用奖励的办法来引导人们做出所需要的行为,其效果当然要比惩罚好,可以增加领导者对下属的吸引力,也能使员工满意并提高工作效率。

(3)强制权

强制权又叫惩罚权,是领导者在具有法定权的基础上,强行要求下级执行的一种现实的用权行为,是和惩罚相联系的迫使他人服从的力量。服从是强制权的前提;法律、纪律、规章制度是强制权的保障;处分、惩罚是强制权的手段。

在组织环境中,当下属人员意识到违背上级的指示或意愿会导致某种惩罚,如降薪、扣发奖金、分配不称心的工作、降低待遇、免职等,就会被动地遵从其领导。但是研究表明,领导者对下属采用的强制性权力越大,强制性措施越严厉,下属人员对他的不满和敌意会越强烈,因此必须谨慎对待。

以上3种权力都与组织中的职位联系在一起,是从职位中派生出的权力,因此统称为职位权力。

2. 个人权力

个人权力,又称为非职位权力,是指由于领导者的个人经历、地位、人格特殊品质和才能而产生的影响力,它可以使下属心甘情愿地、自觉地跟随领导者。这种权力对下属的影响比职位权力更具有持久性。非权力影响力不是外界附加的,它产生于个人的自身因素,与职位没有关系。非职位权力包括专长权、模范权、魅力权、感情权。

(1)专长权。是指领导者具有各种专门的知识和特殊的技能或学识渊博而获得同事及下属的尊重和佩服,从而在各项工作中显示出的在学术上或专长上的影响力。这种权力的大小取决于领导者受教育的程度、求知欲望、掌握运用知识的能力,以及实践经验的丰富程度。领导者拥有的专长权越多,越容易获得下属的尊敬和主动服从。

(2)模范权。它来自下级对上级的信任,即下级相信领导者具有他所需要的智慧和品质,与他有共同的愿望和利益,从而对他钦佩和赞誉,愿意模仿和跟从他。

(3)魅力权。这一权力与其他权力不同,是一种无形的,很难用语言来描述或概括的权力。它是建立在超然感人的个人素质之上的,这种素质吸引了欣赏它、希望拥有它的追随者,从而激起人们的忠诚和极大的热忱。一个拥有优秀个人品质和超凡魅力的人,往往会使周围的人认同他、景仰他、崇拜他、追随他,甚至达到模仿他的行为和态度的地步。

(4)感情权。是指个人由于和被影响者感情较融洽而获得的权力。如果多年的老朋友提出要求,请求一些帮助,无论在工作上有没有关系,人们都会感到难以拒绝,从而接受他的请求。

(四)领导的作用

领导是任何组织都不可缺少的职能,在为实现组织目标而努力的过程中,应当在引导、协调、激励和控制等方面发挥作用。

1. 引导作用

在人们的集体活动中,领导者具有指挥、指导或引导的作用,帮助组织成员最大限度地实现组织的目标。领导者只有站在群众的前面,用自己的行动带领人们为实现组织的目标而努力,才能真正起到引导作用。

2. 协调作用

在一个组织中,因为每个人的知识、能力、性格、工作态度等不同,再加上外界各种因素的干扰,部门与部门之间,人与人之间不可避免地存在分歧和矛盾,会出现偏离组织目标的行为,这就需要领导者来协调员工之间的关系和活动,使大家的行为指向共同的目标。

3. 激励作用

在组织中,指望所有的下属都热忱地、满怀信心地为实现组织目标做出贡献是不现实的。领导的作用就在于通过有效的激励诱导或劝说下属,以最大的努力自觉地为实现组织目标做出贡献。而实施激励的基础在于满足下属各种各样的个人需要。事实证明,人们往往倾向于追随这样的领导者,因为这些人能够为他们提供满足和实现其愿望、要求或需要的手段。当领导者了解下属的愿望,并为此拟订和实施各种激励方案时,下属的工作热情和主动精神可以提高到 70%～80%。

4. 控制作用

在实现组织目标的过程中,偏差是不可避免的。发生各种偏差,可能是由于外部因素的影响,也可能是由于内部不合理的组织结构、规章制度和管理不当造成的。领导者应该掌握组织的全面信息,正确运用各种控制手段纠正偏差,消除导致偏差产生的各种因素。

二、领导理论

领导理论是关于领导者和领导行为的理论,大致可分为三大主要理论学派:领导特质理论、领导行为理论和领导权变理论。

(一)领导特质理论

领导特质理论是最早出现的一种领导理论,重点研究领导者本身的特质,包括领导者的品行、素质、修养,目的是说明优秀的领导者应具备的特性。该理论认为领导工作效率的高低与领导者的特性有着密切的联系。

传统的领导特质理论认为,领导者的品质和特性是天生的,它由遗传决定。现代特性理论认为,领导者的特性和品质并非全是与生俱来的,而是可以在领导实践中形成,也可以通过训练和培养的方式予以造就。

领导者应当具有哪些特性呢?研究者们的说法不一。

1. 斯托格迪尔的领导个人因素理论

斯托格迪尔在全面研究了有效领导者应具备的素质方面的文献后,认为领导者的素质包括 5 种身体特征、2 种社会特征、4 种智力特征、16 种个性特征、6 种与工作有关的特征和 9 种社交特征。

5 种身体特征:精力、外貌、身高、年龄、体重;

2 种社会特征:社会经济地位、学历;

4 种智力特征:果断性、说话流利、知识渊博、判断分析能力;

16 种个性特征:适应性、进取心、热心、自信、独立性、外向、机警、支配力、有主见、急性、慢性、见解独到、情绪稳定、作风民主、不随波逐流、智慧;

6 种与工作有关的特征:责任感、事业心、毅力、首创性、坚持、对人的关心;

9 种社交特征:能力、合作、声誉、人际关系、老练程度、正直、诚实、权力的需要、与人共事的技巧。

2. 吉赛利的 8 种个性特征和 5 种激励特征

吉赛利对个人性格与成功的关系,按照重要性进行了分类,如表 5-1 所示。

表 5-1　吉赛利的个性研究

重　要　性	个　性　特　征
非常重要	地位权力的需要
	督察能力
	事业成就的需要
	才智
	自我实现的需要
	自信心
	决断能力
中等重要	首创精神
	对工作稳定的需要
	适应性
	对金钱奖励的需要
	成熟程度
最不重要	性别(男或女)

　　吉赛利的这些性格研究,由于有严密的科学性而受到尊重。

　　3. 鲍尔莫的领导品质论

　　美国普林斯顿大学的鲍尔莫教授提出了作为一个领导者应具备的 10 个条件:合作精神、决策能力、组织能力、精于授权、善于应变、勇于负责、敢于创新、敢担风险、尊重他人、品德高尚。

　　(1) 合作精神:能赢得人们的合作,愿意与其他人一起工作,对人不是压服,而是感服和说服。

　　(2) 决策能力:依据事实而非想象来进行决策,有高瞻远瞩的能力。

　　(3) 组织能力:善于组织人力、物力和财力。

　　(4) 精于授权:能抓住大事,把小事分给下属去完成。

　　(5) 善于应变:权宜通达、机动进取而不抱残守缺、墨守成规。

　　(6) 勇于负责:对上下级以及整个社会抱有高度责任心。

　　(7) 敢于创新:对新事物、新环境、新观念有敏锐的接受能力。

　　(8) 敢担风险:要敢于承担改变企业现状时遇到的风险,并有创造新局面的雄心和信心。

　　(9) 尊重他人:重视和采纳别人的合理化意见。

　　(10) 品德高尚:在品德上为社会和企业员工所敬仰。

　　4. 皮奥特维斯基和罗克的领导品质论

　　在皮奥特维斯基和罗克两位管理学家 1963 年出版的一本名为《经理标尺:一种选择高层管理人员的工具》的著作中,对成功经理的个人特性列举如下。

　　(1) 能与各种人士就广泛的题目进行交谈。

　　(2) 在工作中能"动若脱兔"地行动,又能"静若处子"地思考问题。

　　(3) 关心世界局势,对周围生活中发生的事情感兴趣。

　　(4) 在处于孤立环境和局势时充满自信。

（5）待人处世机巧灵敏，而在必要时也能强迫人们拼命工作。

（6）在不同的情况下根据需要，有时幽默灵活，有时庄重威严。

（7）既能处理具体问题，也能处理抽象问题。

（8）既有创造力，又愿意遵循管理惯例。

（9）能顺应形势，知道什么时候该冒险，什么时候谋求安全。

（10）作决策时有信心，征求意见时谦虚。

5. 德鲁克的有效领导者的特性理论

美国管理学家德鲁克在《有效的管理者》一书中指出了5种有效领导者的特性，并指出它们是可以通过学习掌握的。这5种特征包括：

（1）知道时间花在什么地方，领导者支配时间常处于被动地位，所以有效的领导者都善于系统地安排与利用时间。

（2）致力于最终的贡献，他们不是为工作而工作，而是为成果而工作。

（3）重视发挥自己的、同事的、上级与下级的长处。

（4）集中精力于关键领域，确立优先次序，做好最重要的和最基本的工作。

（5）能做出切实有效的决定。

由于领导者的素质包罗万象、说法不一，且互有矛盾，因此要得到一个大家所公认的领导者的素质也不是那么容易的。但是也有研究表明，某些个人品质与领导者有效性之间确实存在着相互联系，这对于培养、选择和考核领导者有很大的帮助。

6. 我国领导特性理论的研究

我国从20世纪80年代初开始，也对领导的特性理论进行了一系列的研究，概括起来看，我国优秀的领导者应具备的素质包括5大方面，即良好的政治素质、道德素质、知识素质、能力素质和身体素质。

（1）政治素质

政治素质是领导者社会属性的体现，它决定着领导者所从事的领导活动的性质。领导者应当具备的政治素质有：能坚持四项基本原则，坚持改革开放，自觉按党的路线、方针、政策办事，自觉地维护人民利益、国家利益。

（2）道德素质

作为一名领导者，特别是经济组织的领导者，应具备良好的道德素质。领导者应有强烈的事业心、责任感和创业精神；有良好的思想作风和工作作风，能一心为公，不谋私利，谦虚谨慎，戒骄戒躁，不文过饰非，严于解剖自己，深入基层，善于调查研究，工作扎实细致，实事求是，不图虚名；艰苦朴素，与群众同甘共苦，品行端正，模范遵守规章制度和道德规范；有较高的情商，具有影响他人的魅力，平等待人，和蔼可亲，不计较个人恩怨，密切联系群众。

（3）知识素质

组织的领导者应当具备一定的知识素质，具体体现在以下几个方面。

第一，专业知识。领导者应当是所属组织或行业中具有较高专业知识的技术或业务专家，精通本组织的业务，了解本行业的发展趋势。

第二，管理知识。领导者应当懂得管理的基本原理、基本方法和各种专业管理知识，并能运用到管理实践中。此外,还应学习统计学、经济学、会计学、经济法、财政金融和外贸等方面的基本知识,以及了解国内外管理科学发展方向。

第三,人文社会知识。任何组织都是社会的细胞,与社会有着千丝万缕的联系,各级领导者都应该丰富自己的人文社会知识,懂得政治、哲学、法律等方面的知识,以确保做出正确的决策。

第四,领导者还应具有人才学、心理学、行为科学、社会学等方面的基本知识,并能将之应用到组织的领导管理实践中,以调动组织员工的工作积极性,协调好组织内部的人事关系,建设和谐的组织内部人际关系体系。

(4)能力素质

领导者不仅应当具备一定的知识素质,而且成功的领导者还应当具备以下的能力素质。

第一,分析、判断和概括能力。领导者要有能力在错综复杂的社会环境中,透过现象看本质,抓住主要矛盾,运用严密的逻辑思维方法,进行有效的归纳、概括和判断,找出解决问题的途径。

第二,决策能力。任何正确的决策,都来源于周密细致的调查和准确而有预见的分析判断,来源于丰富的科学知识和实践经验,来源于集体的智慧和领导勇于负责精神的恰当结合。因此,决策要求在充分掌握组织内外环境资料的基础上进行科学的预测,并对多种方案进行比较和选择。

第三,组织、指挥和控制能力。组织、指挥和控制能力是管理的职能,也是领导者应当具备的重要能力。领导者应懂得组织设计的原则,如因事设职、职权一致、命令统一、管理幅度等,熟悉并善于运用各种组织形式,善于综合运用组织的力量,协调人力、物力和财力。控制能力要求在实现组织预定目标的过程中,能够及时发现问题并采取措施予以克服,从而保证目标的顺利实现;在确认目标无法实现时,要能果断地调整目标。

第四,沟通、协调组织内外部各种关系的能力。领导者要善于与人交往,倾听各方面的意见,应是交换意见沟通情况的能手。对上,要尊重,争取帮助和支持;对下,要谦虚,平等待人;对内,要有自知之明,知道自己的长处和短处;对外,要热情、公平而客观。

第五,探索和创新能力。对做过的工作能及时认真总结经验,吸取教训,善于听取不同意见,从中吸取有用的东西。对新鲜事物要敏感,富有想象力,思路开阔,善于提出新的设想,新的方案,对工作能提出新的目标,鼓舞下属去完成任务。

第六,知人善任的能力。要重视人才的发现、培养、提拔和使用,知其所长,委以适当工作;重视教育、提高下属的业务能力,大胆提拔,勇于起用新人。

(5)身体素质

作为一个领导者,工作任务非常繁重,必须要有健康的身体和充沛的精力,才能胜任工作的需要。

以上列举了作为一个领导者应当具备的一些基本素质,这对于成为一个成功的领导者是非常重要的。但这并不是说,具备了这些素质就能成为一个优秀的领导者,还需要在管理实践中综合运用,融会贯通。

（二）领导行为理论

人们在现实生活中常有这样的感觉,有的领导者平易近人,有的领导者高高在上,有的领导者能给员工充分的自主权,有的领导者严厉专断。不同的领导风格、领导方式运用在不同的条件下,会产生不同的管理效果。领导行为理论重点分析领导者的行为和领导风格对其组织成员的影响,目的是找出或发现最佳的领导行为和风格。

1. 勒温三分法

对领导行为进行研究最早且最系统的应首推心理学家勒温,他认为领导方式可以划分为专制式、民主式和放任式 3 种。

专制式,也称专权式或独裁式。这类领导者是由个人独自做出决策,然后命令下属成员予以执行,并要求下属不容置疑地遵从其命令。

专制式的领导行为主要特点如下。

（1）个人独断专行,从不考虑别人的意见,组织的各种决策完全由个人独自做出。

（2）领导者预先安排一切工作内容、程序和方法,下级只能服从。

（3）除了工作命令外,从不把更多的消息告诉下级,下级没有任何参与决策的机会,只能奉命行事。

（4）主要靠行政命令、纪律约束、训斥惩罚来维护领导者的权威,很少或只是偶尔的奖励。

（5）领导者与下属保持相应的心理距离。

民主式。在民主领导风格下,领导者在采取行动方案或做出决策之前会主动听取下级成员意见,或者吸取下级成员参与决策制订。

民主式的领导行为主要特点如下。

（1）领导在做出决策前通常同下属成员磋商,得不到成员的一致同意不会擅自行动。

（2）分配工作时,尽量照顾到组织成员的能力、兴趣和爱好。

（3）对下属的工作安排并不具体,个人有相当大的工作自由,有较多的选择性与灵活性。

（4）主要运用个人权力和威信,不是靠职位权力或命令使人服从。

（5）领导者积极参加团体,与下级无任何心理上的距离。

放任式。放任式领导的主要特点是极少运用权力影响成员,而给成员以高度的独立性,以致达到放任自流和行为根本不受约束的程度。

勒温总结了这 3 种领导风格的特点之后,得出了如下结论:放任式的领导方式效率低,只能达到组织成员的社交目标,但完不成工作目标;专制式的领导方式虽然通过严格的管理能够达到既定的任务目标,但组织成员没有责任感,情绪消极,士气低落;民主式领导方式下的群体不但能够完成工作目标,而且群体成员之间关系融洽,工作积极主动、富有创造性。

2. 利克特的 4 种管理模式

美国密歇根大学的伦西斯·利克特发表了一种领导理论,他认为在所有管理工作中,对人的领导是最重要的中心工作。典型的领导方式可分为 4 类:专制—权威式、开明—

权威式、协商式和群体参与式。

（1）专制—权威式。所有的决策由管理者自己制订，他决定做什么，由谁来做，如何做以及何时完成。管理者对下属很少信任，下属如不能按指令完成任务，将会受到威胁和惩罚。沟通方式是自上而下的。组织中非正式组织对正式组织的目标通常持反对态度。

（2）开明—权威式。管理者以谦和的态度对待下属，决策由上级制订，下级在执行中有不同程度的自由和灵活性，有时也允许下属参与决策，并根据任务完成的情况给予奖惩。这种领导方式是奖励和惩罚并用，有一定程度的自下而上的沟通。组织中非正式组织对正式组织的目标一般不会反对。

（3）协商式。管理人员对下属成员有很大的信心，但不完全放心。主要采取奖赏的方式来进行激励，沟通方式是上下双向的，在制订总体决策和主要政策时，允许下属部门对具体问题做出决策，并在某些情况下进行协商。组织中非正式组织对正式组织的目标持支持态度。

（4）群体参与式。在这种情况下，管理者与组织成员相互信任，上下级处于平等地位，共同协商讨论问题，组织成员广泛地参与重大决策过程。鼓励群体参与制订具有挑战性又切合实际的目标，随时进行上下沟通和平行沟通。上下级之间在充分友好和信任的状态下交往，分不出正式组织和非正式组织。

利克特认为群体参与式的效率是最高的。

根据利克特的调查研究发现：

（1）一个部门领导在管理工作中如果以员工为中心，即不仅关心员工的工作，而且关心其需要和愿望，则该部门的效率高；如果以工作为中心，即领导主要关心员工的工作，很少考虑员工的需要和愿望，则该部门的效率低。

（2）一个部门的领导与员工接触时间越多，则效率越高；同员工接触时间越少，则效率越低。

（3）领导注重授权，听取下属意见，让他们参与决策，则效率高；反之，越是专权独裁，效率越低。

3. 领导行为连续统一体理论

坦南鲍姆和施密特在1958年发表了《怎样选择模式》一文，提出了领导行为连续统一体理论。他们指出领导行为是包含了各种领导方式的连续统一体。在独裁的领导行为和民主式的领导行为这两种极端的领导方式中间，还有多种领导方式，在其模型中列举了7种有代表性的领导风格，其模型如图5-1所示。

图的两端分别是独裁和民主两种极端的领导行为。从左至右，领导者运用职权逐渐减少，下属的自由度逐渐加大，以工作为重逐渐变为以关系为重。随着领导者授权程度以及决策方式的不同，就形成了一系列的领导方式。

坦南鲍姆和施密特认为，这7种模式没有优劣之分，不同的模式适应不同的管理情景，并不能说趋向独裁型就不好，也不能说趋向民主型就永远适用。究竟选择哪种领导模式，应当根据具体情况考虑各种因素，选择适当的领导方式。

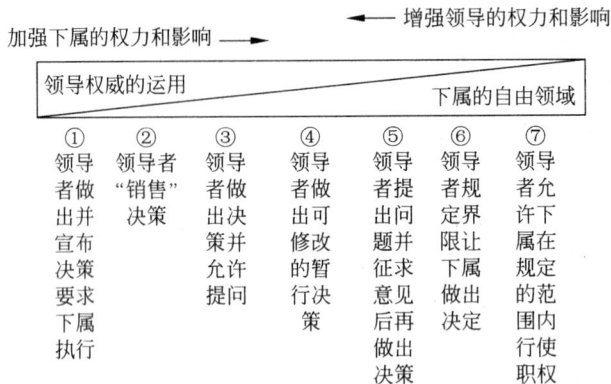

图 5-1　领导行为连续统一体模型

4．领导四分图理论

领导四分图理论是美国俄亥俄州立大学的研究者们提出来的。他们对大型组织的领导行为做了一系列深入研究，用高度概括的方法，通过对一千多种描述领导行为的因素进行筛选，将领导行为归结为两个方面：即以人为中心和以工作为中心。

以人为中心的领导行为，是指注重建立领导者与被领导者之间的友谊、尊重和信任关系。包括尊重下属的意见，给下属以较多的工作自主权，注重满足下属的需要，平易近人，平等待人，作风民主等。

以工作为中心的领导行为，是指领导者注重与工作群体的关系，建立明确的组织模式、意见交流渠道和工作程序，但不太关心人际关系。这类领导关注的主要任务包括：设计组织机构，明确权力、职责、相互关系和沟通办法，确定工作目标和要求，制订工作程序、方法和制度。

领导者的行为可以由上述两个因素任意组合，得到 4 种典型的领导方式，如图 5-2 所示。

（1）低体贴低组织：领导者对环境放任自流，总体上采取消极退让的态度。

（2）高体贴高组织：领导者致力于在完成工作与保持合作的友好的工作团队间寻求平衡。

（3）高体贴低组织：领导者致力于促进团队的和谐与社会需求的满足。

（4）低体贴高组织：领导者将主要的注意力放在完成工作上，对个人的考虑始终是第二位的。

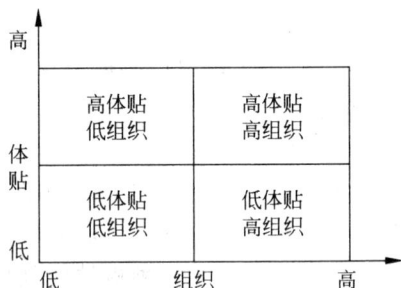

图 5-2　领导行为四分图

研究者认为，以人为重和以工作为重的领导方式是相互联系的，一个领导者只有把两者相结合，才能进行有效的领导。即最佳的领导行为既要以人为重，又要以工作为重。

5．管理方格图理论

在领导四分图理论的基础上，美国学者布莱克和穆顿于 1964 在《新管理方格》一书中提出了管理方格图理论。他们用一张九等分的方格图组成一个二维矩阵,如图 5-3 所示。横坐标表示管理者对任务的关心程度,纵坐标表示对人的关心程度。纵横共组成 81 个小方格,每一小方格代表一种领导方式。其中有 5 种典型的领导方式:1-1 型(贫乏型)、9-1 型(任务型)、1-9 型(乡村俱乐部型)、5-5 型(中庸之道型)、9-9 型(团队型)。

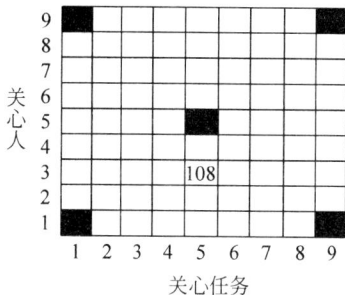

图 5-3　管理方格图

1-1 型(贫乏型):这种领导方式下的领导对员工和任务都漠不关心。只可能维持组织成员的地位,工作越省事越好。这种方式无疑会使组织陷入困境,在实践中很少见到。

9-1 型(任务型):这种领导方式下管理者注重任务的完成,对人漠不关心,这是一种专权式的领导。下属只能奉命行事,员工失去进取精神,不愿用创造性的方法去解决各种问题,不能施展所有的本领。

1-9 型(乡村俱乐部型):这种领导方式下领导者特别关心人,但不关心任务。持这种领导方式的领导者认为,只要员工精神愉快,工作效率自然会高。这种管理的结果可能很脆弱,一旦和谐的人际关系受到影响,生产效率就会随之下降。

5-5 型(中庸之道型):这种领导方式下领导者折中地在关心人和关心任务两者之间取得平衡,既不过于重视人的因素,也不过于重视生产任务,强调适可而止,缺乏强烈的进取心,乐于维持现状。

9-9 型(团队型):这种领导方式下领导者对人和任务的关心都有高标准的要求,努力使员工个人需要和组织目标最有效地结合起来,依靠互尊互信群体协作取得成果。这是一种理想的领导风格。

布莱克和穆顿认为,哪种领导风格最有效要看实际工作,最有效的领导风格并非一成不变,而要视情况而定。这种管理方格图理论能够使领导者明确地认识到自己的领导风格,找到改进领导风格的努力方向,也可以用来有效地培训未来的领导者。

(三)领导权变理论

现实中,到底在什么样的情况下采取何种领导方式最适宜、最有效呢?根据领导权变理论,没有一种领导方式对所有的情况都是有效的,没有一成不变的、普遍适用的"最好的"领导理论和方法。对领导行为有效性的评价,实际上并不取决于领导者所采取的某一特定领导方式,而是根据该领导方式所应用的情境而定。

因此,领导权变理论涉及两个方面,一方面是领导者的工作情境,另一方面是领导风格(领导方式)。领导权变理论主要有:菲德勒模型、途径—目标理论和领导生命周期理论。

1. 菲德勒模型

伊利诺大学的菲德勒从 1951 年开始,首先从组织绩效和领导态度之间的关系着手进行研究,经过长达 15 年的调查试验,提出了"有效领导的权变模式",简称菲德勒模型。他认为任何领导形态均可能有效,其有效性完全取决于是否与所处的环境相适应。他认为不存在一种普遍适用的或最好的领导方式。理想的领导方式取决于组织的环境、任务、领导本人、下属的行为及领导对下属的关心等因素。

经过试验,菲德勒把影响领导有效性的环境因素归结为以下几个方面。

(1) 领导者与下属之间的相互关系。指领导者得到被领导者拥护和支持的程度,即领导者是否受下属的喜爱、尊敬和信任,是否能吸引并使下属愿意追随他。领导者与下属之间相互信任、相互喜欢的程度越高,领导者的权力和影响力也越大;反之,其影响力就越小。

(2) 职位权力。指组织赋予领导者正式地位所拥有的权力。权力是否明确、充分,在上级和整个组织中所得到的支持是否有力,直接影响到领导的有效性。一个领导者对其下属的雇用、工作分配、报酬、提升等的直接决定性权力越大,其对下属的影响力也越大。

(3) 任务结构(高、中、低)。指下属所从事的工作或任务的明确性。如果所领导的群体要完成的任务是清楚的,组织纪律明确,成员有章可循,则工作质量比较容易控制,领导也可更加有的放矢;反之,工作规定不明确,成员不知道如何去做,领导者就会处于被动地位。

菲德勒将这3个环境变数任意组合成8种群体工作情境,对1 200个团体进行了观察,收集了把领导风格与工作环境关联起来的数据,得出了在各种不同情况下使领导有效的领导方式,其结果如表5-2所示。

表 5-2　不同环境下的有效领导类型

环境的有利程度	最有利 ————————————————————→ 最不利							
上下关系	好				差			
任务结构	明确		不明确		明确		不明确	
职位权力	强	弱	强	弱	强	弱	强	弱
环境类型	1	2	3	4	5	6	7	8
有效的领导风格	工作导向型				关系导向型			工作导向型

菲德勒的研究结果表明:根据群体工作情境,采取适当的领导方式可以把群体绩效提高到最大限度。当情境非常有利或非常不利时,采取工作导向型领导方式是合适的;但在各方面因素交织在一起且情境有利程度适中时,以人为重的关系导向型领导方式更为有效。

2. 途径—目标理论

途径—目标理论是加拿大多伦多大学的组织行为学教授罗伯特·豪斯和米切尔等人提出的一种领导权变模型。该理论的核心在于,领导者的工作是帮助下属达到他们的目标,并提供必要的指导和支持以确保他们各自的目标与群体或组织的总体目标相一致。

该理论认为,领导者可以而且应该根据不同的环境因素来调整自己的领导方式和作风,领导方式要适应情境因素。途径—目标理论特别关注两类因素:一类是下属成员的个人特点,另一类是工作场所的环境特点。下属成员的个人特点包括下属受教育的程度、责任心的强度、技术的熟练程度、性格特点等,领导者对下属成员的个人特点是难以影响并改变的,但他对环境的塑造及针对不同的个性采取不同的领导方式是完全可能的。工作环境的特点不是下属成员所能控制的,它包括任务结构、职权制度和工作群体的情况。

正是由于员工性格、环境压力与员工需要各不相同,因此,途径—目标理论主张领导者需要在4种领导方式中进行权变制宜。

(1) 指导型:告诉下属组织对他的期望,为他们提供个别指导、计划、规则、制度和标准。

(2) 支持型:领导者对下属的态度是友好的、可接近的,他们关注下属的福利和需要,平等地对待下属,尊重下属的地位,能够对下属表现出充分的关心和理解,在下属有需要时能够真诚地帮助。

(3) 参与型:与下属交谈,寻求他们的建议,在作决策时充分考虑到这些建议。

(4) 成就型:设计富有挑战的目标,强调专长,保持高度信心并不断加以提升,以使下属能以负责的态度迎接挑战。

与菲德勒不同,豪斯主张领导方式的可变性。他认为,领导方式是有弹性的,这4种领导方式可能在同一个领导者身上出现,因为领导者可以根据不同的情况斟酌选择,在实践中采用最适合于下属特征和工作需要的领导风格。豪斯强调,领导者的责任就是根据不同的环境因素来选择不同的领导方式。如果强行用某一种领导方式在所有环境条件下实施领导行为,必然会导致领导活动的失败。

如果下属是教条的和权力主义的,任务是不明确的,组织的规章和程序是不清晰的,那么,指导型领导方式最适合。

对于结构层次清晰、令人不满意或者是令人感到灰心的工作,那么,领导者应该使用支持型方式。当下属从事于机械重复性的和没有挑战性的工作时,支持型方式能够为下属提供工作本身所缺少的"营养"。

当任务不明确时,参与型领导效果最佳,因为参与活动可以澄清达到目标的路径,帮助下属懂得通过什么路径和实现什么目标。另外,如果下属具有独立性,具有强烈的控制欲,参与型领导方式也具有积极影响,因为这种下属喜欢参与决策和工作建构。

西方一些管理学家认为,途径—目标理论虽然在一些地方还不够完备,如对确定领导方式时应考虑的多种因素及其相互关系尚待进一步研究,但它指出了领导行为在管理领域中今后的发展趋向,并强调对员工进行激励的关键作用,所以具有重要意义。

3. 领导生命周期理论

领导生命周期理论是由科曼首先提出来的,后由赫塞和布兰查予以进一步发展。该理论认为有效的领导应根据下属的成熟程度以及情境的需要采取不同的领导风格。它被广大的管理专家们所推崇,并常常作为主要的培训手段而应用。

此理论模型和俄亥俄州立大学的领导行为四分图相类似,把领导行为分为工作行为和关系行为两类,按照这两种行为的组合可形成4种具体的领导风格。

(1) 指示型领导方式(高工作—低关系):在这种领导方式下,由领导者进行角色分类,并告知人们做什么、如何做、何时以及何地去完成不同的任务。它强调指导性行为,通常采用单向沟通方式。

（2）推销型领导方式（高工作—高关系）：在这种领导方式下，领导者既提供指导性行为，又提供支持性行为。领导者除向下属布置任务外，还与下属共同商讨工作的进行，比较重视双向沟通。

（3）参与型领导方式（低工作—高关系）：在这种领导方式下，领导者极少进行命令，而是与下属共同进行决策。领导者的主要作用就是促进工作的进行和沟通。

（4）授权型领导方式（低工作—低关系）：在这种领导方式下，领导者几乎不提供指导或支持，通过授权鼓励下属自主做好工作。

但该理论认为选择领导方式时还应加上了第三个因素，即下属的成熟度。赫塞和布兰查对下属成熟度的 4 个阶段的定义如下。

第一阶段（不成熟 M_1）：这些人对于执行某任务既无能力又不情愿。他们既不能胜任工作又不能被信任。

第二阶段（初步成熟 M_2）：这些人缺乏能力，但愿意执行必要的工作任务。他们有积极性，但目前尚缺足够的技能。

第三阶段（比较成熟 M_3）：这些人有能力，却不愿意做领导者希望他们做的工作。

第四阶段（成熟 M_4）：这些人既有能力又愿意做让他们做的工作。

根据这一理论，"高工作—高关系"的领导不一定有效，"低工作—低关系"不一定经常无效。领导的有效性应按照下属的成熟度具体情况具体分析。

领导生命周期模型说明，随着下属的成熟度由低到高，适宜的领导风格依次是指示型、推销型、参与型、授权型。

对于低成熟度的员工，他们通常由于缺少工作经验，因此不能也不会对工作自觉承担责任，这时就使用指示型的领导方式，采取单向沟通的方式，明确规定工作目标和工作规程，告诉他们做什么，如何做，在何地、何时去完成它。

对于较不成熟的员工，虽然已经熟悉工作，并愿意担负起工作责任，但他们尚缺乏工作技能，不能完全胜任工作，这时，推销型的领导方式更为有效，领导人应以双向沟通的方式给予直接的指导，并对他们的意愿和热情在感情上加以支持，这种领导方式通常是领导者做出决定，通过解释和说服以获得下属心理上的支持。

当下属比较成熟，他们不仅具备工作所需要的技术和经验，而且也有完成任务的主动性并乐于承担责任，由于他们能胜任工作，因此并不希望领导者对他们有过多的控制和约束。这时适合的领导方式是参与型。

授权型的领导方式是使用于下属成熟度高的情境。这时，下属不仅具备独立的工作能力，而且也愿意并具有充分的自信来主动完成任务并承担责任，领导者就应该充分授权，放手让下属"自行其是"。

领导生命周期理论为情境理论提供了又一个易于理解的模型，该理论再次说明了并不存在一种万能的领导方式能适合各种不同的情境，管理者需要配合下属的成熟度，并帮助下属发展，加强他们的自我控制。因此，各种领导风格必须因势利导、灵活运用。

没有最好的领导模式，只有最合适的领导模式，这就是权宜制变的权变管理原理在领导工作中的体现。

三、领导工作基本原理

（一）指明目标原理

指明目标原理是指领导工作越是能使全体人员明确理解组织的目标，则人们为实现组织目标所做的贡献就会越大。

尽管指明目标不是单由有效的领导工作所能完成，但是这个原理表明，使人们充分理解组织目标和任务，是领导工作的重要组成部分。这一工作越是有效，就越能使组织中的全体人员知道应该怎样完成任务和实现目标。

（二）协调目标原理

协调目标原理是指个人目标与组织目标能取得协调一致，人们的行为就会趋向统一，从而为实现组织目标所取得的效率就会越高。

从根本上说，对下级的领导就是要促使他们尽其所能地为组织做出贡献。如果个人和组织的目标相辅相成，如果大家都信心十足地、满腔热情地、团结一致地去工作，就能够最有效率地实现这些目标。人们参加工作是为了满足某些需要，这些需要并不一定和组织目标完全一致。但是，完全可以并能够使个人与组织目标的利益协调一致和相互补充。所以在领导下级时，管理者必须要注意利用个人的需要动机去实现集体的目标。在阐明计划与委派任务时，协调个人与集体（组织）的目标，使人们能够发挥出忘我献身精神，这将会使管理工作更加顺利。

（三）命令一致性原理

领导者在实现目标过程中下达的各种命令越一致，个人在执行命令中产生的矛盾就越小，越易于实现组织目标。

命令一致又称统一指挥，强调的是一个人越是完全地只接受一个上级的领导，在上级之间相互抵触的指示就越少，从而个人对成果的责任感就会越强。人们只有在同一个上级的指导下，才能更好地按照领导的指示办事。然而确实有时为了提高一个组织（部门）的全面工作效率而需要多头指挥，比如职能部门的职权，但是，这只有在所得明显大于所失时才这样做，而这就必须强调命令的一致性。此外，一个上级主管在针对不同的下级部门或个人进行指导时，必须始终表现出所做的各项工作都是为了组织目标这一精神。不允许因为下级部门或个人的不同，所发布的命令、指示相互矛盾或相互抵触，更不能"朝令夕改"，使下级部门或人员无所适从，造成工作秩序的混乱，从而影响目标的实现和给下属造成心理上的不愉快与不满。

（四）直接管理原理

直接管理原理显示，上级与下级的直接接触越多，所掌握的情况就会越准确，从而使领导工作更加有效。

尽管一个管理者有可能使用一些客观的方法来评价和纠正下级的活动以保证计划的

完成,但这不能代替面对面的接触。这不仅因为人们喜欢和愿意亲身体验到上级对他们本人及其工作的关心,而且,客观地说,作为主管者若不经过亲身体验则永远不能充分掌握所需的全部情况。通过面对面的接触,主管者往往能够用更好的方法对下级进行指导,同下级交换意见,特别是能够听取下级的建议,以及体会存在的各种问题,从而更有效地采用适宜的工作方法。

(五)沟通联络原理

沟通联络原理指明,上级与下级之间应进行及时、准确、有效地沟通联络,使整个组织成为一个真正的整体。

管理过程中所产生的大量信息、情报,包括组织外的信息情报,管理者必须自己或组织他人进行分析整理,从而了解组织内外的动态和变化。进行沟通,就是为了适应变化和保持组织的稳定,这是领导工作所采用的重要手段。

(六)激励原理

激励原理表明,上级应能够了解下级的需求和愿望并给予合理满足,以调动下级的积极性。

由于激励不是一个简单的因果关系,因此管理者对所采用的激励方案评价估计越仔细,越是能从随机制宜的观点对待它;越是把它与整个管理制度有机地结合起来,则激励方案的效果也将会越大。人们对受到的刺激所做出的反应取决于他们的个性、他们对报酬和任务的看法与期望,以及他们所处的组织环境。因此,只笼统地去确定人们的需要,并以此建立对下属的激励方法,这往往是不能奏效的。必须要考虑在一定时间、一定条件下的多种因素。不可能把激励看做是一种与其他因素不相干的、独立的现象。

第二节　激　励

一、激励的含义与作用

(一)激励的含义

激励作为调动人的积极性的行为,一直以来受到国内外学者、专家的普遍关注,他们对激励也有着不同的理解和解释。作为学者,美国著名学者斯蒂芬·罗宾斯提出,激励就是解决个体在实现目标过程中努力的强度、方向与持续期的过程。琼斯认为:激励涉及行为是怎样发端,怎样被赋予活力而激发,怎样延续,怎样导向,怎样终止的以及在所有过程的进行中,该有机体呈现出何种主观反应。阿特金森指出:激励是此时此刻对行动力的强度和持续性的影响。弗鲁姆对激励的描述是:它是一个过程,这过程主宰人们在多种自愿活动的备选形式所做出的选择。周三多教授认为:激励是指影响人们内在需求或动机的活动过程。作为企业管理者,曾任联想集团公关部总经理的陈惠湘先生认为,激励就是:给做事的人以充分的权利;给做事的人提供成就满足感的机会;给有功的人提供必要的物质满足。最终就是一个道理,每一个人当家做主这也许就是激励的真谛。

在管理学中,激励就是激发、鼓励、维持动机,调动人的积极性、主动性和创造性,使人有一股内在的动力朝着所期望的目标奋进的心理过程。也就是说,激励是一种精神力量和状态,能够对下属的行为起着加强、推动和促进的作用,引导其行为指向目标。

(二)激励的心理过程

人的行为由动机支配,是在某种动机的策动下进行的有目的的活动,动机是在需要的基础上产生的,行为的方向是寻求目标,满足需要。激励过程的一般模式如图 5-4 所示。图中表明,当人产生需要而未得到满足时,就会产生一种紧张不安的心理状态,在遇到能够满足需要的目标时,这种紧张不安的心理就化为动机,并在动机的推动下,向目标前进。目标达到后,需要得到满足,紧张不安的心理状态就会消除。一个目标实现后,就会产生新目标,新的激励过程也就再一次开始。

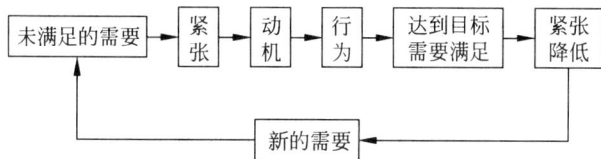

图 5-4　激励的过程模式

(三)激励的作用

从一般意义上讲,激励的作用主要体现在以下几个方面。

(1)激励是提升组织工作效率的重要途径。一个组织工作效率的高低,在很大程度上取决于人们的工作积极性和能力的发挥程度。激励的作用就在于此。有效的激励,可以调动员工的工作积极性,充分挖掘员工的潜能,发挥员工的创造性和创新精神,点燃员工的热情之火,提高员工的工作效率,从而提升组织总体的工作绩效。

(2)激励是创造良好工作环境的重要手段。有效的激励可以在组织内营造尊重知识、尊重人才的环境,可以营造一种人才公平竞争、和谐相处的环境,特别是为人才提供良好的物质和生活条件,给人自我发展、展示才能的机会,这对外界优秀人才具有强有力的吸引力。因此,激励可以创造良好的工作环境,提供良好的工作氛围,从而促进组织工作的有效进行。

(3)激励是提高人力资源素质的有力杠杆。已有的研究表明,人力资源素质提升的途径主要有两条:一条是合适的培训,另一条是有效的激励。激励常用的手段就是奖励,恰当的奖励是对人优异成绩的认同与肯定,是人力资源素质提高的证明。同时,这一行为又促使受激励者继续自觉提高自我的素质与工作能力。

(4)激励是形成良好组织文化氛围的有效途径。良好的组织文化是组织生存和发展的重要基础,也是影响组织成员发展的重要内容。良好组织文化的塑造,则离不开正反两方面的激励。正面激励是通过正确的指引,让组织成员产生有利于实现企业目标的工作动机,反面激励则是通过反面手段的合理运用,引导成员向组织目标靠拢。

二、激励理论

在管理学领域中，自从行为科学形成以后，许多管理学家、心理学家和社会学家从不同的角度研究了如何激励人的问题，并提出了相应的激励理论。通常把各种激励理论划分为 4 大类，即内容型激励理论、过程型激励理论、行为矫正型激励理论和综合型激励理论。

（一）内容型激励理论

内容型激励理论着重研究激发人们行为动机的各种因素。由于需要是人类行为的原动力，因此这一理论实际上是围绕人们的各种需要来进行研究的，因此，它又被称为需要理论。其中主要包括：马斯洛的需要层次理论、赫茨伯格的双因素理论、麦克利兰的成就激励理论以及奥尔德弗的 ERG 理论。

1. 需要层次理论

美国心理学家和行为学家亚伯拉罕·马斯洛提出需要层次理论。他认为人类有一系列复杂的需要，它们是以层次的形式出现的，由低级到高级分为 5 个层次，即生理的需要、安全的需要、社交的需要、尊重的需要和自我实现的需要。

（1）生理的需要，这是人类维持基本生存所需的各种物质上的需要，包括衣、食、住、行等方面的需求。如果这些需要得不到满足，人类的生存就成了问题，也就谈不上其他的需要了。

（2）安全的需要，指有关人类免除危险和威胁的需要。安全需要体现在社会生活中是多方面的，如工作与就业保障、医疗保险、失业保险、退休福利等，这种需要不仅要考虑眼前，而且要考虑到今后。

（3）社交的需要，也称感情和归属方面的需要。它包括对友谊、爱情和隶属关系的需要。马斯洛认为，人是一种社会动物，人们的生活和工作都不是独立进行的，经常会与他人接触，因此，人们总是希望与同事们保持良好的关系，希望得到别人的友爱，以使自己在感情上有所寄托。这种需要多半在一定的组织中，特别是在非正式组织中得到满足。社交的需要比生理的需要和安全的需要来得细致，需要的程度也因每个人的性格、经历、受教育程度不同而异。

（4）尊重的需要，既包括对成就或自我价值的个人感觉，也包括他人对自己的认可与尊重，即自尊和别人的尊重。有尊重需求的人希望别人对自己的工作、人品、能力和才干给予承认并给予较高的评价，希望自己在同事中间有一定的威望和声誉，从而得到别人的尊重并发挥一定的影响力。他们关心的是成就、名声、地位和晋升机会，当他们得到这些时，不仅赢得了人们的尊重，同时其内心也会充满自信。

（5）自我实现的需要，就是希望在工作上有所成就，在事业上有所建树，实现自己的理想或抱负。自我实现的需要通常表现在两个方面：胜任感和成就感。

马斯洛把生理的需要和安全的需要称为低层次需要，而把社交的需要、尊重的需要以及自我实现的需要称为较高级需要。他认为，人的这 5 种需要是由低到高依次排列的，只有排在较低层次的需要得到满足后，才能产生更高一级的需要。需要层次理论对管理者如何有效地调动人的积极性有着启发作用,作为一个管理者,应该了解每一个下属的需要层次,以个人需求为基础进行激励,即不同的人有不同层次的需要,因此应采取不同的激励方式。

需要层次理论是影响最大的有关研究人类需求的理论,虽然它存在着许多的缺陷,如对于需要层次的划分过于简单、机械,没有提出衡量各层次需要满足程度的具体标准,也没有考虑到一种行为结果可能会满足一种以上的需要的情况(如适当的薪酬不仅能满足生理和安全的需要,也能满足自尊的需要)等。但它对人们正确认识人的需要,并在激励工作中做到因需要的不同,采取不同的激励方式具有重大的启发和指导作用。

2. 双因素理论

激励因素—保健因素理论是美国行为科学家弗雷德里克·赫茨伯格提出来的,又称双因素理论。

赫茨伯格在20世纪50年代采用"关键事件法",对美国匹兹堡地区的11个工商业机构的200多个工程师和会计师进行了调查,他发现这些被访者对工作不满意的因素,大都与外部的工作环境有关,如企业政策与行政管理、监督、与主管的关系、工作条件等。而使他们感到满意的因素,一般是由工作本身产生的,如工作本身的兴趣和挑战性、工作上的成就感等。由此,赫茨伯格提出,存在着两种不同类型的激发因素。一类是能促使人们产生工作满意感的因素,称为激励因素;另一类是促使人们产生不满的因素,称为保健因素,如表5-3所示。

表5-3　激励因素和保健因素

激励因素	保健因素
成就 承认 工作本身 晋升 成长	监督 公司政策 与监督者的关系 工作条件 工资 同事关系 个人生活 与下属的关系 保障

赫茨伯格认为,传统的满意与不满意的观点是不正确的。满意的对立面应当是没有满意,不满意的对立面应该是没有不满意。当保健因素低于职工可以接受的限度时,就会引起职工的不满,当被改善时,职工的不满情绪就会消除,但不会导致积极的后果,即不满意的对立面是没有不满意,而不是满意。只有激励因素才能产生使职工满意的积极效果,即起到激励的作用。而如果这些因素没有处理好,只是起不到激励的作用,即不会产生使职工满意的效果,而不是不满意。

激励因素是指和工作内容紧密联系在一起的因素。这类因素的改善,往往能给员工以很大程度的激励,产生工作的满意感,有助于充分、有效、持久地调动员工的积极性。保健因素是指和工作环境或条件相关的因素,这些因素处理不当,或者说这类需要得不到基本的满足,会导致员工的不满,甚至严重挫伤其积极性;反之,满足这些需要则只能防止员工产生不满情绪。

双因素理论最重要的意义,是要求管理者必须充分注意工作本身对员工的价值和激励作用。传统的激励方式往往只是注重工资、奖金和工作条件等外在因素,这些办法作用有限甚至难以见效。双因素理论将这些因素归结为保健因素并对此提供了解释,强调管理者要从员工的工作本身上想办法来对员工进行激励。这方面的措施包括:第一,充分了解员工的兴趣爱好,尽量将员工安排在其喜欢的工作岗位上;第二,在对员工的工作设计上应尽量丰富工作的内容,增加趣味性和挑战性,减少传统工作的单调、平淡和乏味;第三,适当地发放工资和奖金,以发挥其激励作用,防止其变成保健因素。

3. 成就激励理论

美国哈佛大学心理学家戴维·麦克利兰 1966 年在其《促使取得成就的事物》一书中提出了成就激励理论。他认为在人的生存需要基本满足的前提下,人的激励需求有 3 种:成就需要、权力需要和社交需要,其中成就需要是其理论的核心概念。权力需要是指人有借助权力控制他人的欲望;社交需要是指建立友好亲密的人际关系的需要;成就需要是一种内化了的优越标准的成功需要,是人对挑战性工作及事业成就的追求,会引发人的快感,增加奋斗的精神,它是一个人完成自己所设置的目标的需要,对行为起主要影响作用。麦克利兰认为高成就需求的人是人类的精华。这 3 种不同的需要反映了人不同的偏好。

对一个组织来说,各方面需要的人都是有价值的,应该合理搭配。社交需要强的人有利于在组织中建立良好融洽的人际关系,有利于人们的身心健康和相互合作。少量权力需要强的人对组织也是必要的,因为组织是由很多不同的人组成的,所以必须有少数人对其他人进行有效的组织、控制、协调、领导和施加影响,才能使大家朝着共同目标前进。成就需要强的人对组织是十分重要的。一个组织拥有这种人越多,发展和成长就越快,效率就越高。

4. ERG 理论

ERG 理论是美国耶鲁大学的克雷顿·奥尔德弗在马斯洛需要层次理论的基础上于 20 世纪 70 年代提出的一种新的人本主义需要理论。该理论认为人有 3 种核心的需要,即生存需要、关系需要和成长需要。

生存需要(Existence)是指人全部的生理需要和物质需要,如衣、食、住、行等各个方面。组织中的报酬、工作环境和工作条件等,都和这种需要有关。这一类需要大体和马斯洛需要层次中的全部生理需要和部分安全需要相对应。关系需要(Relatedness)是指在工作环境中对人与人之间的相互关系和交往的需要。这与马斯洛需要层次中的部分安全需要、全部归属需要和部分尊重需要相对应。成长需要(Growth)是人要求得到提高和发展的内在欲望。成长需要的满足要求充分发挥个人的潜能,有所作为和成就,并不断地创新和前进。这一类需要可与马斯洛需要层次中部分尊重需要和全部自我实现需要相对应。

ERG 理论还有以下几个重要的观点。

(1) 多种需要可以同时存在。马斯洛的需要层次是一个严格的阶梯式序列;ERG 理论却不认为必须在低层次的需要获得满足后才能进入高层次的需要。例如,甚至在生存和相互关系需要没有得到满足的情况下,一个人也可以为成长而工作,或者 3 种需要同时起作用。

（2）如果高层次需要不能得到满足，那么满足低层次需要的愿望会更强烈。ERG 理论还包括"受挫—回归"的思想。马斯洛认为，一个人会滞留在某一特定的需要层次直到这一需要得到满足。ERG 理论却认为，当一个人较高层次的需要不能得到满足时，较低层次的需要强度会增加。例如，无法满足社会交往的需要可能会带来对更多的工资或更好的工作条件的需求，所以受挫可以导致倒退到较低层次的需要。

总之，ERG 理论像马斯洛的需要层次理论一样，认为较低层次需要的满足会带来满足较高层次需要的愿望；但是同时也认为多种需要作为激励因素可以同时存在，并且，满足较高层次需要的努力受挫会导致倒退到较低层次的需要。

（二）过程型激励理论

过程型激励理论着重研究从动机的产生到采取具体行为的心理过程。研究对人们行为起决定作用的某些关键因素，弄清它们之间的相互关系，并在此基础上预测或控制人的行为。它主要包括期望理论、公平理论和目标设置理论等。

1. 期望理论

期望理论是美国著名心理学家和行为科学家弗鲁姆于 1964 年在《工作与激励》一书中提出的激励理论。弗鲁姆认为，人总是渴求满足一定的需要并设法达到一定的目标。这个目标在尚未实现时，表现为一种期望，这时目标反过来对个人的动机又是一种激发的力量，而这个激发力量的大小，取决于目标效价和期望值的乘积。用公式表示为

$$M = V \times E$$

式中：M 表示激励力（Motivation），是指调动一个人的积极性，激发出人的潜力的强度。V 表示目标效价（Valence），是指实现目标后对于满足个人需要的价值的大小。E 表示期望值（Expectancy），是指根据以往的经验进行的主观判断，是实现目标并能导致某种结果的概率。

期望理论说明，促使人们去做某件事的激励力大小同时取决于效价和期望值这两个因素，且只有在效价和期望值都较高的情况下，员工的激励力才会高。

弗鲁姆的期望理论辩证地提出了实施激励时要处理好的 3 个关系：第一，努力与绩效的关系。人们总是希望通过一定的努力达到预期的目标，如果个人主观认为达到目标的概率很高，就会有信心，并激发出很强的工作力量；反之如果他认为目标太高，通过努力也不会有很好绩效时，就失去了内在的动力，导致工作消极。第二，绩效与奖励的关系。人总是希望取得成绩后能够得到奖励，当然这个奖励也是综合的，既包括物质上的，也包括精神上的。如果他认为取得绩效后能得到合理的奖励，就可能产生工作热情，否则就可能没有积极性。第三，奖励与满足个人需要的关系。人总是希望自己所获得的奖励能满足自己某方面的需要。然而由于人们在年龄、性别、资历、社会地位和经济条件等方面都存在着差异，他们对各种需要要求得到满足的程度就不同。因此，对于不同的人，采用同一种奖励办法能满足的需要程度不同，能激发出的工作动力也就不同。

期望理论强调管理者要根据员工的能力合理地指派工作和设定目标，同时设计一个合适的工作环境和工作报酬制度，使员工对预期组织目标和个人目标的实现充满信心。

> ┌── 小贴士 ─────────────────────────────
>
> ### 皮格马利翁效应
>
> 　　古希腊神话中有这样一则故事：有位叫皮格马利翁的国王,把自己的全部热情和希望投注于自己雕刻的美丽少女雕像上,对其产生了爱恋之情。日复一日,为他的真情所感,雕像居然活了,皮格马利翁如愿以偿地与之结成伉俪。
>
> 　　神话传说当然不足为信,但以这位国王名字命名的"皮格马利翁效应"却提示人们：暗示者有意无意地通过态度、表情和行为,把暗含的期望微妙地传递给被暗示者,一旦对方出现与期望相同的行为,便会强化暗示者的期望,刺激进一步的期望行为,使被暗示者向暗示目标逐步接近。如此反复循环,形成正向反馈,最终会使被暗示者达到或超越期望目标。

2. 公平理论

　　美国心理学家亚当斯于 1965 年提出了自己的公平理论。该理论是在社会比较中探讨个人所作的贡献与他们得到的报酬之间如何平衡的一种理论,侧重于研究工资报酬的合理性、公平性对个人积极性的影响,所以公平理论又叫社会比较理论。公平理论的基本观点是：当一个人做出了成绩并取得了报酬以后,他会把他的付出(包括所作努力、用于工作的时间和精力、教育程度、经验、资历、地位等)与获得(薪水、福利、赞美、肯定、升迁、被提升的地位等)与相应的参照对象进行比较,从而判断自己所获报酬的公平性,并进一步做出相对应的反应。

　　公平理论认为,人们的行为动机不仅受到绝对报酬的影响,而且受其所得相对报酬的影响。亚当斯把公平理论系统地引入工作激励理论中来,提出了一个简易的公式,即

$$\frac{OP}{IP} = \frac{OC}{IC}$$

式中：OP 表示对自己所获报酬的感觉；OC 表示自己对他人所获报酬的感觉；IP 表示自己对个人所做投入的感觉；IC 表示自己对他人所做投入的感觉。

　　亚当斯指出,当公式成立时,当事者感受公平,认为分配是公平合理的、令人满意的；当公式中两端不等时,当事者会产生不公平感,这种公平感或不公平感是由客观刺激作用于个体而在个体心理上产生的一种主观判断,对人的积极性和工作态度产生很大影响。

　　公平理论还认为,一般有两种比较方法：一种是纵向比较,即自己现在得到的报酬与自己过去得到的报酬相比,如果现在比过去所得报酬低了,就会产生不满情绪,从而影响工作的积极性；另一种是横向比较,即自己与他人的所得报酬相比,通常是用自己所得报酬与投入的比,与他人所得报酬与投入的比来衡量。公平是平衡稳定状态,报酬过高或过低都会使当事人感到心理上的紧张和不安,就会采取行动来消除和减少不公平感。

　　当人们感觉自己报酬相对低了,认为受到了不公平的对待,有可能采取以下措施来求得平衡。

　　(1) 通过减少努力来降低投入。

　　(2) 要求加薪来增加报酬。

　　(3) 理性地曲解原先的比率。

　　(4) 使他人改变产出的结果或投入。

（5）选择另一个不同的比较对象。

（6）离开工作场所。

当感觉自己的报酬高于合理水平时，对多数人而言，不会有什么问题。但研究表明，在这种不公平下，有些人也会努力减少这种不公平，有可能采取以下行为。

（1）通过付出更多的努力来增加自己的投入。

（2）假如计件的话，员工会减少产量增加质量。

（3）有意无意地曲解原先的比率。

（4）设法使他人减少投入或增加产出。

公平理论对管理人员具有以下几点启示。

（1）影响激励效果的不仅有报酬的绝对值，还有报酬的相对值。

（2）分配时应力求公正，使等式在客观上成立，尽管有主观判断的误差，也不致造成严重的不公平感。

（3）在激励过程中应注意对被激励者公平心理的疏导，引导其树立正确的公平观：使大家认识到绝对的公平是没有的；不要盲目攀比，多听别人的看法，也许会客观一些。

（4）不要按酬付劳，按酬付劳是在公平问题上造成恶性循环的主要杀手。

公平理论的主要贡献在于提出了人们对于公平与否的感受并不只是取决于绝对收入的多少，而是取决于自己的收入与付出的比率与参照对象比较的结果。就一个组织内部来说，不考虑贡献大小，简单化地普遍增加薪金报酬，其激励作用很有限。

（三）行为矫正型激励理论

行为矫正型激励理论是从当前的行为结果出发来研究行为是否受到激励，认为受激励的行为倾向于反复出现。这类理论主要有挫折理论、强化理论和归因理论3种。

1. 挫折理论

挫折理论是研究当个人从事有目的的活动，在环境中遇到阻碍或干扰，需要不能获得满足，预期的目标不能得到实现时的情绪状态。该理论认为，尽管人们形成挫折的原因多种多样，但概括起来，不外乎两个方面：一方面是环境因素，即由于外界事物或情况阻碍人们达到目标而引起挫折，如企业管理方式引起的冲突、人际关系不协调、工作条件不良等；另一方面是个人因素，即个体由于受自身条件限制而无法实现自己的抱负，如身体素质不佳、个人能力有限、经验不足等。

任何人一生中不可能事事一帆风顺，因而挫折的产生是不以人的意志为转移的。面对挫折，有的人采取积极态度，但有的人却采取消极的态度，甚至是对抗的态度。挫折理论提出采用改变环境、分清是非、心理咨询等多种方法引导人们在挫折面前避免消极，甚至是对抗的态度，而采用积极的态度，以改变人的行为朝积极方向发展。挫折理论对管理工作实践有较强的实用价值。

2. 强化理论

美国心理学家、行为科学家斯金纳的强化理论认为：人的行为只是对外部环境刺激所做出的反应，只要改变外部条件，人的行为就会随之改变。通过不断改变环境刺激因素可以达到增强、减弱或消除某种行为的出现，也就是用正强化、惩罚、负强化、自然消退等办法来影响行为、修正行为,达到预期的效果。

（1）正强化,又称积极强化。在积极的行为发生以后,立即用物质的或精神的鼓励来肯定这种行为,如颁发奖金、对成绩的认可、表扬、改良工作条件和人际关系、晋升、部署担当挑战性的工作、给予学习和成长的机会等,使其重视和加强,从而有利于组织目标的实现。为了使强化达到预期的效果,还应注意正强化的方式。可以采取连续的、固定的正强化,即对每一次符合组织目标的行为都给予强化,或每隔一定的时间,都给予一定的强化。也可以采取间断的、不固定的正强化,即管理者根据组织的需要和个人行为在工作中的反应,不定期、不定量的实施强化,使每一次强化都起到良好的效果。实践证明,后一种正强化更有利于组织目标的实现。

（2）惩罚,又称消极强化。它是指通过某种不符合要求的行为所引起的不愉快的后果,对该行为予以否定。若组织员工能按所要求的方式行为,就可减少或消除令人不愉快的处境,从而也增大员工合乎要求的行为重复出现的可能性。惩罚的方法有批评、处分、降级、罚款等,甚至有时不给奖励或少给奖励也是一种惩罚。根据所发生的性质及严重程度不同,惩罚可以间断地或者连续地进行。连续性惩罚是每次发生不希望的行为都及时给予惩罚处理,这样可消除人们的侥幸心理,减少直至完全消除这种行为重复出现的可能性。

（3）负强化,也称规避。不同于正强化和惩罚,是在事前的规避。它通过对什么样的行为会不符合组织目标的要求以及如果员工发生不符合要求的行为将予以何种惩罚的规定,使员工的行为符合要求,对自己的行为形成一种约束力。这种约束、规避的作用会使组织成员的行为趋向于符合组织要求的比较规范的状态,所以,这是一种非正面地对所希望行为的强化,称为负强化。

（4）自然消退是指通过不提供个人所愿望的结果来减弱一个人的行为。自然消退有两种方式,一种是对某种行为不予理睬,以表示对该行为的轻视或某种程度上的否定使其自然消退;另一种是指用原来正强化手段鼓励的有利行为由于一定时期内连续不强化,这种行为将逐步降低频率,以至最终消失。

强化理论在激励管理实践中应用很普遍,几乎所有企业都广泛采用的奖惩制度就是强化原理的具体运用。该理论的一个重要原则,就是凡直接、间接对组织做出贡献和成绩的人和事,必须得到肯定和奖励,否则就等于这样的行为没有价值,得不到社会的承认,即得不到强化,因而积极性就会逐渐消失。反之,给予肯定、表扬、奖励,就能维持动机,促进这种行为保持下去。

3. 归因理论

美国心理学家和行为科学家凯利、韦纳等人提出的归因理论是根据人的行为和外部表现来解释与推断其行为结果产生的原因,包括心理活动和环境因素。他们认为,人对自己的工作绩效、成功和失败一般有 4 种归因:努力、能力、任务难度以及机遇。这 4 个因素可以按以下 3 个方面来划分:①内因或外因——努力和能力属于内部原因,任务难度和机遇属于外部原因;②稳定性——能力和任务难度属于稳定因素,努力和机遇属于不稳定因素;③可控制性——努力是可控制的因素,能力在一定条件下是不可控制的,但人们可以设法提高自己的能力,从这点讲又是可以控制的,任务难度和机遇是不能由人控制的。

不同的归因直接影响人的工作态度与积极性,进而影响以后的行为和工作绩效。例如,把成功归结于内部原因(努力和能力),会使人感到自豪和满足;把成功归结于外部原因(任务难度和机遇),会使人感到幸运和感激。把失败归结于内因,会使人感到内疚和无能为力;归结于外因,会产生气愤和敌意。归因理论有助于领导者了解下属的归因倾向,以便正确指导和训练正确的归因倾向,调动下属的积极性。

(四)综合型激励理论

综合型激励理论综合研究引发激励过程的因素和激励的心理过程,是对内容型激励理论和过程型激励理论的综合。这类理论主要有波特—劳勒的综合激励模型和勒温的场动力论。

1. 波特—劳勒的综合激励模型

美国心理学家和管理学家波特和劳勒以期望理论为基础,发展了一个更全面的激励模型,如图 5-5 所示。

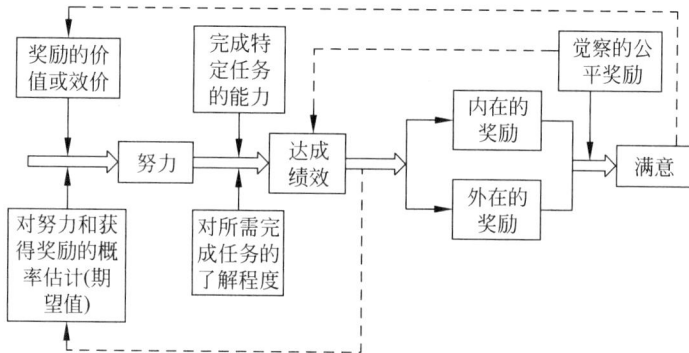

图 5-5　波特—劳勒的综合激励模型

该模型有 5 个基本要点。

(1)个人是否努力以及努力的程度不仅仅取决于奖励的价值,还受到个人觉察出来的努力和受到奖励的概率的影响。个人觉察出来的努力是指其认为需要或应当付出的努力,受到奖励的概率是指其对于付出努力之后得到奖励的可能性的预测。很显然,过去的经验、实际绩效及奖励的价值将对此产生影响。如果个人有较确切的把握完成任务或曾经完成过并获得相当价值的奖励,那么他将乐意付出相当程度的努力。

(2)个人实际能达到的绩效不仅仅取决于其努力的程度,还受到个人能力的大小以及对任务的了解和理解程度的影响。特别是对于比较复杂的任务,如高难度技术工作或管理工作,个人能力以及对此任务的理解较其付出的努力对所能达到的绩效的影响更大。

(3)个人所应得到的奖励应当以其实际达到的工作绩效为价值标准,尽量剔除主观评估因素。要使个人看到:只有当完成了组织的任务时,才会受到精神和物质上的奖励。不应先有奖励,后有努力的成果,而应当先有努力的结果,再给予相当的奖励。

(4)个人对于所受到的奖励是否满意以及满意的程度如何,取决于受激励者对所获报酬公平性的感觉。如果受激励者感到不公平,则会导致不满意。

（5）个人是否满意以及满意的程度将会反馈到其完成下一个任务的努力过程中。满意会导致进一步的努力，而不满意会导致努力程度的降低甚至离开工作岗位。

从模型中可以看到，波特—劳勒的综合激励模型是对激励系统比较全面和恰当的描述，激励不是一种简单的因果关系，因此要使激励产生预期效果，就必须考虑到奖励的内容、奖励制度、组织分工、目标设置、公平考核等一系列的综合因素，还要注意个人的满意度在激励中的反馈。

波特和劳勒提出了以下几个步骤来改进管理人员的激励工作。

（1）判断出每个人想要的结果。

（2）确定组织目标需要怎样的业绩表现。

（3）确认这个业绩是可能达到的。

（4）把个人想象的结果和组织所需的工作表现相联系。

（5）对各种冲突、矛盾的预期情形作全面的分析。

（6）确保优厚的报酬。

（7）确保整个制度的公平性。

波特—劳勒的综合激励模型是迄今为止一种全面的激励模型，其中的许多观点已被相当多的人接受和采用，并取得了很好的效果，但在实践中也存在不少问题，如难以确切地对效价和期望值加以说明等。

2．勒温的场动力论

心理学家勒温提出的场动力论是用下面的函数关系表述的：

$$B = F(P \times E)$$

式中：B 为个人行为的方向和向量，P 为个人的内部动力，E 为环境刺激。这个公式表明，个人行为的方向和向量取决于环境与个人内部动力的乘积。勒温把外界环境比喻为导火线，而人的需要是一种内部驱动力。人的行为决定于内部系统需要的驱动力与外界导火线之间的相互关系。这一理论说明，任何外部刺激要成为激励因素的话，还要看内部驱动力的强度，两者的乘积才能决定人的行为方向和向量。

三、激励的原则

1．组织目标与个人目标相结合的原则

在激励中设置目标是一个关键环节，组织目标与个人目标可能是平衡一致，也可能是发生偏向，如果出现偏向，就不利于调动个人的积极性，不利于组织目标的实现。只有使这种偏向趋于平衡，即组织目标与个人目标相一致，目标设置既能满足员工的个人需要，又利于组织的发展，才能收到良好的激励效果。

2．物质激励与精神激励相结合的原则

员工存在物质需求和精神需求，与之相应地，激励方式也应该是物质激励与精神激励相结合。物质激励是提高员工积极性很重要的一个方面，物质需求是人类的第一需要，也是基本需要，在目前的社会经济条件下，物质激励是激励机制中不可或缺的重要手段。虽然物质利益是激发积极性的基本因素，但精神需求也是种巨大的推动力，可以持久地起作用，而且随着经济的发展和人们生活水平的提高会日益突出。因此应该强调物质激励与精神激励相结合,相辅相成,缺一不可,物质激励是基础,精神激励是根本。

3. 正激励与负激励相结合的原则

正激励指的是用某种正面的激励手段,例如增加工资、改善工作环境、认可、赞赏、晋升等,这是对员工的一种奖励和肯定;负激励指的是对员工不良的工作业绩和行为采用负面的手段予以惩罚和批评,例如扣发或少发工资、降级、处分等。在管理中,正激励与负激励都是必要而有效的,对于员工好的工作成绩和行为要及时给予表扬,使之得到大家的认可,从而继续发扬下去;对于不符合组织要求的行为必须严格查处,避免再次发生。由于负激励有一定的消极作用,因此管理人员在把二者结合的同时,要注意以正激励为主,负激励为辅。

4. 内激励与外激励相结合的原则

传统的激励方法都是以物质激励和精神激励为手段,根据员工的工作成绩和表现给予奖金、晋升、福利、表扬和荣誉等,这些都属于外激励。而内激励是由于工作本身所获得的满足感,包括员工本身对工作感兴趣、工作富有挑战性、工作的成就感等,这些都能激发出人们内在的积极性,对员工的激励作用更大、更强。由于内激励能长久保持,因此在实际管理工作中,要尽可能的根据员工的兴趣和特长来安排工作,并尽可能使工作丰富化、增加工作的趣味性,让员工在工作中有一定的自主权。

5. 按需激励的原则

按需激励的原则又称为差异化原则,激励的起点是满足员工的需要,但员工的需要因人而异、因时而异,并且只有满足最迫切需要(主导需要)的措施,其效价才高,其激励强度才大。因此,领导者必须深入地进行调查研究,不断了解员工需要层次和需要结构的变化趋势,有针对性地采取激励措施,才能收到实效。

6. 公平公正原则

公平公正是员工管理中一个很重要的原则,员工感到的任何不公的待遇都会影响他的工作效率和工作情绪,并且影响激励效果。取得同等成绩的员工,一定要获得同等层次的奖励;同理,犯同等错误的员工,也应受到同等层次的处罚。如果在激励中出现当奖不奖、当罚不罚的现象,不仅达不到激励的效果,反而会产生消极作用,造成不良后果。因此,在进行激励时,一定要认真、客观、科学地对员工进行业绩考核,做到奖罚分明,不论亲疏,一视同仁,使得受奖者心安理得,受罚者心服口服。

四、激励的方法

美国哈佛大学詹姆斯教授的研究结果表明:如果没有激励,一个人的能力发挥不过$20\%\sim30\%$;如果施以激励,同样的人的能力可以发挥到80%以上。这说明管理者如果要提高员工的工作积极性,必须有效地运用激励的手段和方法。激励的方法一般有以下几种。

(一)物质激励法

物质激励法是以物质(薪酬、资金、福利待遇和各种实物等)为诱因对员工进行激励的方法。由于物质需要是人类的第一需要,也是基本需要,所以物质激励是激励的主要方法。

在采用物质激励法时,应当注意以下几点。

(1) 物质激励应与相应的制度结合起来。

(2) 物质激励必须公正,但不搞"平均主义"。

(3) 物质激励要与考核相结合,只有这样才能保证公平、公正。

(4) 不要定期给予物质激励,一旦定期出现,就会从激励因素变成保健因素,失去激励作用,甚至产生消极作用。

(二) 晋升激励法

晋升是组织的领导者将员工从低一级的职位提升到新的更高的职务,同时赋予和新职务一致的责、权、利的过程。职务晋升既能使人得到更多的薪酬,又能使人在精神上获得一种满足感,所以它既是物质激励,又属于精神激励的内容。因此,在管理实践中,管理者要让员工看到晋升的希望,只要自己努力工作就会有一个良好的晋升机会。

(三) 目标激励法

目标激励法就是通过目标的设置来激发人的动机、引导人的行为,使被管理者的个人目标与组织目标紧密地联系在一起,以激励被管理者的积极性、主动性和创造性。因此,为了使目标激励确实有效,能更好地起到激励作用,在实践中要做到:目标明确具体、难度适宜,有灵活性,上下协商一致制订目标。

(四) 工作激励法

日本著名企业家稻山嘉宽在回答"工作的报酬是什么"时指出,"工作的报酬就是工作本身"。这表明工作本身具有激励力量。自我实现人假设认为人们力求最大限度地将自己的潜能发挥出来,只有在工作中充分表现自己的才能,才会感到最大的满足。依据该假设,为了更好地调动组织员工的工作积极性,管理者要较多地考虑如何使每个员工的工作本身更具有内在意义和更具挑战性,给人一种自我实现感。由工作本身带来和产生的内在性激励作用是强烈、持续的,它是员工自发、自觉、自愿的动力,组织要善于利用这种稀缺资源。

(五) 情感激励法

情感激励法是指管理者以诚挚的情感,通过在管理中加强与员工的联系和思想沟通,满足员工的心理需求,激发员工的积极性、主动性和创造性。情感激励既不是以物质利益为诱导,也不是以精神理想为刺激,而是指管理者与被管理者之间的以感情联系为手段的激励方式。管理者在管理的过程中贯穿关爱、尊重、信任、沟通、赞美等情感激励手段,尊重员工的人格,给予他们公正评价,满足他们情感世界的多方面的需求,从而营造出人性化的、以人为本的环境与氛围。

(六) 参与激励法

参与激励法是指管理者在不同程度上让员工和下级参与到组织的各级管理工作中

来。参与是一种赏识的手段,它能满足归属的需要和受人赞赏的需要,也是员工在组织中的主体地位和主人翁地位的体现。正确有效地运用参与激励,既能对个体产生激励作用,也能集思广益,为组织目标的成功实现提供保证。

无论是物质激励还是精神激励,二者必须有机地结合起来,在不同的条件下,针对不同的个体,应当采取不同的"组合激励"。在科学公正的绩效考核下,根据工作实绩,奖优罚劣、公平合理、实事求是。只有这样,才能真正达到激励的目的。

第三节 沟 通

一、沟通的概念及过程

(一)沟通的概念

沟通,又称沟通联络,是指信息从发送者到接收者的传递和理解的过程。根据这个概念,沟通包括下面 3 个方面的含义。

(1)沟通是双方的行为,要有信息的发送者和接收者。沟通的双方既可以是个人,也可以是群体或组织。

(2)沟通要有信息内容。沟通的信息内容不是有形的物品,而是借助一些符号,例如语言、文字、表情等,来传递思想、态度、意见和感受等。

(3)沟通是一个信息传递与理解的过程。有不少人认为,信息只要传递到接收者,沟通就是成功的,其实这是一种错误的认识,有效的沟通还包括信息能被接收者正确理解。

(二)沟通的过程

沟通的过程就是信息发送者通过一定的渠道,把有一定内容的信息传递给信息的接收者的过程。一个完整的沟通的过程包括 7 个环节,如图 5-6 所示。

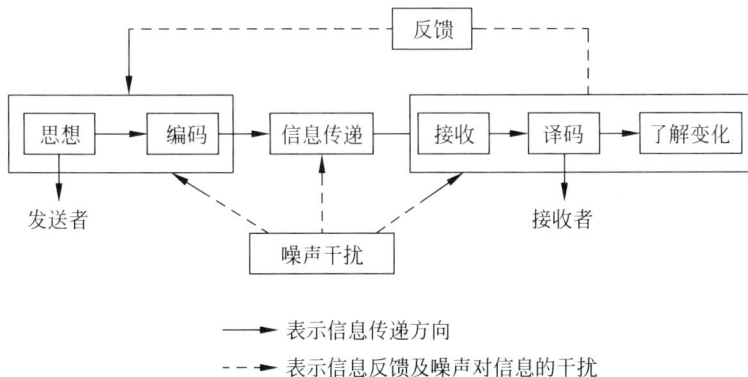

图 5-6 信息沟通过程的一般模式示意图

(1)沟通主体,即信息的发送者。发送者必须了解接收者的情况,以选择合适的沟通渠道以利于接收者的理解。

(2)编码。信息发送者将信息译成接收者能够理解的一系列符号,如语言、文字、表情、手势等。

（3）媒体，即沟通渠道。它是信息得以传递的载体，由于传递的信息不同，编码的方式不同，传递的方式也不同，可以是正式的，也可以是非正式的，可以是书面的，也可以是口头的，还可以采用多种渠道来传递信息。

（4）沟通客体，即信息的接收者。接收者要根据信息传递的方式，选择相对应的接收方式，例如，信息是口头传递的，接收者就必须仔细地听，否则符号就会丢失。

（5）译码。指客体对接收的信息所做出的解释，将信息转化为他所能理解的想法和感受，这一过程要受到接收者的经验、知识、才能和个人素质以及对信息输出者的期望等因素的影响。

（6）做出反应，即体现沟通的效果。

（7）反馈。信息发送者通过反馈来了解他想传递的信息是否被接收者准确无误地接收。一般来说，由于沟通过程中存在着许多干扰和扭曲信息传递的因素（通常将这些因素称为噪声），使得沟通的效率大为降低。因此，发送者了解信息被理解的程度是十分必要的，以便信息发送者迅速修正自己的信息发送，达到最好的沟通效果。

（三）沟通的作用

沟通是信息在两个或两个以上的人群中传递或交换的过程，整个组织的管理工作都与沟通有关。一项研究表明，基层管理人员工作时间的 $20\%\sim50\%$ 用于言语沟通，而中、高层管理人员工作时间的 $66\%\sim87\%$ 用于面对面或电话形式的沟通。沟通在组织中的功能主要体现在以下几个方面。

（1）联系与协调

沟通是员工之间、部门之间联系与协调的基本途径和方法，有效的沟通可使组织内部与外部各要素之间协调一致，形成一个有机的整体。

（2）激励

沟通是领导者激励下属，实现领导职能的基本途径。一方面，领导者需要了解员工的需求，必须通过沟通来实现。另一方面，实施有效沟通，可让员工谈自己的看法、建议，最大限度地满足员工自我实现的需求，从而激发他们的积极性和创造性。

（3）改善人际关系

组织间、员工间的交流有助于满足员工的心理需要，改善人际关系，使员工产生强烈的归属感。

（4）创新

沟通是组织创新的重要来源。有效的沟通能使管理者发现问题并获得宝贵建议，员工的参与是组织创新的巨大动力。在沟通过程中，沟通者相互启发、相互讨论、共同思考，往往能激发出新的创意。

（5）控制

沟通能够控制组织成员的行为。正式沟通可以使成员遵从组织中的领导管理行为，遵守组织的规章制度，完成工作任务，实现组织的控制功能。非正式沟通也能帮助或敦促绩效较差的组织成员完成任务。

二、沟通的类别

在组织中,沟通的类型和方式是多种多样的,可以从不同的角度进行分类。

(一)按照沟通的组织系统分类

按照沟通的组织系统分类,可以分为正式沟通和非正式沟通。

正式沟通是指通过组织明文规定的渠道进行信息的传递和交流。例如组织内部的文件传达、召开会议、汇报工作,组织与组织之间的公函往来等。只有正式沟通畅通无阻,才能使组织的各项活动和工作有序地进行。正式沟通的优点:沟通效果好,比较严肃,约束力强,易于保密,可使信息沟通保持权威性。重要的消息和文件的传达,组织的决策,一般都采用这种方式。正式沟通的缺点在于因为依靠组织系统层层传递,所以沟通速度慢,形式刻板,还存在信息失真或扭曲的危险。

非正式沟通是指在正式沟通渠道之外进行的信息传递或交流。例如组织员工私下交换意见、传播小道消息等。现代管理中非常重视非正式沟通,它能够弥补正式沟通的缺陷,还可以提供组织难以获得的信息,与正式沟通相比,非正式沟通具有以下特点。

(1)非正式沟通信息交流速度较快。由于传递的信息是组织员工感兴趣或与其利益相关的信息,再加上没有正式沟通的程序限制,所以信息传递和交流的速度大大加快。

(2)非正式沟通的信息比较准确。据国外研究,它的准确率可高达95%。一般来说,非正式沟通中信息的失真主要是因为形式上的不完整,而不是因为它们是无中生有的谣言。

(3)非正式沟通效率较高。非正式沟通一般是有选择地、针对个人感兴趣的信息进行传播,是一种积极的传播。

(4)非正式沟通可以满足组织员工的需要。由于非正式沟通不是基于管理者的权威,而是出于组织员工的需要进行的信息传递与交流,因此这种沟通往往是积极的,能够满足员工的部分需要。

(5)非正式沟通有一定的片面性。非正式沟通中信息常常被夸大、曲解,可能产生小集团、小圈子,影响组织的凝聚力和人心稳定,因此应慎重对待。

在传统的管理及组织理论中,并不承认非正式沟通的存在,即使发现这种现象,也认为要将其消除或减少到最低程度。但是,当代的管理学者都知道,不管人们如何评价和看待非正式沟通,它都是客观存在的、无法加以消除的。作为一个管理者,应该了解、适应和利用非正式沟通,使其有效担负起信息沟通的重要作用。

(二)按照沟通的方法分类

按照沟通的方法分类,可以分为口头沟通、书面沟通、非语言沟通、电子媒介沟通。

口头沟通是指运用口头表达方式进行信息的传递与交流。包括人与人之间面谈、打电话、开讨论会以及发表演说等。其优点是快速传递,快速反馈,信息量大。缺点是传递过程中经过的层次越多,信息越容易失真,且核实困难。

书面沟通是指运用书面文字的形式进行信息的传递与交流,如备忘录、信函、公告、广告等。其优点是信息准确性高,沟通比较正式,权威性强,信息可以长期得到保存,便于查看、核对，"口说无凭，立字为据"，因白纸黑字，可以避免信息传递过程中的随意性，不易失真。缺点是传递速度慢，应变较差，不易随客观环境的变化得到及时修正。

非语言沟通是指不通过口头或语言文字发送许多有意义的信息的传递方式。非言语沟通通过身体动作、说话的语调或重音、面部表情以及发送者和接收者之间的身体距离等来传递信息。必须认识到，身体动作是沟通研究中十分重要的一部分，但对于它的结论应十分慎重。比如，通常人们会这样认为：抬起眉毛表示不相信，揉揉鼻子表示有疑问，双手抱肩表示隔离自己或保护自己，耸耸肩膀表示无所谓，眨眨眼睛表示亲密感，敲击指头表示不耐烦，拍拍脑门表示忘了做某事。也许你并不同意这些动作的具体含义，但身体语言是言语沟通的补充，并常常使言语沟通复杂化。某种身体姿态或动作本身并不具有明确固定的含义，但当它和语言结合起来时，就使得发送者的信息更为全面。对接收者来说，留意沟通中的非语言信息十分重要。在倾听信息发送者发出的言语意义的同时，还应该注意非语言线索，尤其要注意二者之间的矛盾之处。值得注意的是，任何口头的沟通都包含有非语言信息。研究者曾发现，在口头交流中，信息的 55% 来自于面部表情和身体姿态，38% 来自于语言，而仅有 7% 来自于真正的词汇。

电子媒介沟通是指依赖各种各样复杂的电子媒介来传递信息，如计算机网络、传真机、复印机等。其优点是传递快速，信息量大，成本低。缺点是信息交流对技术、网络依赖较强。

（三）按照沟通的方向分类

按照沟通的方向分类，可以分为下行沟通、上行沟通、平行沟通和斜向沟通。

下行沟通是指信息自上而下的沟通，如上级将政策、目标、规章制度和方法等告诉下级。这种沟通往往带有指令性、法定性、权威性和强迫性，容易引起重视，并严肃对待。

上行沟通是指自下而上的沟通，如下级向上级反映意见、汇报工作、提出意见和建议等。这种沟通往往带有非命令性、民主性、主动性和积极性，在下情上达、培养感情、确认信息等方面有着重要作用，是上级掌握基层动态和下级反映个人愿望的主要手段。

平行沟通是指各平行部门和人员之间的信息沟通，如组织内部各部门之间进行的意见交换。这种沟通往往带有非命令性、协商性和双向性。

斜向沟通是指处于不同层次没有隶属关系的组织成员之间的信息沟通，这种沟通有助于加速信息的传递，并可以协调各方面的关系。这种沟通往往更带有协商性和主动性。

在实际的沟通中，下行沟通、上行沟通、平行沟通和斜向沟通往往是同时、交叉进行的。应该把组织内的沟通看成是一个网络，同时注意它们各自的作用和相互的影响。

（四）按照沟通是否进行反馈分类

按照沟通是否进行反馈分类，可以分为单向沟通和双向沟通。

单向沟通是指在沟通过程中，信息传递者和接收者双方地位不发生变化的沟通，一方总是发送信息，另一方总是接收信息，如做报告、演讲、下命令等。这种沟通方式信息传递速度快，干扰小，信息传递者压力小。但是准确性较差，信息接收者容易产生抵触情绪，降低沟通的效果。

双向沟通是指在沟通过程中，信息传递者和接收者双方地位不断发生变化，信息在双方之间反复流动的沟通,如讨论、谈话、协商、谈判等。这种沟通方式信息有反馈,准确性较高,沟通效果好。但是影响了沟通的速度,信息发送者会感到心理有压力。

三、沟通网络

沟通网络指的是信息流动的通道。在组织中,员工与员工之间、员工与管理者之间、管理者与管理者之间由于种种原因,都要建立并保持联系。也就是说,每个人在组织中都会参与沟通网络。管理者在管理沟通网络中起重要的作用,同时网络也会给管理者的管理带来许多影响。管理沟通网络有助于管理者获得许多信息,也有助于管理者和员工改善人际关系。沟通网络可以分成两大类型:正式沟通网络和非正式沟通网络。

(一)正式沟通网络

正式沟通网络是指通过正式沟通渠道建立起来的网络,它反映了一个组织的内部结构,通常同组织的职权系统和指挥系统相一致。组织内部的正式沟通网络有 5 种典型形态:链形沟通网络、轮形沟通网络、圆形沟通网络、Y 形沟通网络、全通道形沟通网络,如图 5-7 所示。

1. 链形沟通网络

如图 5-7(a)所示,信息沟通网络呈现链条形状,是一个纵向沟通网络,代表一个 5 级层次,信息可自上而下或自下而上进行传递。在这个网络中,信息经层层传递、筛选,容易失真,各个信息接收者所接收的信息差异很大,平均满意程度有较大的差异。

2. 轮形沟通网络

如图 5-7(b)所示,信息沟通呈现车轮的形状,属于控制型网络。其中一个成员是各种信息的汇集点和控制中心。在组织中,大体相当于一个领导者与 4 个下级保持双向联系,而 4 个下级之间并不互相沟通的现象。在轮式沟通网络中,只有处于中心地位的领导者了解全面情况,并向下级发出指示,而 4 个下级只需分别了解本部门的情况,并向领导汇报。这种信息沟通方式的距离短,信息传递的速度快、效率高。但因信息过分集中容易使下属感到不满意,导致士气低下。

3. 圆形沟通网络

如图 5-7(c)所示,此沟通网络可以看成是一个封闭式控制结构,每个人都可同时与两侧的人沟通信息,不存在处于信息传递中心地位的人,信息沟通中彼此地位平等,组织成员具有比较一致的满意度,组织士气高昂。但沟通渠道窄,重复沟通多。

4. Y 形沟通网络

这是一个纵向沟通网络,分为 Y 形沟通网络和倒 Y 形沟通网络。Y 形沟通网络(如图 5-7(d)所示)中两位领导者通过一个人或一个部门进行信息传递,容易产生多头领导的局面,使同时面对两个上级的下级在行动中易陷入左右为难的困境。所以,组织内部的正式沟通,一般不利用 Y 形沟通网络来进行。倒 Y 形沟通网络(如图 5-7(e)所示)中有一个成员处于沟通的中心,成为沟通的媒介,这种网络集中化程度高,解决问题迅速,但容易产生信息曲解或失真,影响组织中成员的士气,阻碍组织工作效率的提高。

5. 全通道形沟通网络

如图 5-7(f)所示,这是一个开放式的网络系统,它没有固定的信息中心,每个成员之

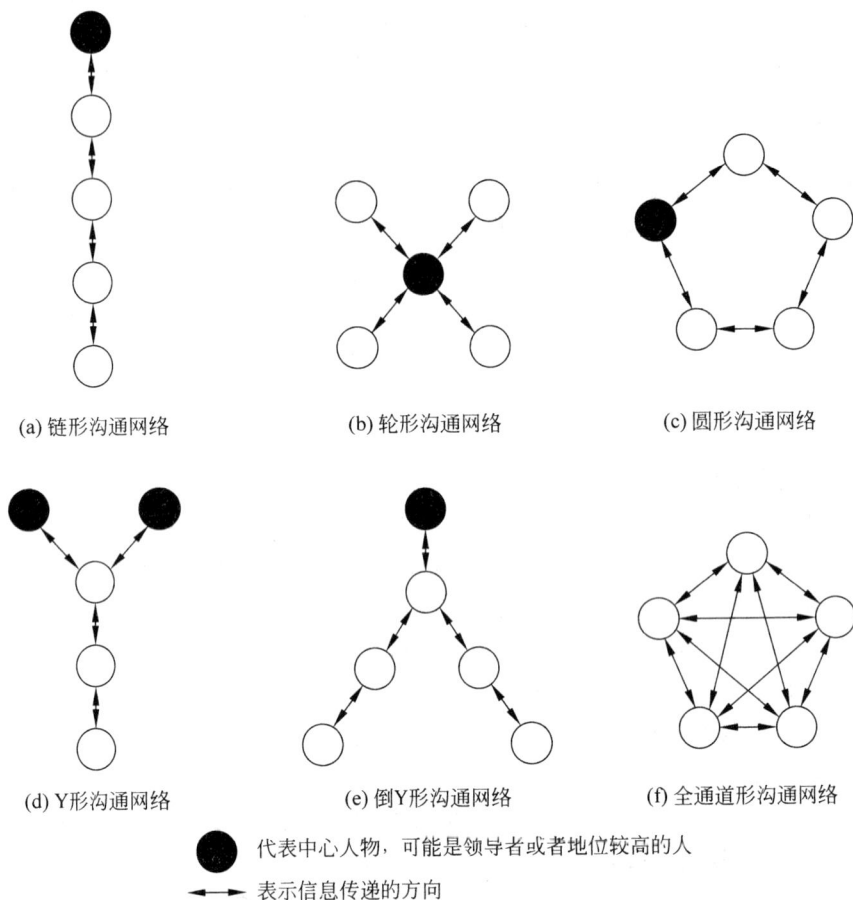

(a) 链形沟通网络　　　　　(b) 轮形沟通网络　　　　　(c) 圆形沟通网络

(d) Y形沟通网络　　　　　(e) 倒Y形沟通网络　　　　　(f) 全通道形沟通网络

● 代表中心人物，可能是领导者或者地位较高的人

←—→ 表示信息传递的方向

图 5-7　正式沟通网络模型

间都有一定的联系，彼此了解。这种状况有利于组织成员集思广益，共同参与决策，避免决策的失误；能够很好地调动大家的积极性与主动性，较快地适应工作变化。但由于这种网络沟通渠道太多，信息传递速度较慢，做出决策的过程较长，所花费的时间较多，而且没有一个中心人物，往往会产生议而不决的现象。

上述种种沟通形态和网络，都有其优缺点。作为一名管理人员，在管理实践中，要进行有效的沟通，了解组织的各种情况，就需要发挥其优点，避免其缺点，综合运用各种沟通形态，使组织的管理水平不断提高。

（二）非正式沟通网络

非正式沟通方式非常繁多且无定型，但其沟通效力有时能超过正式沟通网络。依照从最常见到较少见，可以分为 4 种类型：集群连锁、密语连锁、随机连锁和单线连锁，如图 5-8 所示。

1. 集群连锁

集群连锁是指在沟通过程中，可能有几个中心人物，由他们转告若干人，而且有某种程度的弹性。如图 5-8(a)中的 A 和 F 两人就是中心人物，代表两个集群的"转播站"。

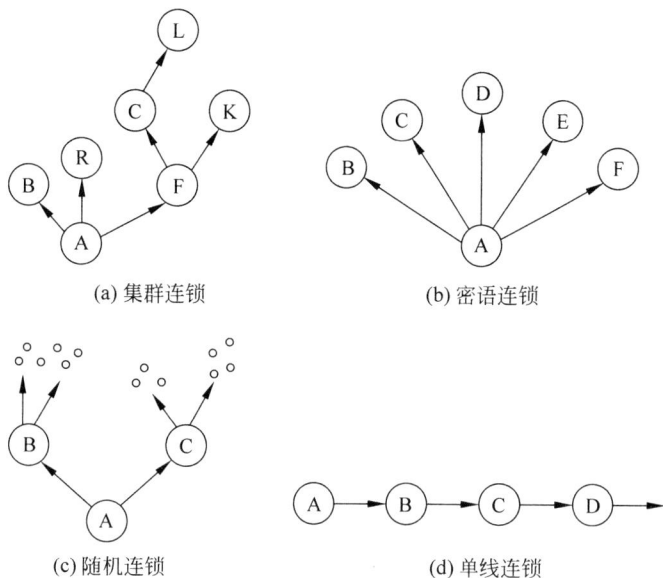

(a) 集群连锁　　　　　　　　　　(b) 密语连锁

(c) 随机连锁　　　　　　　　　(d) 单线连锁

图 5-8　非正式沟通网络模型

2. 密语连锁

密语连锁即由一个人告知其他所有人,犹如其独家新闻,如图 5-8(b)所示。

3. 随机连锁

随机连锁即碰到什么人就转告什么人,并无一定中心人物或选择性,如图 5-8(c)所示。

4. 单线连锁

单线连锁就是由一个人转告另一个人,他也只再转告一个人,这种情况最为少见,如图 5-8(d)所示。

小贴士

　　美国通用(GE)公司执行总裁杰克·韦尔奇(Jack Welch)被誉为"20 世纪最伟大的经理人"之一。在他上任之初,GE 公司内部等级制度森严、机构臃肿,韦尔奇通过大刀阔斧的改革,在公司内部引入"非正式沟通"的管理理念。韦尔奇经常给员工留便条和亲自打电话通知员工相关事宜,在他看来,沟通是随心所欲的,他努力使公司的所有员工都保持着一种近乎家庭式的亲友关系,使每个员工都有参与和发展的机会,从而增强管理者和员工之间的相互理解、相互尊重和感情交流。一些企业和组织在公司的网站上设立了相关论坛、BBS 公告栏等多种非正式的沟通渠道。在这些渠道当中,组织成员的沟通一般是在身份隐蔽的前提下进行的。所以,这些沟通信息能够较为真实地反映组织成员的一些思想情感和想法。对于组织领导者来说,掌握了解这些信息资料是有利于他们日后的管理沟通工作的。

四、沟通障碍

　　在信息的传递和交换过程中,由于存在外界的干扰以及其他种种主客观因素,经常出现信息的丢失或曲解,使得信息传递无法正常进行,或者不能产生预期的效果,这些都被称为沟通障碍。就其产生的原因,主要来自3个方面:发送者的障碍、接收者的障碍、信息传播渠道的障碍。

(一) 发送者的障碍

在沟通的过程中,信息发送者的思想、情绪、表达能力、知识水平、判断力等都会影响沟通的效果。发送者的障碍主要体现在以下几个方面。

(1) 目的不明,导致信息内容的不确定性。发送者在信息交流之前必须有一个明确的目的,即"我要通过什么通道,向谁传递什么信息,并达到什么目的"。

(2) 表达模糊,导致信息传递错误。若信息发送者口齿不清、语无伦次、闪烁其词或词不达意、逻辑混乱,乃至标点符号错误等都会造成传递失真,使接收者无法了解对方所要传递的真实信息。

(3) 选择失误,导致信息误解的可能性增大。选择失误包括对传送信息的时机把握不准、缺乏审时度势的能力,另外信息沟通通道或对象选择失误,这些都会影响信息交流的效果。

(4) 言行不当,导致信息理解错误。当信息发送者使用语言和肢体语言(如手势、表情、体态等)表达同样的信息时,一定要相互协调,否则会使人感到困惑不解。

(二) 接收者的障碍

从信息接收者的角度看,影响信息沟通的因素主要有4个方面。

(1) 过度加工,导致信息的模糊或失真。接收者在信息交流过程中,有时会按照自己的主观意愿,对信息进行"过滤"和"添加"。现实生活中许多沟通失败的主要原因是接收者对信息做了过多的加工,从而导致信息的模糊或失真。

(2) 知觉偏差,导致对信息理解的偏差。人们在信息交流或人际沟通中,总习惯于以自己为准则,对不利于自己的信息,要么视而不见,要么熟视无睹,甚至颠倒黑白,以达到防御的目的。

(3) 心理障碍,导致信息的阻隔或中断。由于接收者在信息交流过程中曾经受到过伤害和不良的情感体验,因此对信息发送者心存疑惑,就会拒绝接收信息甚至抵制参与信息交流。

(4) 思想观念上的差异,导致对信息的误解。由于信息发送者和接收者认知水平、价值标准和思维方式上的差异,往往会造成思想隔阂或误解,引发冲突,导致信息交流的中断以及人际关系的破裂。

(三) 信息传播渠道的障碍

信息传播渠道的障碍会影响沟通的效果。沟通渠道障碍主要有以下几个方面。

(1) 选择不适当的沟通渠道。例如有些重要的事情用口头传达效果不佳,接收者可能不重视。

(2) 几种媒介互相冲突。当信息用几种形式传送时,如果相互之间不协调,会使信息的接收者难以理解传送的信息内容。例如有时口头传达的精神与文件不符,就会造成矛盾,使员工无所适从。

（3）沟通渠道过长。沟通渠道过长,中间环节多,信息在传递过程中容易改变,造成信息的损失。

（4）不合理的组织结构。当一个组织的结构设置不合理,管理层次过多,信息传递的程序规定模糊,命令不统一,会导致信息沟通效率低下。

五、有效沟通的要求

针对以上影响沟通有效性的障碍,必须采取一定的措施加以克服,如果能做到下列几项要求,将会有助于改进沟通工作并提高效率。

小贴士

良好沟通十诫

（1）沟通前先澄清概念。

（2）检查沟通的真正目的。

（3）考虑沟通时的一切环境情况。

（4）计划沟通内容应尽量取得他人的意见。

（5）沟通时应注意内容,同时也应注意语调。

（6）沟通时应尽可能传递有效信息。

（7）应有必要的反馈、跟踪与催促。

（8）沟通时不仅着眼现在,还应着眼未来。

（9）应该言行一致。

（10）应该成为一名"好听众"。

（1）组织中管理者和被管理者都应该明了沟通的重要性,正确对待沟通。

人们通常都认为沟通是一件非常简单的事,并不重视沟通的重要性。组织中的管理者对计划、组织、领导和控制都十分重视,对沟通却常有疏忽,有的管理者对非正式沟通还采取打压的态度,这些都妨碍沟通的有效实现。加强对沟通重要性的认识是一件刻不容缓的大事。

（2）提高信息传递的技巧。作为信息的发送者,在信息发送之前,对沟通的内容、沟通要解决的问题和要达到的目的,要有正确、清晰的理解。沟通的内容要言之有物,针对性强,语意确切,尽可能地通俗化、数量化和具体化,不能模棱两可。除此之外,信息传递者在陈述、写作、语言应用和非语言信息等几个方面也要提高自身的沟通技巧。

（3）掌握听的艺术。作为信息的接收者应该具备良好的倾听技巧。表 5-4 列出了"听"的一些艺术。

（4）缩短信息传递链,拓宽信息沟通渠道,并保证信息的畅通无阻和完整性。为了取得良好的沟通效果,组织应尽量减少结构层次,精简重叠的组织机构,增加沟通渠道,加强部门之间的联系,以加强信息沟通的速度,保证信息的准确和充分。

（5）创造一个相互信任,有利于沟通的环境。在沟通中创造良好的沟通气氛,使沟通双方始终保持亲密、信任的人际距离,能够使沟通朝着正确的方向进行。

表 5-4　"听"的艺术

要	不　　要
1. 表现出兴趣	1. 争辩
2. 全神贯注	2. 打断
3. 该沉默时必须沉默	3. 从事与谈话无关的活动
4. 选择安静的地方	4. 过快地或提前做出判断
5. 留适当的时间用于辩论	5. 草率地给出结论
6. 注意非语言暗示	6. 让别人的情绪影响你
7. 当你没有听清楚时,请以疑问的方式重复一遍	
8. 当你发现遗漏时,直截了当地问	

案 例 分 析

案例 5-1　　　　不同的管理风格

A 市建筑工程公司是一家大型施工企业,下设一个工程设计研究所,4 个建筑施工队,研究所由 50 名中高级职称的专业人员组成,员工整体素质高。施工队有 600 名正式职工,除少数骨干领导外,多数职工文化程度不高,没受过专业训练,在工作时自由随意。此外,在施工旺季还要从各地招收 400 名左右农民工补充劳动力的不足。

由于施工队伍整体素质偏低,公司总经理刘杰决定亲自负责管理工作。刘总经理是工程兵出身的复员转业军人,作风强硬,对工作要求严格、认真,工作计划严密,有部署,有检查,要求下级必须绝对服从,不允许自作主张。对于不符合工程质量要求的,要坚决返工,并且罚款;不按期完成任务的扣发奖金;在工作中相互打闹、损坏工具、浪费工料、出工不出力、偷懒耍滑等破坏劳动纪律的都要受到严厉的批评、处罚。一些人对刘总经理的这种不讲情面、近似独裁的领导方式很不满意。但刘总经理深深地懂得,若不迅速改变职工这种素质低、自由散漫的习气,企业将难以长期发展下去,于是他亲自抓职工文化水平和专业技能。在刘总经理的严格管教下,这支自由散漫的施工队逐步走上了正轨,劳动效率和工程质量迅速提高,第三年还创造了全市优质样板工程,受到市政府的嘉奖。

公司的于副总经理是一位高级工程师,知识渊博,为人谦和。于是刘总经理把工程设计研究所的工作交给他直接领导、全权负责。于副总经理提倡民主作风,在工作中总是认真听取不同意见,从不自作主张,硬性规定,注意与员工进行双向沟通。公司下达的施工设计任务和研究所的科研课题,都是在全体人员共同讨论、出谋划策,取得共识的基础上,做出具体安排的。他注意发挥每个人的专长,尊重个人兴趣、爱好,鼓励大家取长补短,相互协作,克服困难。在他领导下,科技人员积极性很高,聪明才智得到了充分发挥,年年超额完成创收计划,科研方面也取得了显著成绩。

刘总经理和于副总经理这两种完全不同的领导方式在公司中引起人们的议论。

【思考题】

1. 你认为这两种领导方式谁优谁劣?

2. 为什么他们都能在工作中取得好成绩?

案例 5-2　　　　　　阿维安卡 51 航班的空难

1990 年 1 月 25 日晚 7:49,阿维安卡 51 航班飞行在南新泽西海岸上空 37 000 英尺的高空。机上油量可以维持近两个小时的航程,在正常情况下飞机降落在纽约肯尼迪机场仅需不到半小时的时间。晚 8:00 整机场交通管理员通知其上空盘旋待命。8:45 副驾驶报告"燃料快用完了",但 9:24 之前,机场未批准降落。此前,机组人员间互通险情,但未向机场报告。

9:24 航班第一次试降失败,由于高度低及能见度差无法保证安全着陆。机场指示二次降落时,机组人员提到燃料将要用尽,飞行员却告诉管理员新分配的飞行跑道可行。9:32,飞机的两个引擎失灵,1 分钟后,另两个也停止了工作,9:34 坠毁于长岛,机上 73 人全部遇难。

当调查人员考察了飞机座舱中的磁带,并与当班的机场管理员讨论之后,他们发现导致这场悲剧的原因是沟通的障碍。

首先,飞行员一直说他们"油量不足",机场交通管理员告诉调查员这是飞行员们经常使用的一句话。当被延误时,管理员认为每架飞机都存在燃料问题,但如果飞行员发出"燃料危机"的呼声,那么管理员有义务优先为其导航,并尽可能迅速地允许其着陆。

其次,51 航班飞行员的语调也并未向管理员传递有关燃料紧急的严重信息,虽然对燃料不足有极大的忧虑,但语调却是冷静职业化的。

最后,飞行员的文化和传统以及机场的职权也使得 51 航班的飞行员不愿意声明情况危急。因为,飞行出现紧急情况后需大量的书面报告,若有油料计算失误,则吊销驾照。

【思考题】

如何使用倾听技术以阻止这场空难?

案例 5-3　　　　　　小　道　消　息

和米公司是一家生产家电的民营企业,近几年来,公司发展非常迅猛,员工从最初的几十名,发展到现在的 400 多名,但最近在公司发生了一些传闻。公司总经理王军为了提高企业的竞争能力,在以人为本的前提下,在人力资源管理方面提出了两个战略方案:一是引入人才计划。公司计划在年底从外部引入一批高素质的技术人才和管理人才,给公司注入新鲜的血液,提高公司各方面的能力;二是内部人员大调整计划。公司将于年底在绩效考核的基础上,调整现有人员的配置,在内部选择高素质人才充实重要的管理岗位。

王军向他的秘书小刘谈了自己的想法,让他行文并打印。中午在公司吃饭时,小刘遇到了公司的副总经理张健,小刘低声告诉他说:"最新消息,公司内部人员将有一次大的变动,老员工可能要下岗,我们要有所准备。"这些话恰好被财务部的小李听到了,她立即又把这个消息告诉了她的主管老田,老田听到后气愤地说:"我真不敢相信公司会这么做,这也太伤害老员工了。"这个消息传来传去,公司上上下下员工都处于十分紧张的状态,唯恐自己被裁,根本无心工作,有的甚至还写了匿名信对这样的裁员表示不满。

这些消息3天后又传回到了总经理王军的耳朵里,王军对所发生的这一切迷惑不解。

【思考题】

1. 总经理王军怎样才能使问题得到澄清?
2. 如果你是王军,你会从中吸取什么样的经验和教训?
3. 公司内存在非正式沟通渠道,是否有可能将之关闭? 为什么?

案例 5-4　　　　　　　　星巴克:"人和"成就企业

星巴克(Starbucks)是美国一家连锁咖啡公司,成立于1971年,为全球最大的咖啡连锁店,其总部坐落于美国华盛顿州西雅图市。星巴克在其发展和壮大的过程中,实行了一系列的员工激励措施。

1. 股票期权

1987年,星巴克建立了美国历史上第一个星巴克"期股"形式,即公司所有员工都将获得公司的股权,获得健康保险。这一理念同样带到了中国,为了吸引和留住本地优秀人才,星巴克已于2006年11月份在大中华区开始实施"咖啡豆股票计划"。无论是公司高层还是普通员工,只要是在2006年4月1日前加盟星巴克,每周工作时间超过20小时的全职或兼职员工,都有权获得星巴克的股票期权。

2. 伙伴关系

在星巴克公司,员工不叫员工,而叫"合伙人"。这就是说,受雇于星巴克公司,就有可能成为星巴克的股东。星巴克现在遍布全球的"合伙人"约25 000人。星巴克的董事长、首席战略总监霍华德·舒尔茨将公司的成功很大程度上归功于这种伙伴关系的独特性。他说,"如果说有一种令我在星巴克感到最自豪的成就,那就是我们在公司工作的人中间建立起的这种信任和自信的关系。"

3. 工资福利

与零售业其他同行相比,星巴克雇员的工资和福利都是十分优厚的,其30%的薪酬是由奖金、福利和股票期权构成。星巴克每年都会在同行业间做一个薪资调查,经过比较分析后,每年会有固定的调薪。星巴克还给那些每周工作超过20小时的员工提供卫生、员工扶助方案、伤残保险,这在同行业中极为罕见。这种独特的福利计划使星巴克尽可能地照顾到员工的家庭,对员工家里的长辈、小孩在不同状况下都有不同的补贴办法。中国星巴克有"自选式"的福利,让员工根据自身需求和家庭状况自由搭配薪酬结构,有旅游、交通、子女教育、进修、出国交流等福利和补贴,甚至还根据员工的不同状况给予补助。这些做法尽管成本不是很高,但会让那些享受福利的员工感到公司的关怀并对此心存感激。

4. 沟通方式

星巴克对合伙人的尊重还体现在其独特的合伙人快照方案和努力营造内部开放的沟通氛围。合伙人快照方案和意在得到顾客反馈的顾客快照方案是平行的,包括公司范围内的民意调查、使命评价及一个相对较新的对公司和员工感兴趣的关键问题进行调查的电话系统,目的是为了尽量从公司伙伴那里得到反馈。公司于 1990 年正式设立了使命评价方案。公司在每个地方放置了评论卡谈论有关使命评价的问题,员工可以在他们认为这些决策和后果不支持公司的使命时填写评论卡。相关的经理有两周时间对员工的问题做出回应。此外,一个跨部门的小组在公开论坛上探讨员工对工作的忧虑,并找出解决问题的方法及提交相关报告。这样做能够及时掌握员工的动向,不仅使得公司的使命具有生命力,也加强了企业文化的开放性。公开的沟通方式也是星巴克公司原则的一部分。公开论坛一年要开好几次,告诉员工公司最近发生的大事,解释财务状况,允许员工向高级管理层提问,同时也给管理层带来新的信息。此外,公司定期出版员工来信,这些来信通常是有关公司发展的问题,也有员工福利及股东方案的问题。

5. 学习旅程

当星巴克把纯正的意大利式咖啡介绍到美国后,迅速得到了市场的追捧。但是要把这种最难量化的感觉,日复一日,在全球上万家门店精准复制,人员的培训成为成败关键。仅在 2001 年,星巴克就进行了上百万小时训练,平均全球每人每天要接受近 1 小时的训练。培训的内容包括咖啡知识与制作技能两个主要部分。

对星巴克而言,每位员工都是构成品牌的一分子,在消费者心目中都代表着星巴克。星巴克的"学习旅程"(每次 4 小时一共 5 次的课程),是所有新合伙人在就业头 80 个小时中都要上的课程。从第一天起,新合伙人即熏陶在星巴克的这种价值和基本信念体系之中。所有招聘进来的新员工在进入公司的第一个月内都能得到最少 24 小时的培训,包括对公司适应性的介绍、顾客服务技巧、店内工作技能等。另外还有一个广泛的管理层培训计划,着重训练领导技能、顾客服务及职业发展。对员工进行栽培和辅导训练,使他们得到可持续的成长发展空间,是星巴克公司所看重的。星巴克为员工提供了很多核心训练和技巧,希望他即使离开了,也同样能从星巴克的经历中受益。

【思考题】

1. 你认为星巴克取得成功的最关键因素是什么?为什么?

2. 星巴克对合伙人的激励是从哪几方面进行的?你认为其中最为有效的方式是什么?结合你所掌握的激励理论谈谈你的理由。

3. 常用的激励手段和方法有哪些?结合星巴克的案例你认为如何提高激励的有效性?

本 章 小 结

在整个管理过程中,领导职能是联结计划、组织、控制等各个管理职能的重要纽带,是实现组织目标的关键。这一职能的功效就是为各个职能的进行提供保证,进行沟通联络,运用各种手段和方法对组织员工进行激励,以统一员工意志,从而保证组织目标的实现。本章首先介绍了领导工作的含义、领导与管理的区别,领导理论和领导工作中应遵循的工作原理;然后介绍了激励的概念、过程、激励理论、原则和方法;最后介绍了沟通的概念、类型和沟通障碍以及解决的方法。通过本章的学习,希望大家能在实践工作中提高领导才能、激励技巧和与人沟通的能力。

思考与练习题

1. 什么是领导？领导的权力来自哪些方面？
2. 领导理论有哪些？
3. 描述激励的过程。
4. 什么是马斯洛的需要层次理论？
5. 什么是保健因素？什么是激励因素？赫茨伯格的双因素理论对管理者有何启示？
6. 弗鲁姆期望理论的主要内容是什么？
7. 完整的沟通过程包括哪几个环节？
8. 沟通有哪些类型？
9. 信息沟通的障碍主要来自哪些方面？应如何实现有效沟通？

实 训 项 目

晚上 11 点多钟，男生宿舍一楼的卫生间上水管突然爆裂，此时楼门和校门已经关闭（水闸门手轮锈住），学生们都沉睡在梦中，只有邻近的几个学生宿舍惊醒。水不断地从卫生间顺着东西走廊涌出，情况非常紧急，假如你身处其中，如何利用你的指挥能力化险为夷？

第六章

控　制

【学习目的】

（1）了解控制的概念和方法。

（2）掌握控制的类型、控制过程的步骤及控制方法。

【关键概念】

（1）控制：是组织在动态变化的环境中，为了确保实现既定的组织目标而进行的检查、监督、纠正偏差等管理活动的统称。

（2）反馈控制：就是根据过去的情况来指导现在和将来，即从组织活动进行过程中的信息反馈中发现偏差，通过分析原因，采取相应措施纠正偏差。

（3）前馈控制：是指对未来可能出现的结果进行的预防性控制，即主管人员运用所能得到的最新信息，包括上一控制循环中所产生的经验教训，对可能出现的结果进行预测，然后，将其同计划要求进行比较，从而在必要时调整计划或控制影响因素，以确保目标的实现。

（4）事前控制：是指一个组织在一项活动正式开始之前所进行的控制活动。

【引例】

某职业技术学院通过市场调查发现：近年来，市场对ＸＸ专业毕业生需求量大，该专业毕业生供不应求。所以，该学院及时调整专业结构，并向省教育厅申报该专业，结果不出所料，当年报考并录取该专业考生达到120多人，取得了良好的经济效益。

而过去，由于该院领导不思进取，不求创新，不做市场调查，结果导致有些专业招不到学生，有的专业甚至只招十几个学生，尽管想了许多办法，但收效甚微。

这个案例告诉人们，事后控制不如事中控制，事中控制不如事前控制，可惜大多数的经营者均未能体会到这一点，等到错误的决策造成了重大的损失时才寻求弥补，为时已晚。当然，现实中很多事情要做到事前控制有很大的难度，这时，人们还是不得不利用事中控制和事后控制。

第一节　控制理论概述

控制作为管理的一项职能，是管理的最后一个重要环节。只有通过控制职能才能监督组织的各项计划是否与已订计划相符合，发现计划与实际之间的差距。找出原因，及时采取补救措施，使计划不断地完善。失去有效的控制手段，组织的计划就难以很好地落实。

一、控制的含义和作用

（一）控制的含义

控制是组织在动态变化的环境中，为了确保实现既定的组织目标而进行的检查、监督、纠正偏差等管理活动的统称。控制既可以理解为一系列管理活动，也可以理解为实施检查、监督、纠正偏差的管理活动过程，即控制过程。在管理实践中，控制包括控制活动和控制过程。

正确认识和理解控制职能，就应该注意把握控制系统的基本要素。

（1）控制的主体。控制工作是要靠人来实施的，组织中承担控制工作的管理者及其相应的职能部门就构成了控制的主体。一般中低层管理者从事的主要是程序性的控制，高层管理者从事的主要是非程序性的控制。

（2）控制的对象。控制的对象应该是整个组织的活动。确定控制对象应该有整体的观点，要把组织的各种资源、组织结构的各层次、各部门、组织工作的各阶段、各环节都纳入控制的对象。

（3）控制的目标体系。任何控制活动都是有目的的活动，控制的目的就是要保证组织目标的实现。因此，控制目标的确定应该以组织目标为依据，要与组织目标体系相协调，建立控制的目标体系。

（4）控制的信息反馈系统。控制过程是通过信息的传输和反馈得以实现的。就是说控制部分既有控制信息输入受控部分，又有受控部分把反馈信息返回到控制部分，形成闭合回路。控制正是根据反馈信息才能比较、纠正和调整它发出的控制信息，从而实现有效控制。

（5）衡量工作绩效。衡量工作绩效是指控制过程中将实际工作情况与预先确定的控制标准进行比较，找出实际业绩与控制标准之间的差异，以便于找出组织目标和计划在实施中的问题，对实际工作做出正确的评估。

（6）收入预算。收入预算是对组织活动未来的货币收入进行的预算。

（二）控制的作用

企业组织的各项活动都离不开控制，控制职能是企业组织顺利开展活动，实现企业组织目标的基本保证。因此，控制职能具有重要的地位和作用。

（1）通过控制可以使复杂的组织活动能够协调一致地运作。众所周知，由于现代组织的规模有着日益扩大的趋势，组织的各种活动日趋复杂化，要使组织内众多的部门和人员在分工的基础上能够协调一致地工作，完善的计划是必备的基础，但计划的实施还要以控制为保证手段。

（2）通过控制可以避免和减少因管理失误造成的损失。组织所处环境的不确定性，以及组织活动的复杂性，会导致不可避免的管理失误。控制工作通过对管理全过程的检查和监督，可以及时发现组织中的问题，并采取纠偏措施，以避免或减少工作中的损失，为执行和完成计划起着必要的保障作用。

（3）控制是一种动态的、适时的信息反馈过程。它不是简单地对受控者进行管、卡、压，而是控制者与受控者之间的信息交流、沟通情况的行为和过程，是一种积极主动的管理活动。由于现实环境千变万化，现代管理越来越强调控制中良好的反馈机制和弹性机制。在控制中，控制者和受控者都及时发现一些问题，促使管理者推陈出新，在推动管理工作动态适应环境的过程中创新。

（三）控制与计划

控制与计划是同一事物的两个方面。一方面，有目标和计划而没有控制，人们可能知道自己干了什么，但无法知道自己干得怎么样，存在哪些问题，哪些方面需要改进。另一方面，有控制而没有目标和计划，人们将不知道控制什么，也不知道怎么控制。计划越明确、全面和完整，控制效果也越好。没有控制就无法衡量行动是否偏离计划，更谈不上纠正偏差。计划是控制的前提，控制是完成计划的保证。如果没有控制系统，没有实际与计划的比较，就不知道计划是否完成，计划就毫无意义。

控制可以说是管理工作过程的终结，也是一个工作过程的开始。而且，控制与计划工作的内容还常常相互交织在一起。

二、控制的类型

（一）按照控制信息的来源划分

按照控制信息的来源划分，控制包括前馈控制、现场控制和反馈控制。按照控制信息的来源来划分控制的类型，是组织中最常用到的控制类型。

1. 前馈控制

前馈控制是指对未来可能出现的结果进行的预防性控制，即主管人员运用所能得到的最新信息，包括上一控制循环中所产生的经验教训，对可能出现的结果进行预测，然后，将其同计划要求进行比较，从而在必要时调整计划或控制影响因素，以确保目标的实现。前馈控制属于一种预防性控制，它的工作重点并不是控制工作的结果，而是提前采取各种预防性措施，包括对投入资源的控制，以防止工作过程中可能出现的偏差。例如企业为了开发一种能够有效满足消费者需求的产品，预先就要对消费者的实际需求进行市场调查；再如对新加入组织的成员进行的岗前培训等。这些都属于前馈控制的范畴。

2. 现场控制

现场控制也称为实时控制或即时控制，是指在某项活动或工作过程中进行的控制，即主管人员在现场对正在进行的活动给予指导与监督，以保证组织的各项活动按既定的计划进行。现场控制是组织控制工作的基础，是组织的基层管理人员主要采用的控制方法。例如企业生产制造过程中的进度控制、对生产工人正在加工的产品进行的抽检等，都属于现场控制的范畴。

3. 反馈控制

反馈控制就是根据过去的情况来指导现在和将来，即从组织活动进行过程中的信息反馈中发现偏差,通过分析原因,采取相应措施纠正偏差。由于这种控制是在经营过程结束以后进行的,因此,不论其分析如何中肯,结论如何正确,对于已经形成的经营结果来说都是无济于事的,他们无法改变已经存在的事实。反馈控制的主要作用,是通过总结过去的经验和教训,为未来计划的制订和活动的安排提供借鉴。

表 6-1 以某啤酒厂的控制工作为例,展示了前馈控制、现场控制和反馈控制的核心问题及相关措施。

表 6-1　前馈控制、现场控制和反馈控制在某啤酒厂的应用

控制类型	核 心 问 题	啤酒生产例子
前馈控制	在工作开始前应该做哪些必要的管理工作	为保证质量,对所有啤酒生产所需的配料进行筛选对整个发酵过程进行控制,以便保证达到适当的发酵比
现场控制	在工作进行过程中应该做些什么管理工作以便改进绩效	批量酿造出来的啤酒在装瓶前应进行检测,以便保证出厂啤酒的质量
反馈控制	工作完成后,结果如何	针对销售商提出的易爆瓶、口味不佳等问题进行综合分析,并有针对性地制订改进措施

（二）按照控制方式划分

按照控制时采用的控制方式划分,控制包括集中控制、分散控制和分层控制。

1. 集中控制

集中控制是指在组织中建立一个相对稳定的控制中心,由控制中心对组织内外的各种信息进行统一的加工处理,发现问题并提出问题的解决方案。这种形式的特点是所有的信息(包括内部、外部)都流入中心,由控制中心集中加工处理且所有的控制指令也全部由控制中心统一下达。集中控制是一种较低级的控制,只适合于结构简单的组织,如小型企业、家庭作坊等。

2. 分散控制

分散控制是指在一个组织中将控制权相对分散在组织各个部门的控制方式;系统中的控制部分表现为若干个分散的,有一定相对独立性的子控制机构,这些机构在各自的范围内各行其是,互不干涉,各自完成自己的目标。当然这些目标是整个系统目标中的分目标。分散控制的特点是与集中控制相反,不同的信息流入不同的控制中心,不同的控制指令由不同的控制中心发出。

3. 分层控制

分层控制是指将集中控制和分散控制结合起来的控制方式。特点是将管理组织分为不同的层级,各个层级在服从整体目标的基础上,相对独立地开展控制活动。

（三）按照控制点的不同划分

按照控制点的不同划分,控制有事前控制、事中控制和事后控制。

1. 事前控制

事前控制是指一个组织在一项活动正式开始之前所进行的控制活动。事前控制主要是对活动最终产出的确定和对资源投入的控制,其重点是防止组织行为偏离目标,防止组织所使用的资源在质和量上产生偏差。因此事前控制的基本目的是保证某项活动有明确的绩效目标,保证各种资源要素的合理投放。例如各种计划、市场调查、原材料的检查验收等,都属于事前控制。

2. 事中控制

事中控制是指在某项活动或工作过程中进行的控制。管理者在现场对正在进行的活动给予指导与监督,以保证按规定的政策、程序和方法进行。事中控制的目的是及时发现并纠正工作中出现的偏差。例如生产过程中的进度控制、每日情况统计报表、学生的家庭作业和期中考试等,都属于事中控制。

3. 事后控制

事后控制是指在工作结束之后进行的控制。事后控制把注意力主要集中于工作结果上,通过对工作成果进行测量比较和分析,采取措施,进而矫正今后的行动。事后控制是历史最悠久的控制类型,传统的控制方法几乎都属于此类。例如企业对生产出来的成品进行质量检查、学校对学生的违纪处理等,都属于事后控制。

(四) 按照控制力量的来源划分

按照控制力量的来源划分,控制有正式组织控制、群体控制和自我控制。

1. 正式组织控制

正式组织控制是指由管理人员设计和建立起来的机构或规定来进行控制。例如,组织可以通过规划、指导组织成员的活动来进行控制,通过预算来控制消费,通过审计来检查各部门或各成员是否按照规定进行活动,对违反规定或操作规程者给予处理等,都属于正式组织控制。

2. 群体控制

群体控制是指基于非正式组织成员之间的不成文的价值观念和行为准则进行的控制。非正式组织尽管没有明文规定的行为规范,但组织中的成员都十分清楚这些规范的内容,都知道如果自己遵守这些规范,就会得到其他成员的认可,可能会强化自己在非正式组织中的地位,如果违反这些行为规范就会遭到惩罚,这种惩罚可能是遭受排挤、讽刺、甚至被驱逐出该组织。群体控制在某种程度上左右着职工的行为,处理得好有利于组织目标的实现,如果处理不好会给组织带来很大危害。

3. 自我控制

自我控制是指个人有意识地按某一规范进行活动。自我控制能力取决于个人本身的素质。例如,一个员工不愿把企业的东西据为己有,可能是因为他具有较强的自我控制能力。具有较高层次需求的人比具有较低层次需求的人具有较强的自我控制能力。实际上,自我控制更多地受组织文化的影响。这种控制成本低,效果好。但它要求上级对下级充分的信任和授权,要求组织成员具有良好的素质,顾全大局。

三、控制的内容

（一）对人员的控制

组织的目标是要由人来实现的,员工应该按照管理者制订的计划去做,为了做到这一点,就必须对人员进行控制。对人员控制最常用的方法就是直接巡视,发现问题马上进行纠正;另一种方法是对员工进行系统化的评估。通过评估,对绩效好的予以奖励,使其维持或加强良好的表现;对绩效差的管理者就采取相应的措施,纠正出现的偏差。

（二）对财务的控制

为保证企业获取利润,维持企业正常的运作,必须进行财务控制。这主要包括审核各期的财务报表,以保证一定的现金存量,保证债务的负担不致过重,保证各项资产都得到有效的利用等。预算是最常用的财务控制标准,因此也是一种有效的控制工具。

（三）对作业的控制

所谓作业,就是指从劳动力、原材料等物质资源到最终产品和服务的转换过程。组织中的作业质量很大程度上决定了组织提供的产品和服务的质量,而作业控制就是通过对作业过程的控制,来评价并提高作业的效率和效果,从而提高组织提供的产品或服务的质量。组织中常用的作业控制有：生产控制、质量控制、原材料购买控制、库存控制等。

（四）对信息的控制

随着人类步入信息社会,信息在组织运行中的地位越来越高,不精确的、不完整的、不及时的信息会大大降低组织的效率。因此,在现代组织中对信息的控制显得尤为重要。对信息的控制就是建立一个管理信息系统,使它能及时地为管理者提供充分、可靠的信息。

（五）对组织绩效的控制

组织绩效是组织上层管理者控制的对象,组织目标的达到与否都从这里反映出来。无论是组织内部的人员,还是组织外部的人员或组织,如证券分析人员、潜在的投资者、贷款银行、供应商以及政府部门等都十分关注组织的绩效。要有效实施对组织绩效的控制,关键在于科学地评价、衡量组织绩效。一个组织的整体效果很难用一个指标来衡量,生产率、产量、市场占有率、员工福利、组织的成长性等都可能成为衡量的标准,关键是看组织的目标取向,即要根据组织完成目标的实际情况并按照目标所设定的标准来衡量组织的绩效。

四、控制工作的原理

（一）反映计划性原理

反映计划性原理的含义是：控制是实现计划的保证,控制的目的是为了实现计划,因此，计划越是明确、全面、完整、具体，所设计的控制系统越是能反映这样的计划要求，控制工作也就越有效。

（二）组织适宜性原理

组织适宜性原理的含义是：若一个组织结构的设计越是明确、全面和完善，所设计的控制系统越是符合组织机构中的职责和职务的要求，就越能动态地实施计划。

（三）控制关键点原理

控制关键点原理的含义是：管理者越是能把握住关键点，控制工作就越能在正确的方向上持续运作。控制关键点原理是控制工作的一条重要原理。

（四）例外情况原理

例外情况原理的含义是：主管人员越是只注意一些重要的例外偏差，也就是说越是把控制的主要注意力集中在那些超出一般情况的特别好或特别坏的情况，控制工作的效能和效率就越高。

（五）直接控制原理

直接控制，是相对于间接控制而言的。一个人，无论他是主管人员还是非主管人员，在工作过程中常常会犯错误，或者往往不能觉察到即将出现的问题。这样，在控制他们的工作时，就只能在出现了偏差以后，通过分析偏差产生的原因，然后才去追究其个人责任，并促使他们在今后的工作中加以改正。这种控制的缺陷是在出现了偏差后才去进行纠正。针对这个缺陷，直接控制原理可表述为：主管人员及其下属的工作质量越高，就越不需要进行间接控制。

第二节　控制的过程与方法

一、控制的过程

控制是根据计划的要求，设立衡量绩效的标准，然后把实际工作结果与预定标准相比较，以确定组织活动中出现的偏差及其严重程度，在此基础上，有针对性地采取必要的纠正措施，以确保组织资源的有效利用和组织目标的圆满实现。不论控制的对象是什么，也不论在什么地方，控制的基本过程都包括 3 个基本步骤的工作：确立控制标准、衡量工作绩效和纠正偏差。

（一）确立控制标准

控制标准就是控制的依据，是控制过程中对实际工作进行检查的衡量尺度，是实施控制的必要条件。所谓的控制标准，是指从整个计划方案中选出的对工作成效进行控制的关键指标、关键点。所以说，确定控制标准是控制过程的首要环节。标准是衡量工作绩效的尺度,离开了标准,控制工作就无从谈起。因此,制订的控制标准是否合理,是执行控制的关键,没有科学合理的标准,控制也许就只能流于形式。

1. 控制标准的种类

控制标准可分为定性标准和定量标准两大类。

(1) 定性标准

定性标准是指难以用计量单位直接计量的标准。管理者往往只能凭借个人经验和判断来进行衡量的标准。这类标准主要用于有关服务质量、组织形象、组织成员的工作表现等方面,这些方面的标准一般只能够做出定性的描述,难以定量化。但尽管如此,为了使定性标准便于掌握和控制,有时也应尽可能地采用一些可度量的方法。如美国著名的麦当劳公司在经营上奉行"质量、服务、清洁、价值"的宗旨,为体现其宗旨,公司制订的工作标准是:95%以上的顾客进餐馆后3分钟内,服务员必须迎上前去接待顾客;事先准备好的汉堡必须在5分钟内热好供应顾客;服务员必须在就餐人员离开后5分钟内把餐桌打扫干净等。如此一来,对服务质量的控制也就有了明确的标准。

(2) 定量标准

定量标准是指能够以一定形式的计量单位直接计量的标准。这类标准具有明确、可证实、可度量等特点,是控制标准的主要表现形式。定量标准主要分为:①数量标准,它是规定管理或经营活动过程及其成果的数量要求,如企业的产量、劳动生产率等;②财务标准,也称为价值标准,是指以货币量为计量单位的标准,主要反映组织在各项活动中的资金效益方面的成果,如企业的产品直接费用、间接费用、投资回收率、销售利润等;③时间标准是指以时间为计量单位的标准,反映组织在各项活动中的时间利用方面的成果,如工期、生产周期、生产投入期和出产期、工时定额等。

2. 控制标准的要求

在实际工作中,控制标准要力求量化、活化、系统化等。一般来说,控制标准的要求有以下几个方面。

(1) 简明性。即对标准的量值、单位、可允许的偏差范围要有明确的说明,对标准的表述要易懂,便于理解和把握。

(2) 实用性。建立标准要有利于组织目标的实现,要对每一项工作的衡量都有明确规定,如具体的时间幅度和具体的衡量内容与要求,以便准确地反映组织活动的状态。

(3) 一致性。建立标准应该体现协调一致、公平合理原则。各项控制标准应该彼此协调,不可相互冲突。

(4) 可行性。标准是衡量实际工作的,必须根据实际情况制订,包括具体工具、能力等。

(5) 可操作性。标准要便于对实际工作绩效进行衡量、比较、评价。

(6) 相对稳定性。这是说标准的继承、改进等要求,并且具有一定的弹性,能对环境变化有一定的适应性,特殊情况特殊处理。

(7) 动态性。标准要有时间限制且可以更改,可随着控制绩效的提高而变动。

3. 制订控制标准的方法

控制的对象不同,为它们确定标准的方法也不一样。一般来说,企业可以使用的确定标准的方法有 3 种：利用统计方法来确定预期结果，根据经验和判断来估计预期结果，在客观的定量分析的基础上建立工程（工作）标准。

（1）统计方法

统计方法，相应的标准也叫统计标准。是以分析企业经营在历史上各个时期状况的数据为基础或是对比同类企业的水平，用统计学方法确立的标准。利用本企业的历史性统计资料为某项工作确定标准，具有简便易行的好处。但是，据此制订的工作标准可能低于同行业的卓越水平，甚至低于平均水平。这种条件下，即使企业的各项工作都达到了标准的要求，也可能造成劳动生产率的相对低下，制造成本的相对较高，从而造成成果和竞争能力低于竞争对手。为了克服这种局限性，在根据历史性统计数据制订未来工作标准时，充分考虑行业的平均水平，并研究竞争企业的经验是非常必要的。

（2）经验估计法

经验估计法，相应的标准也叫经验标准。实际上，并不是所有工作的质量和成果都能用统计数据来表示，也不是所有的企业活动都保存着历史统计数据。对于新从事的工作，或对于统计资料缺乏的工作，可以根据管理人员的经验、判断和评估来为之建立标准。利用这种方法来建立工作标准时，要注意利用各方面的管理人员的知识和经验，综合大家的判断，给出一个相对先进合理的标准。

（3）工业工程法

工业工程法，相应的标准也叫工程标准。它是以准确的技术参数和实测的数据为基础制订标准的方法。比如，机器的产出标准是其设计者计算的正常情况下被使用的最大产出量；工人操作标准是劳动研究人员在对构成作业的各项动作和要素的客观描述与分析的基础上，经过消除、改进和合并而确定的标准作业方法；劳动时间定额是利用秒表测定的受过训练的普通工人以正常速度按照标准操作方法对产品或零部件进行某个工序的加工所需的平均必要时间。工业工程法被广泛应用于组织的管理控制过程中，并取得了很好的效果。

（二）衡量工作绩效

衡量工作绩效是指控制过程中将实际工作情况与预先确定的控制标准进行比较，找出实际业绩与控制标准之间的差异，以便于找出组织目标和计划在实施中的问题，对实际工作做出正确的评估。

1. 衡量工作绩效的步骤

（1）汇集资料。对控制对象进行评估，就要有足够的资料，这些资料有计划统计表、各种报表等。

（2）分析偏差。实际作业计划并不一定按计划进行，当控制衡量表明事情进展不顺利时，就要对原因进行分析以发现差异的真正原因。这样才能有针对性地采取纠正措施，从根本上纠正偏差。

2. 衡量工作绩效的目的

通过衡量工作绩效，应达到以下几个方面的目的。

（1）通过调查、汇报、统计、分析等，比较全面确切地了解实际的工作进展情况，掌握计划的执行进度。

（2）找出实际成效与控制标准之间的差异，以便于找出组织目标和计划在实施中的问题，为纠正偏差和改进工作提供依据。

（3）为主管人员评价和奖励下级提供依据。

衡量绩效的目的是为了取得衡量对象的有关信息。在对绩效进行衡量前，应该对需要衡量什么、如何衡量、间隔多长时间进行衡量和由谁来负责衡量等做出安排。

3. 衡量工作绩效的方法

一般可以通过以下几种方法获得实际工作绩效方面的资料和信息：①观察；②利用报表和报告；③召开会议；④抽样调查等。通常，由不同的衡量项目以及由谁衡量等来确定衡量方法，一般是几种方法结合使用。

亲自观察可亲眼看到工作现场的实际情况，还可通过与工作人员现场交谈来了解工作进展及存在的问题，进而获得真实而全面的信息。但是，由于时间和精力的限制，要求主管人员对所有工作活动都亲自观察是不可能的。

利用报表和大量的统计资料了解工作情况也是常用的方法。这种方法节约时间，但获取的信息是否全面、准确，往往依赖于报表资料本身。

通过召开会议和大量的统计资料了解工作近况及遇到的问题，这既有助于管理者了解各部门工作的情况，又有助于加强部门间的配合协作。

抽样调查是对从整批调查对象中抽取出的部分样本进行调查，并把结果看成是整批调查对象的近似特征，这种方法可节约调查成本及时间。

（三）纠正偏差

一旦查出了偏差存在的原因，那么就进入纠正调整阶段。纠正偏差是控制过程的最后一个阶段，也是控制过程的关键。这项工作使得控制过程得以完整，并将控制与管理的其他职能相互连接。通过纠偏，使组织计划得以遵循，使组织机构和人事安排得到调整，使领导活动更加完善。

纠正偏差大致可以分为3个步骤：一是找出偏差产生的主要原因；二是确定纠偏对象；三是选择恰当的纠偏措施。

1. 找出偏差产生的主要原因

正确分析偏差产生的原因是偏差纠正措施的依据。现实中，同一偏差可能会由各种不同的原因造成。这就要求有关人员要认真了解偏差信息并对影响因素进行深入、透彻的分析，真正透过表面现象找出造成偏差的深层原因，为纠偏措施提供保证。

2. 确定纠偏对象

如果偏差是由于绩效的不足而产生的，管理人员就应该采取纠偏行动。例如他们可以调整企业的管理战略，也可改变组织结构，或通过更完善的选拔和培训计划，或更改领导方式来纠正偏差。但是，在有些情况下，需要纠正的可能不是企业的实际活动，而是组织这些活动的计划或衡量这些活动的标准。例如：大部分员工没有完成劳动定额，可能不是由于全体员工的抵制，而是定额水平太高的原因；又如：承包后企业经理的兑现收入可高达数万元甚至数十万元，可能不是由于经营者的努力高于工人数倍或数十倍，而是由于承包基数不恰当或确定经营者收入的挂钩方法不合理造成的;再如:企业产品销售量下降,可能并不是由于产品质量不好或价格不合理造成的,而是由于市场需求的饱和或周期性的经济萧条。在这些情况下,组织首先要改变的不是或不仅是实际工作,而是衡量这些工作的标准或指导工作的计划。

3. 选择恰当的纠偏措施

针对偏差产生的主要原因和所确定的纠偏对象,可采取的处理措施有 3 种。

(1) 对于因工作失误造成的问题,主要是"纠偏",即通过政策、程序、规则的执行,确保工作与目标的接近或吻合。

(2) 若计划目标不切合实际,或由于内外环境的变化,不得不调整计划时,控制工作则主要是按实际情况修改计划。

(3) 若是组织工作造成的,就要采取步骤改善组织工作,使工作恢复正常。

在纠偏措施的选择和实施过程中,管理者要注意以下几个问题。

(1) 使纠偏方案双重优化。纠正偏差,可以对同一对象的纠偏采取多种不同的措施。是否采取措施,要视采取措施纠偏带来的效果是否大于不纠偏的损失而定,如果行动的费用超过偏差带来的损失的话,最好的方案也许是不采取任何行动。这是纠偏方案选择过程中的第一重优化。第二重优化是在此基础上,通过对各种纠偏方案的比较,找出其中追加投入最少,解决偏差效果最好的方案来组织实施。

(2) 充分考虑原先计划实施的影响。由于对客观环境的认识能力的提高,或者由于客观环境本身发生了重大变化而引起的纠偏需要,可能会导致对原先计划与决策的局部甚至全局的否定,从而要求企业活动的方向和内容进行重大的调整。这时要考虑原计划实施已经消耗的资源及这些资源所造成的影响。

(3) 消除人们对纠偏措施的疑虑。任何纠偏措施都会在不同程度上引起组织结构的调整,人事关系的变动,从而会涉及某些组织成员的利益,不同的组织成员会因此而对纠偏措施持有不同的态度,特别是纠偏措施属于对原先决策和活动进行重大调整的追踪决策时。虽然一些原先反对初始决策的人会幸灾乐祸,甚至夸大原先决策的失误,反对保留其中任何合理的成分,但更多的人对纠偏措施持怀疑和反对的态度。原先决策的制订者和支持者因害怕改变决策标志着自己的失败,从而会公开或暗地里反对纠偏措施的实施;执行原决策、从事具体活动的基层工作人员则会对自己参与的已经形成的或开始形成的活动结果怀有感情,或者担心调整会使自己失去某种工作机会,影响自己的既得利益,而极力抵制任何重要的纠偏措施的制订和执行。因此,控制人员要充分考虑到组织成员对纠偏措施的不同态度,特别是要注意消除执行者的疑虑,争取更多人的理解、赞同和支持,以保证纠偏方案的顺利实施。

二、控制的方法

有效地运用控制方法是成功地进行控制的重要保证。要对组织的各项活动进行全面的控制,必须借助于各种各样的控制方法。在企业管理实践中,管理人员除了利用现场巡视、监督或分析下属依循组织路线传送的工作报告等手段进行控制外,还经常借助预算控制法、非预算控制法等方法来进行控制。

（一）预算控制法

1. 预算的概念

预算是一种以货币和数量的形式表示的计划，是一项关于完成组织目标和计划所需资金的来源和用途的书面说明。预算将计划规定的活动用货币量表现出来，通过预算就可以使计划具体化，明确资金的使用，以及用实物计量投入量和产出量等。主管人员明确了这些，就可以进行人员和任务的委派、协调和组织等活动，并在适当的时间，将组织活动的结果和预算进行比较，发现偏差及时采取措施纠正，以保证组织在预算的限度内完成任务。

2. 预算的内容

一般来说，预算内容主要有收支预算，时间、空间、原材料和产品产量预算，基本建设预算，现金预算，资本支出预算，资产负债预算等。

3. 预算的种类

预算的种类很多，概括起来可以分为以下几种。

（1）刚性预算与弹性预算

刚性预算是指在执行过程中没有变动余地或者变动余地很小的预算。一般来说，刚性预算控制性强，但对环境的适应性差且不利于发挥执行人的积极性。常见的刚性预算是控制上限或控制下限的预算，如财政支出预算和财政收入预算等。

弹性预算是指预算指标留有一定的调整余地，有关的当事人可以在一定的范围内灵活执行预算确定的各项目标和要求。弹性预算的主要优点是在制订预算时就考虑到了未来事项的不可预知性，只确定了行为的基本原则或范围，实际执行时可以根据具体情况调整、灵活性强。缺点是灵活性掌握不好就成了失控，可控性差。编制弹性预算所用的业务量可以是产量、销量、直接人工工时、机器工时、材料消耗量和直接人工工资等。弹性预算主要用于编制成本预算和利润预算。

（2）收入预算与支出预算

收入预算是对组织活动未来的货币收入进行的预算。收入预算是一种建立在收入预测基础之上用于规划未来销售的预算类型。它从财务角度计划和预测了未来活动的成果，提供了在未来一段时期内组织经营状况的一般说明。

由于组织并不能够完全把握其内外环境，因而主管人员通过分析竞争对手的实力、组织内部员工的效率，以及可能导致市场供求和价格变化的各种因素，做出未来一段时间内组织收入的估计，这就是通常意义上的收入预算。

组织收入主要来源于产品和服务的销售，因而销售预算构成收入预算的实体内容。销售预算是在销售预测的基础上编制的。由于组织通常不只提供一种产品或服务，而且这些产品或服务的销售区域分布可能非常广泛，因此，按照产品类型、市场分布和消费群体（市场层次）编制分项销售预算，便于对照控制标准检查计划的执行情况，能够为组织的控制活动提供准确资料。收入预算对于组织的经营活动而言是一种基本的计划工具，在实际工作中，组织内部的各个经营单位往往根据自身的业务发展需要，预计不同季度和月份的销售额。

支出预算是对组织活动未来支出进行的预算。支出预算是企业预算中最重要的预算。

各种营利性和非营利性组织的内部都存在费用预算。这种预算列出了组织为实现经营管理目标而进行的主要活动,并且将费用支出额度具体分配给各项活动。它在形式上是指为取得一定收入成果所预计支付的项目清单。一般而言,在经营项目和开展活动的数量与质量基本明确的前提下,费用支出水平的降低,表明经营管理效率的提高。在应对复杂多变的内、外部环境时,组织管理者往往通过严格费用预算来提高管理效率。

在生产加工过程中,营利性组织必须借助于一定规模的劳动力队伍,利用和消耗一定数量的物质资源,因此客观上需要编制出相应的生产经营预算。该项预算不仅要确定产品数量,而且要预计支付费用。一般而言,支出预算包括 3 个方面:直接材料预算、直接人工预算和附加费用预算(直接材料和直接人工只是企业经营全部费用的一部分。企业的行政管理、营销宣传、人员推销、销售服务、设备维修、固定资产折旧、资金筹措以及税金等也要耗费企业的资金,对这些费用也需要进行预算,这就是附加费用预算)。直接材料预算根据实现目标销售收入所需的产品种类和数量做出;直接人工预算是指组织为完成一定数量的产品或服务,对所需的工人种类、工时数量以及直接成本的估计。

(3)总预算与部门预算

总预算是指以组织整体为范围,涉及组织收入或者支出项目总额的预算。例如,企业收入总预算、利息支出预算、成本总预算等。

部门预算是指各部门在保证总预算的前提下,根据本部门的实际情况安排的预算。例如,销售部门的销售费用预算、对外招待费用预算、车间的管理费用预算等。总预算与部门预算不是简单的整体和部分的关系,二者相互支持,相互补充。

4. 预算的作用

(1)帮助管理者掌握全局,控制组织运行的整体情况

对于任何组织来说,资金财务状况都是具有十分重要的意义的。预算可以使管理者了解资金的状况,从而可通过对资金的运筹,控制组织整体活动。由于预算是用单一的计量工具——货币来表示的,这就为衡量和比较各项活动的完成情况提供了一个清晰的标准,使管理者能够通过预算的执行情况把握组织运行的整体状况。

(2)有助于管理者合理配置资源和控制组织中各项活动的开展

组织中各项活动的开展,几乎都离不开资金的支持。作为一种重要的杠杆,资金调节着组织中各项活动的轻重缓急及其规模的大小。预算范围内的各项活动,由于得到预算提供的人力、物力和财力等资源的支持,可以顺利开展。预算外的活动,则由于无资源配置计划而难以正常进行。因此,管理者可以通过预算,有效地配置资源,保证重点工作正常进行,并控制各项活动的开展。

(3)有助于对管理者和各部门的工作进行评价

由于预算为各项活动确定了投入产出的标准,因此,在正常情况下,就可以根据预算执行的情况,来评价各部门的工作成果。同时,由于预算规定了各项资金的运用范围和负责人,这样可以通过预算控制各级管理人员的职权范围,明确他们各自应当承担的责任。

（4）有助于提高资金的使用效率

由于预算一般不允许超支,而且又常把预算作为考核工作能力和业绩的依据,因此,预算客观上对管理者形成了一种要求节约的压力,促使他们尽可能精打细算,杜绝铺张浪费的现象。可以说,严格的预算,对于降低成本、提高效益有着十分重要的意义。

5. 预算的局限性

由于这些积极作用,预算手段在组织管理中得到广泛运用。但在预算的编制和执行中,也暴露了一些缺点,主要表现在以下几个方面。

（1）企业活动的外部环境是在不断变化的,这些变化会改变企业获得资源的支出或销售产品实现的收入,从而使预算变得不合时宜。因此,缺乏弹性、非常具体、特别是涉及较长时期的预算可能会过度束缚决策者的行动,使企业经营缺乏灵活性和适应性。

（2）它只能帮助企业控制那些可以计量的,特别是可以用货币单位计量的业务活动,而不能促使企业对那些不能计量的企业文化、企业形象、企业活力的改善予以足够的重视。

（3）预算,特别是项目预算或部门预算,不仅对有关负责人提出了希望他们实现的结果,而且也为他们得到这些成果而能够开支的费用规定了限度,这种规定可能使得主管们在活动中精打细算,小心翼翼地遵守不得超过支出预算的准则,而忽视了部门活动的本来目的。

（4）编制预算时,通常参照上期的预算项目和标准,从而会忽视本期活动的实际需要,因此会导致这样的错误:上期有的而本期不需有的项目仍然沿用,而本期必须有的但上期没有的项目会因缺乏先例而不能增设。

（5）在编制费用预算时,通常会参照上期已经发生过的本项目费用,同时,主管人员也知道,在预算获得最后批准的过程中,预算申请多半是要被削减的。因此他们的费用预算申报数要多于其实际需要数,特别是对于那些难以观察、难以量化的费用项目,更是如此。所以,费用预算总是具有按先例递增的习惯,如果在预算编制的过程中,没有仔细地复查相应的标准和程序,预算可能成为低效的管理部门的保护伞。

只有充分认识了上述局限性,才能有效地利用预算这种控制方法。

6. 预算编制的步骤

预算编制涉及组织中的各个层次和部门,应该有一个自上而下和自下而上的循环过程,一个组织要编制预算,首先必须建立一套预算制度。通过预算制度的建立,为预算的制订和执行提供保障;同时选择出预算的类型,确定预算的期限、分类等。在此基础上,可以参考以下步骤来编制预算。

（1）上层主管人员将可能列入预算或影响预算的计划和决策提交预算委员会。预算委员会在考虑了以上种种因素后,就可估计或确定未来某一时期内的销售量或生产量（或业务量）。根据预测的销售量、价格与成本,又可预测该时期的利润。

（2）主管预算编制的部门在对组织发展战略、计划与目标进行研究的基础上,向组织各部门的主管人员提出有关编制预算的建议和要求,并提供必要的资料。

（3）各部门的主管人员依据组织计划与目标的要求,结合本部门的实际情况,编制本部门的预算,并与其他部门相互协调。在此基础上,将本部门预算上报主管部门。

（4）主管编制预算的部门将各部门上报的预算进行汇总,在认真协调的基础上,编制出组织的各类预算和总预算。最后,上报组织的高层管理层进行审核批准。

预算批准后,在实施过程中,必须经常检查和分析执行情况,必要时可修改预算,使之适应组织的发展。

（二）非预算控制法

财务报表分析是指以财务报表和其他资料为起点和依据,采用专门的分析方法,来判断企业的经营成果、财务状况的好坏,并分析财务状况的变动趋势及企业经营的优劣势。财务报表分析的结果是对组织的偿还能力、风险抵御能力及赢利能力做出评价。

财务报表分析主要包括:负债比率分析、变现能力比率分析、资产管理比率分析、赢利能力分析和生产率分析。

（1）负债比率分析,以财务报表为依据来分析权益和资产的关系,分析不同利益之间的内在关系,从而分析组织的资本结构是否健全合理,评价组织的偿债能力。反映负债能力的财务比率主要有资产负债率、产权比率、有形净值债务率、已获利息倍数。

（2）变现能力比率分析,判断组织产生现金能力的强弱。反映变现能力的财务比率主要有流动比率和速动比率,其中速动比率比流动比率更能反映企业的变现能力。

（3）资产管理比率分析,衡量组织在资产管理方面效率的高低。反映资产管理能力的指标有很多,通常使用的主要有营业周期、流动资产周转率、总资产周转率、应收账款周转率及存货周转率。

（4）赢利能力分析,分析组织赚取利润的能力。管理者在分析赢利能力时,应当排除证券买卖等非正常项目带来的影响。反映组织赢利能力的财务比率主要有销售毛利率、销售净利率、资产净利率、净值报酬率。

（5）生产率分析,分析企业在计划期间内生产出多少新的价值,又是如何进行分配将其变为人工成本、应付利息和净利润的。

（三）行政控制法

1. 报告

报告即由下级搜集计划执行情况的信息,并综合成报告,上报给管理者的一种方法。控制报告应该突出重点,提出例外情况,应该简明扼要,并应该适时。这样可以节省管理者的时间,但缺点是不便于管理者掌握第一手资料。

2. 视察与指导

视察与指导即管理者到工作现场进行巡视、观察,直接搜集信息,并进行指导与纠正偏差。这是一种最古老、最直接的控制方法,但仍是管理者最经常使用的控制方法。

3. 考核与评估

考核与评估是指对管理对象所进行的各种考核与评估的方法或技术。它既包括对实现组织职能的各种活动的进度、状况、效果的考核与评估,也包括对各级、各类人员的素质及工作绩效的考核与评价。

（四）审计法

审计法是常用的一种控制方法，它是对反映组织的资金运行过程及其结果的会计记录和财务报表进行审计、鉴定，以判断其可靠性和真实性，从而为决策和控制提供依据。审计法包括财务审计与管理审计两大类。

1. 财务审计

财务审计是指以财务活动为中心内容，以检查并核实账目、凭证、财务、债务以及结算关系等客观事物为手段，以判断财务报表中所列出的综合的会计事项是否正确无误，报表本身是否可以信赖为目的的控制方法。通过这种审计还可以判明财务活动是否合法，即是否符合财经政策和法令。

2. 管理审计

管理审计是指以管理学基本原理为评价准则，系统地考察、分析和评价一个组织的管理水平和管理成效，进而采取措施使之克服存在的缺点或问题的工作过程。管理审计的对象是管理系统的管理质量，所关注的不是一个组织最终所取得的工作成效如何，而是一个组织是如何进行工作的，即关注的是其内在的素质和能力。通过管理审计，找出提高组织及其成员的素质与能力的关键所在，从而确保组织及其主管人员能够有效地从事管理工作。

案 例 分 析

案例 6-1　　　　　某职业技术学院的教学过程控制

某职业技术学院下设经济管理、计算机、机电工程、美术系等 6 个系，共有教师 500 多名，学生 6 000 多名，每个学生必须在一个系里学习专业课，专业课约占整个课程的 3/4，其余 1/4 课程可在其他系选修，按学分制管理。

2000 年，已连续任职十多年的老院长退休。他德高望重，采用独裁型的领导方式。教师的聘任和解聘，教职工的工资和晋升，各系的教学计划和对主要课程的要求等，均由他自己决定，然后宣布其决定并要求执行。不同意这位院长领导方式的教师都只好辞职而去。

新院长是按学校规定程序选聘的，他年轻有为，曾在大公司工作 5 年，具有相当的管理能力，对企业很熟悉。他一上任，就约见 5 位系主任，请他们继续留任并请求合作和支持。他说："我想按管理的基本原则来管理学院，即把我们所教的东西付诸实践。我主要关心的是建立学院教学管理的程序，我需要经常了解各系课程的开设、选用教材、教师是否在按所选教材授课、学生是否已从教学中得到收益，以及哪些教师的教学效果好。"

新院长又说："我非常赞赏教师们在教学之外从事的研究和服务活动，但在目前，要求大家把精力集中在教学上。首先要对教学建立管理程序，制订一套标准，还要经常掌握教学的实际情况。"他指示各系主任找骨干教师组成委员会，共同草拟一个说明草案，提出能回答他所提问题的最适合的办法。各系的草案在 1 个月之内提出。

几天后,经济管理系主任去向院长说:"我和系里教师都积极地配合您的工作,但老实说,我们对如何回答您所提的问题真有点一无所知。经济学家不同于企业家,您说要按管理的基本原则来管理教学。我不懂您的意思。作为系主任,我过去所做的事就是向全体老师传达院长对教学的指示和决定,仅此而已。现在您要求系组成委员会,提出教学管理程序,制订教学标准,请您给我们规定好,越详细越好。"

【思考题】

1. 学校确实不同于企业,新院长提出"按管理基本原则来管理学院、管理教学活动"是否合理? 应当如何理解?

2. 新院长是否能说服经济学系主任以及其他系主任和教师们?

3. 你认为学校能否制订出一套教学管理程序包括反馈控制程序? 如果能,这些反馈控制程序应该包括哪些内容?

案例 6-2　　　　　　　控制和控制过程

河北省邯郸钢铁总厂(以下简称"邯钢")是 1958 年建设的老厂。1990 年,邯钢与其他钢铁企业一样,面临内部成本上升、外部市场疲软的双重压力,经济效益大面积滑坡,总厂已到了难以为继的状况。然而各分厂报表中所有产品却都显示出赢利,个人奖金照发,感受不到市场的压力。造成这一反差的主要原因,是当时厂内核算用的"计划价格"严重背离市场,厂内核算反映不出产品实际成本和企业真实效益,总厂包揽了市场价格与厂内核算用的"计划价格"之间的较大价差,职责不清,考核不严,干好干坏一个样。为此,邯钢从 1991 年开始推行了以"模拟市场核算,实行成本否决"为核心的企业内部管理体制改革,当年实现利润 5 000 万元。接着从 1991—1995 年,邯钢共实现利润 21.5 亿元,是"七五"期间的 5.9 倍,钢产量在 5 年内翻了 1 倍以上,使邯钢由过去一个一般的地方中型钢铁企业进入全国 11 家特大型钢铁企业行列。

邯钢在实行管理体制改革的 5 年时间,实现的效益和钢产量已经超过了前 32 年的总和。这巨大的力量来自何处? 邯钢的职工喜欢用"当一份家,理一份财,担一份责任,享受一份利益"4 句话来概括他们的作用。而使邯钢人体验到由"当家理财"到"当家做主"的新型主人翁地位的,正是"模拟市场核算,实行成本否决"这一体制的成功发明与实践。据统计资料分析,邯钢这 5 年实现的 21.5 亿元利润中,有 8 亿元,占 5 年利润总额的37.2%,是 2.8 万名邯钢职工靠挖潜降成本增效而得来的。多年来,邯钢在原材料不断涨价的情况下,吨钢成本以平均每年 4% 强的速度在下降,这主要是邯钢把成本责任和每个职工紧紧捆在一起,这样大家树立了高度的成本意识,就像居家过日子一样精打细算,人人为成本操心,人人为增效出力。这就是与社会主义市场经济适应的成本中心责任体制的威力。

邯钢"模拟市场核算"的具体做法:一是确定目标成本,由过去以计划价格为依据的"正算法"改变为以市场价格为依据的"倒推法",即:将过去从产品的原材料进价开始,按厂内工序逐步结转的"正算"方法,改变为从产品的市场售价减去目标利润开始,按厂内工序反向逐步推的"倒推"方法,使目标成本各项指标真实地反映市场的需求变化。二是以国内先进水平和本单位历史最高水平为依据,对成本构成的各项指标进行比较,找出潜在的效益,以原材料和出厂产品的市场价格为参数,进而对每一个产品都定出目标成本和目标利润等项指标,保证各项指标的科学性、合理性。三是针对产品的不同情况确定相应的目标利润,原来亏损、没有市场的产品要做到不赔钱或微利,原来赢利的产品要做到增加赢利,对成本降不下来的产品停止生产。四是明确目标成本的各项指标是刚性的,执行起来不迁就、不照顾、不讲客观原因。如邯钢二炼钢分厂,1990 年按原"计划价格"考核,该分厂完成了指标,照样拿了奖金,但按"模拟市场核算"实际亏损 1500 万元。1991 年依据"倒推"方法确定该分厂吨钢目标成本要比上年降低 24.12 元,但分厂认为绝对办不到,多次要求调整。总厂厂长刘汉章指出,这一指标是根据市场价格"倒推"出来的,再下调就要亏损,要你们吨钢成本降低 24.12 元,你们降低 24.11 元也不行,不是我无情,而是市场无情。于是,该分厂采用同样的"倒推"方法,测算出各项费用在吨钢成本中的最高限额,将构成成本的各项原材料、燃料消耗、各项费用指标等,大到 840 元一吨的铁水,小到仅占吨钢成本 0.02 元的印刷费、邮寄费,逐个进行分解,形成纵横交错的、严格的目标成本管理体系,结果当年赢利 250 万元,成本总额比上年降低了 2250 万元。1994 年,该分厂的总成本比目标成本降低 3400 万元,超创内部目标利润 4600 万元。

邯钢实行"成本否决"的具体措施:一是将产品目标成本中的各项指标层层分解到分厂、车间、班组、岗位和职工个人,使厂内的每个环节都承担降低成本的责任,把市场压力及涨价因素消化于各个环节。实行新管理体制的第一年,总厂各个分厂、18 个行政处室分解承包指标 1022 个,分解到班组、岗位、个人的达 10 万多个。目前全厂 2.8 万名职工人人身上有指标,多到生产每吨产品担负上千元,少到几分钱,人人当家理财,真正成为企业的主人。二是通过层层签订承包协议、联利计酬,把分厂、车间、班组、岗位和职工个人的责、权、利与企业的经济效益紧密地结合在一起。三是将个人的全部奖金与目标成本指标完成情况直接挂钩,凡目标成本指标完不成的单位或个人,即使其他指标完成得再好,也一律扣发有关单位或个人的当月全部奖金,连续 2 个月完不成目标成本指标的,延缓单位内部工资升级。四是为防止成本不实和出现不合理的挂账待摊,确保成本的真实可靠,总厂每月进行一次全厂性的物料平衡,对每个单位的原材料、燃料进行盘点。以每月最后一天的零点为截止时间,次月 2 日由分厂自己核对,3 日分厂之间进行核对,在此基础上总厂召开物料平衡会,由计划、总调、计量、质量、原料、供应、财务等部门的负责同志参加,对分厂报上来的数据与盘点情况进行核对,看其进、销、存是否平衡一致,并按平衡后的消耗、产量考核各分厂目标成本指标完成情况,据此计发奖金。除此之外,每季度还要进行一次财务物资联合大检查,由财务、企管部门抽调人员深入分厂查账。账物不符的,重新核算内部成本和内部利润;成本超支、完不成目标利润的。扣除全部奖金。5 年来,全厂先后有 79 个厂(次)被否决当月奖金,有 69 个分厂和处室被延缓了工资升级时间。

【思考题】

1. 邯钢推行"模拟市场核算,实行成本否决"制以后,各分厂由原来的单纯生产中心转变成了成本中心还是模拟利润中心? 这两种责任中心体制有何联系和区别? 它们各有哪些优缺点和适用条件?

2. 你认为邯钢依据"市场成本"指标,对有关单位和人员实行"成本对全部奖金的一票否决制"的合理性如何？

本 章 小 结

控制职能是组织系统在动态的环境中为了保证组织目标得以实现而采取的各种检查、监督、调节和纠偏等一系列的管理活动或管理过程。目的在于保证组织系统活动的开展与预定的组织目标和计划协调一致,保证组织目标的最终实现。因此,控制是贯穿于管理全过程的一项重要职能。控制要以计划组织、领导、创新职能为基础;同时控制也是计划、组织、领导、创新职能有效开展的必要保证。控制可以有效减轻环境的不确定性对组织活动的影响,可以使复杂的组织活动能够协调一致地运作,可以避免和减少管理失误造成的损失。

本章从两个方面阐述控制工作:①控制理论概述,包括控制的含义、作用,控制的类型,控制的内容以及控制工作原理;②控制的过程与方法。

思 考 与 练 习 题

1. 简要说明控制的含义与作用。
2. 概述控制的内容。
3. 概括说明控制工作的原理。
4. 论述控制的过程和方法。

实 训 项 目

1. 在老师指导下,围绕控制职能编写情景短剧剧本,并进行表演。
2. 模拟公司的综合评价(主要利用课余时间完成,填表6-2)。

表6-2　模拟公司综合评价表

阶段目标	第一阶段				阶段项目	第二阶段				
	业务目标	实施过程	完成情况	平均得分		形象	士气	计划	组织	实施效果
自评1					互评					
自评2					教师总评					
平均合计					合计					
总计	自评×20%＋教师总评×50%＝ 互评×30%＋									

第一阶段为自评阶段：经过一段时间的实践后，把班级模拟成一个公司，将学生分成公司的各个部门的成员，通过搜集与整理有关本公司与本人绩效的信息，责成各部门每名成员写出自检报告，总经理写出公司全面工作总结。每名成员给自己打出自评分数。

第二阶段为互评和教师总评阶段：各个部门的成员互评与教师总评，本着"公平、公正、公开"的原则，各个部门的成员根据绩效与日常表现，互相评估打分；课上教师依据绩效及表现对各个部门进行综合评估打分；最后将各部分分数进行加权汇总。

管 理 创 新

【学习目的】

(1) 了解创新的含义、创新与维持的关系。

(2) 掌握管理创新的含义、内容。

(3) 了解管理创新的过程及如何组织管理创新活动。

【关键概念】

(1) 创新：各种能提高资源配置效率的新活动都是创新。这其中既涉及以技术为内涵的创新，如产品创新、工艺创新、原材料创新、市场创新、管理创新；也涉及了一些非技术内涵的创新，如制度创新、政策创新、组织创新、文化创新、观念创新等。

(2) 管理创新：为创造一种新的更有效的资源整合范式，这种范式可以是新的有效整合资源以达到组织目标和责任的全过程管理，也可是新的具体资源整合及目标制订等方面的细节管理。

(3) 管理理念：是指管理者或管理组织在一定哲学思想的支配下，由现实条件决定的经营管理的感性知识和理性知识构成的综合体。

(4) 技术创新：是为了满足消费者不断变化的需求，提高竞争优势，而从事的以产品及其生产经营过程为中心的，包括构思、开发、商业化等环节的一系列创新活动。

【引例】

3M 公司的管理创新

3M 公司全称为 Minnesota Mining and Manufacturing（明尼苏达矿务及制造业公司），因英文名称头三个单词以 M 开头，所以简称为 3M 公司，创建于 1902 年，总部设在美国明尼苏达州的圣保罗市，是世界著名的产品多元化跨国企业。3M 公司素以勇于创新、产品繁多著称于世，在其 100 多年历史中开发了 6 万多种高品质产品。

1. 文化创新

3M 公司文化突出表现为鼓励创新的企业精神，其核心的价值观是：坚持不懈，从失败中学习，好奇心，耐心，事必躬亲的管理风格，个人主观能动性，合作小组，发挥好主意的威力。3M 公司为其员工创造了非常有利于创新的工作氛围：尊重个人的尊严和价值，鼓励员工各施所长，提供一个公平的、有挑战性的、没有偏见的、大家要协作式的工作环境。3M 提倡员工勇于革新。只要是发明新产品，不会受到上级任何干预。同时，允许有失败，鼓励员工坚持到底。公司宗旨中明确提出：绝不可扼杀任何有关新产品的设想。在公司上下努力养成以自主、革新、个人主动性和创造性为核心的价值观。这是因为，3M

公司知道为了获得最大的成功,它必须尝试成千上万种新产品构思。把错误和失败当做创造和革新的正常组成部分。事实上,它的哲学似乎成了"如果你不犯错,你可能不在做任何事情。"但正如后来的事实所表明的,许多"大错误"都成为 3M 公司最成功的一些产品。

2. 组织创新

3M 的组织结构上,采取不断分化出新分部的分散经营形式,而不沿用一般的矩阵型组织结构,组织新事业开拓组或项目工作组,人员来自各个专业,且全是自愿。在组织内部通过正确的人员安置、定位和发展,提高员工的个人能力。公司为每个人提供公平的个人发展的机会,对员工的考核按照客观标准进行,对表现优秀的员工给予公平合理的奖励。3M 公司鼓励每一个人开发新产品,公司有名的"15%规则"允许每个技术人员至多可用 15%的时间来"干私活",即搞个人感兴趣的工作方案,不管这些方案是否直接有利于公司。当产生一个有希望的构思时,3M 公司会组织一个由该构思的开发者以及来自生产、销售、营销和法律部门的志愿者组成的风险小组。该小组培育产品,并保护它免受公司苛刻的调查。小组成员始终和产品待在一起直到它成功或失败,然后回到各自原先的岗位上。

3. 人力资源配置与薪酬体制创新

3M 的人力资源配置和薪酬设计体系都与鼓励员工创新相关联,并根据员工的创新发明情况随时调整。只要谁有新主意,他可以在公司任何一个分部求助资金。新产品开发出来了,不仅是薪金提升,还包括晋升。例如:一个员工开始创新时是一位基础工程师,当他创造的产品进入市场,他就变成了一位产品工程师,当产品销售额达到 100 万美元,他的职称、薪金都变了,当销售额达到 2 000 万美元时,他已成了"产品系列工程经理"。在达到 5 000 万美元时,就会成立一个独立产品部门,他也成了部门的开发经理了。

4. 创新的管理——逆向战略计划法

在 3M 公司,人们时刻都可以听到谈论创新问题的正式宣言,就是要成为"世界上最具有创新力的公司",3M 公司对创新的基本解释既醒目又简单。创新就是:新思想＋能够带来改进或利润的行动。在他们看来,创新不仅仅是一种新的思想,而是一种得到实施并产生实际效果的思想。创新不是刻意得来的,3M 公司证明了一件事,那就是当公司越是刻意要创新时反而越是不如其他公司。每次意外的发生都是因为某个人可以完全独立从事非公司指定的工作,但同时也履行了对公司的正式义务。发明者往往比管理者有更多的空间,可以表达自我。

3M 对创新战略的管理通过实施"逆向战略计划法"来保证创新能有效地为公司增长服务。3M 公司并没有先将重点放在一个特定的工业部门、市场或产品应用上,然后再开发已经成熟的相关技术,而是先从一个核心技术的分支开始,然后再为这种技术寻找可以应用的市场,从而开创出一种新的产业。是一种"先有解决问题的办法后有问题"的创新模式。研究人员通常都是先解决技术问题,然后再考虑这种技术可以用在什么地方。3M 公司的首席执行官德西蒙说:创新给我们指示方向,而不是我们给创新指示方向。3M 公司有时在自然创新方面非常有耐心,明白一种新技术要想结出果实,可能会需要许多年的时间,因为过去公司研制最成功的技术也曾经走进过死胡同。

3M 运用 3 个管理策略来配合逆向战略计划法。

第一个原则是"弹性原则",它是培养创新的一种管理工具,方法就是制订雄心勃勃的但要切合实际的目标。据称,3M 公司制订的目标数量并不多,但有一个目标就是专门用于加快创新步伐的——每年销售额中至少应该有 30% 来自于过去 4 年中所发明的产品。

第二个原则是"视而不见原则"。3M 公司的管理人员必须要有一定的容忍能力,因为即使你屡次想要取消明显是不切实际的研究计划或者什么想法,提供意见的人可能会坚持的,"如果要拒绝,我们一定要充分思考,并给出充分的理由"。

第三个原则是"授权原则"。在具体的创新操作过程中,授权是在员工已做好创新的思想准备之后让他们开始工作,但创新主要还要靠他们自身的动力。当他们在发明创造时,公司就要及时给予帮助。

从本案例可以看出,3M 公司充满生机和活力,取得巨大成功的主要原因就是 3M 公司鼓励创新,建立了创新的文化、创新的机制和创新的管理。"创新"这个名词在管理学或经济学的书中出现的时候,通常认为创新是技术方面的革新。这里认为创新首先是一种思想及这种思想指导下的实践,是一种原则以及在这种原则指导下的具体活动,是管理的一种基本职能。

第一节　管理创新概述

一、创新的含义

（一）创新的含义

经济学家约瑟夫·熊彼特于 1912 年在其发表的《经济发展理论》一书中首次提出了"创新"的概念,他认为,创新是对"生产要素的重新组合",具体来说,创新包括 5 种情况:①生产一种新产品,或开发一种产品的新属性;②采用一种新的生产方法,新方法既可以是出现在制造环节的新工艺,也可以是出现在其他商务环节的新方式;③开辟一个新的市场,不管这个市场以前是否存在;④控制原材料或配件的一种新的供应来源,不管这种来源以前是否存在;⑤实现任何一种产业的新的组织,比如造成一种垄断地位,或者打破一种垄断地位。熊彼特认为经济增长最重要的动力和最根本的源泉在于企业的创新活动。

对于创新的定义,许多研究者从各自不同的角度得出了自己的观点,有代表性的定义有以下几种。

（1）创新是开发一种新事物的过程,这一过程从发现潜在的需要开始,经历新事物的技术可行性研究阶段的检验,到新事物的广泛应用为止。创新之所以描述为一个创造性过程,是因为它产生了某种新的事物。

（2）创新是运用知识或相关信息创造或引进某种有用的新事物的过程。

（3）创新是对于一个组织或相关环境新变化的接受。

（4）创新是指新事物本身,具体来说就是指被相关使用部门认定的任何一种新的思想、新的实践或新的制造物。

（5）创新是由新思想转化到具体行动的过程。

小贴士

熊　彼　特

约瑟夫·阿罗斯·熊彼特（Joseph Alois Schumpeter，1883—1950），美籍奥地利人，是当代西方经济学界的一个自成体系的经济学家。他凭借"创造性毁灭"理论，阐释了经济增长的真正根源——创新。管理大师德鲁克称他具有"永垂不朽的大智慧"。《经济发展理论》一书是他早期成名之作。熊彼特在这本著作里首先提出的"创新理论"，当时曾轰动西方经济学界，并且一直享有盛名。

熊彼特的研究不单纯局限于经济学领域，对社会学、历史学、财政学、民族学和文化史等均有广泛的涉猎，其知识之渊博在近代经济学界首屈一指。

由此可见，创新概念包含的范围很广，可以说各种能提高资源配置效率的新活动都是创新。这其中既涉及以技术为内涵的创新，如产品创新、工艺创新、原材料创新、市场创新、管理创新；也涉及了一些非技术内涵的创新，如制度创新、政策创新、组织创新、文化创新、观念创新等。

（二）创新与维持的关系

组织、领导与控制是保证计划目标实现不可缺少的，从某种意义上说，它们同属于管理的"维持功能"，目的是保证系统按预定的方向和规则运行。但是，组织是在动态的环境中生存和发展的，仅有维持功能是不够的，还必须不断调整系统活动的内容和目标，以适应不断变化的环境的要求，这就是"创新职能"。

作为管理的基本内容，维持与创新对系统的存在都是重要的。

维持是保证系统活动顺利进行的基本手段，也是系统中大部分管理人员，特别是中层和基层的管理人员要花大部分精力从事的工作。管理的维持功能便是要严格地按预定的规划来监视和修正系统的运行，尽量避免各子系统之间的摩擦，或减少摩擦而产生的结构内耗，以维持系统的有序性。没有维持，社会系统的目标就难以实现，计划就无法落实，系统的各个要素就可能相互脱离，各自为政，从而使整个系统处于一种混乱的无序状态，所以维持对于系统生命的延续是至关重要的。

但是，仅有维持是不够的。任何社会系统都一个由各种要素构成的，与外部不断发生物质、信息、能量交换的，动态的、开放的非平衡系统。首先，系统内部的各种要素是在不断发生变化的，这些对系统原有的目标、活动要素间的关系都会产生一定的影响。同时，系统外部的环境也在不断地发生变化，这些变化必然会对系统的活动内容、活动形式和活动要素产生不同程度的影响。这种为适应系统内外变化而进行的局部和全局的调整，便是管理的创新职能。

任何社会系统，不论其目的是什么，它一旦存在，首先必须追求的目标是维持其存在，延续其生命，实现其发展。而维持与创新作为管理的两个基本职能，对系统的生存发展都是非常重要的，它们是相互联系，不可或缺的。创新是维持基础上的发展，而维持则是创新的逻辑延续；维持是为了实现创新的成果，而创新是为更高层次的维持提供依托和框架。任何管理工作，都应围绕着系统运转的维持和创新展开，卓越的管理是实现维持与创新最优组合的管理。

（三）创新的类别

（1）从创新的规模以及对组织的影响程度来分析，创新可分为局部创新和整体创新。

局部创新是指在组织性质和目标不变的前提下，组织中某些要素的属性或相互间的关系发生变化，引发组织功能的形式或方式发生变化；整体创新是组织性质和目标发生变化，组织的构成要素和相互之间的关系发生根本性的改变，组织功能发生实质性的变动。

（2）从创新与环境的关系来分析，创新可分为消极防御型创新和积极攻击型创新。

消极防御型创新是由于外部环境的变化对系统的存在和运行造成了某种程度的威胁，为了避免威胁或由此造成的系统损失扩大，系统在内部展开的局部或全局性调整。积极攻击型创新是在观察外部世界运动的过程中，敏锐地预测到未来环境可能提供的某种机会，从而主动地调整系统的战略和技术，以积极地开发和利用这种机会，谋求系统的发展。

（3）从创新发生的时期来看，创新可分为系统初建期的创新和运行中的创新。

系统的组建本身就是一项创新活动，因为它创造的是一个不同于社会上其他系统的新系统。但是，创新活动更大量地存在于系统组建完毕开始运转以后。系统管理者要不断地在系统运行的过程中寻找、发现和利用新的创业机会，更新系统的活动内容，调整系统的结构，扩展系统的规模。

（4）从创新的组织角度上看，创新可分为自发创新与有组织的创新。

任何社会经济组织都是在一定环境中运转的开放系统，环境的任何变化都会对系统的存在和存在方式产生一定影响，系统内部与外部直接联系的各子系统接收到环境变化的信号以后，必然会在其工作内容、工作方式、工作目标等方面进行积极或消极的调整，以应付变化或适应变化的要求。同时，社会经济组织内部的各个组成部分是相互联系、相互依存的，系统的相关性决定了与外部有联系的子系统根据环境变化的要求自发地作了调整后，必然会对那些与外部没有直接联系的子系统产生影响，从而要求后者也作相应调整。系统内部各部分的自发调整可能产生两种结果：一种是各子系统的调整均是正确的，从整体上说是相互协调的，从而给系统带来的总效应是积极的，可使系统各部分的关系实现更高层次的平衡——除非极其偶然，这种情况一般不会出现；另一种是各子系统的调整有的是正确的，而另一些则是错误的，这是通常可能出现的情况，因此，从整体上来说，调整后各部分的关系不一定协调，给组织带来的总效应既可能为正，也可能为负（这取决于调整正确与失误的比例），也就是说，系统各部分自发创新的结果是不确定的。

与自发创新相对应的，是有组织的创新。有组织的创新包含两层意思：①系统的管理人员根据创新的客观要求和创新活动本身的客观规律，制度化地检查外部环境状况和内部工作，寻求和利用创新机会，计划和组织创新活动；②与此同时，系统的管理人员要积极地引导和利用各要素的自发创新，使之相互协调并与系统有计划的创新活动相配合，使整个系统内的创新活动有计划有组织地展开。只有进行有组织的创新，才能给系统带来预期的积极的比较确定的结果。

二、管理创新的含义

我国著名的管理学者芮明杰教授将管理创新定义为创造一种新的更有效的资源整合范式,这种范式可以是新的有效整合资源以达到组织目标和责任的全过程管理,也可以是新的具体资源整合及目标制订等方面的细节管理。管理创新至少可以包括以下 5 个方面情况:①提出一种新的经营思路并加以有效实施,如果经营思路可行就是一种管理创新;②设计一个新的组织机构并使之有效运作;③提出一个新的管理方式、方法,它能提高生产效率,协调人际关系或能更好地激励员工;④设计一种新的管理模式;⑤进行一项制度创新。

小贴士

发现"不拉马的士兵"

一位年轻有为的炮兵军官上任伊始,到下属部队视察其操练情况。他在几个部队发现相同的情况:在一个单位操练中,总有一名士兵自始至终站在大炮的炮管下面,纹丝不动。军官不解,究其原因,得到的答案是:操练条例就是这样要求的。军官回去反复查阅军事文献,终于发现,长期以来,炮兵的操练条例仍因循非机械化时代的规则。站在炮管下的士兵的任务是负责拉住马的缰绳(在那个时代,大炮是由马车运载到前线的),以便在大炮发射后调整由于后坐力产生的距离偏差,减少再次瞄准所需要的时间。现在大炮的自动化和机械化水平很高,已经不再需要这样一个角色了,但操练条例没有及时地调整,因此才出现了"不拉马的士兵"。

军官的发现使上级对条例做了符合实际的调整,并使他获得国防部的嘉奖。

三、管理创新的主体

(一)全体员工是创新活动的源泉

管理创新活动的源泉在于全体员工的积极性、智慧和创造力的发挥。因此,组织管理者要创造出鼓励创新的氛围,依靠全体员工开展管理创新活动。这样才能不断涌现新的创意,管理创新活动的推行也更容易得到支持。当然,作为个人的员工很难成为创新的主体,因为其工作性质属于操作层,且受到上司多方面的控制,虽有创意也很难在工作中进行实践。但作为群体的员工却往往能成为管理创新的主体,这是因为群体中可以包容大量的创意,当这些创意得到高层管理者的认可并付诸实施时,这些员工们就成了真正的管理创新的主体,他们在每天的工作过程中就可以亲自实践。比如日本企业通过成立各种小组,全员性地参与管理创新,如合理化建议制度、零缺点运动、质量管理小组、创造发明委员会等,创造出许多广为流传的管理创新成果,像著名的全面质量管理、即时生产体制等,为企业创造了大量的财富。

(二)管理者是管理创新的中坚力量

组织中有许多管理者,在专业分工的条件下对自己职责范围内的事务、人员、资源进行管理。这些管理领域如人事、财务、生产、营销等均存在大量的创新空间,因此这些管理者如果提出创意并加以有效实施的话,就成为管理创新的主体。当然,这一阶层的管理人员受到上级和自身权限的约束,其创意往往需要得到上级的认可才能变为创新活动。如果在组织高层管理者的鼓励下,一个组织中许多管理人员都在进行管理创新的探索,那么这个组织必定是充满活力的。例如福特公司在"让工薪阶层都有一辆福特车"的创新思维指导下,生产管理部门的管理人员会同技术人员经过艰苦努力,不断修改创意,最后终于推出了"生产流水线"这一生产流程方面的重大创新,极大地扩张了生产规模,降低了生产成本,成为自工业革命以来足以同其他重大科技发明创造相提并论的一项管理创新。

(三)管理专家和研究机构是管理创新的辅助

在复杂、多变和激烈的竞争环境中单凭企业家与几个管理人员的知识、智慧和经验是不够的,还需要借助一些专门的管理专家、参谋机构的理论和智慧,依靠他们来收集、分析信息,制订创新方案,并帮助企业家付诸实施。这种利用"外脑"的管理创新方式是非常重要的。据资料表明,国外一些企业的重大创新成果很多是由专家组成的"智囊团"和研究机构创造出来的。因此,管理创新也要充分发挥这部分力量的作用。

(四)创新型企业家是管理创新的关键

由于企业家在整个企业发展过程中所处的特殊地位和管理支配力,他们或亲自提出创意付诸实施,或对管理创新活动产生重大的影响,因此企业家是管理创新成败的关键人物,企业要想不断创新,首先必须要有锐意进取的创新型企业家。

四、管理创新的依据

要有效地进行管理创新,必须依据组织创新的特点和基本规律,因此管理创新要依据以下的基本理论。

(一)企业本性论

追求利润最大化——企业是现代社会的经济主体,是社会、经济和文化生活的基本单元。现代社会是以企业为主体的团体社会,企业没有利润,怎样体现自己的生命意义?又怎样追求自己的价值?这是企业进行管理创新首要的和基本的理论依据。

(二)管理本性论

"企业本性论"指明了企业生存的目标。实现这一目标必须依靠科学的管理。通过加强基础管理和专业管理,保证产品质量的提高,产量的增加,成本的下降和利润的增长。这是企业管理创新的又一依据。

(三)员工本性论

"员工本性论"明确创造利润这一企业本性,认识到实现企业本性要靠科学的管理,根据市场和社会变化,有效地整合企业内部资源,创造更高的生产率,不断满足市场需求,是管理创新的主要内容。但这还不够,还必须明确管理的主体。在构成企业的诸多要素中,人是最积极、最活跃的主体性要素,企业的一切营运活动必须靠人来实现。人是生产力的基本要素,又是管理的主体。这是企业活力的源泉所在,也是管理能否成功的关键。

第二节 管理创新的内容

一、管理理念的创新

一切创新源于理念的创新。管理理念是指管理者或管理组织在一定哲学思想的支配下,由现实条件决定的经营管理的感性知识和理性知识构成的综合体。一定的管理理念必定受到一定社会的政治、经济、文化的影响,是企业战略目标的导向,同时管理理念又必定折射在管理的各项活动之中。管理理念的创新要求管理者不断加强学习,提高自身的知识水平,发扬团队精神共同协作,注重以人为本的管理思想,建立柔性的经济组织,树立伙伴关系的经营理念,形成具有自身特色的管理理念,适应现代组织所面临的复杂多变的社会环境。

二、目标创新

企业是在一定的经济环境中从事经营活动的,特定的环境要求企业按照特定的方式提供特定的产品。一旦环境发生变化,要求企业的生产方向、经营目标以及企业在生产过程中与其他社会经济组织的关系进行相应的调整。在新的经济背景中,企业的目标必须调整为"通过满足社会需要来获取利润"。至于企业在各个时期的具体的经营目标,则更需要适时地根据市场环境和消费需求的特点及变化趋势加以整合,每一次调整都是一次创新。

三、技术创新

技术创新是为了满足消费者不断变化的需求,提高竞争优势,而从事的以产品及其生产经营过程为中心的,包括构思、开发、商业化等环节的一系列创新活动。技术创新是企业创新的主要内容,企业中出现的大量的创新活动都是关于技术方面的。企业技术水平的高低是反映企业经营实力的一个重要标志,企业要在激烈的市场竞争中处于主动地位,必须不断地进行技术创新。企业的技术创新主要表现在要素创新、要素组合方法的创新和产品创新3个方面。

(一)要素创新

企业的生产过程是一定的劳动者利用一定的劳动手段作用于劳动对象,使之发生物理、化学形式或性质变化的过程。参与这个过程的要素包括材料、设备以及人力资源3类。材料是构成产品的物质基础,材料费用在产品成本中占有很大的比重,材料的性能在很大的程度上影响产品的质量。设备是现代企业进行生产的物质技术基础,设备的创新对于改善企业产品的质量,对于减少原材料、降低能源的消耗,对于节省活劳动的使用都具有十分重要的意义。人是企业各种要素中最重要的因素,企业的人力资源管理创新既包括根据企业发展和技术进步的要求,不断从外部取得合格的新的人力资源,而且更应注重企业内部现有人力资源的开发与利用,提高员工的素质,适应现代社会发展的需要。

(二)要素组合方法的创新

利用一定的方式将生产要素加以组合,就可形成不同的生产方式,产生不同的效果。要素的组合包括生产工艺和生产过程两个方面。生产工艺创新既要根据新设备的要求,改进原材料、半成品的加工方法,又要求在不改变现有设备的前提下,不断研究和改进操作技术和生产方法,使现有设备和材料得到更充分的利用。生产过程的组合包括设备、工艺装备、在制品,以及劳动者在空间上的布置和时间上的组合。生产过程组合的创新可以提高劳动生产率、缩短生产周期,从而在不增加要素投入前提下,提高要素的利用效率。

(三)产品创新

产品创新包括品种和结构的创新。品种创新要求企业根据市场需求的变化,根据消费者偏好的转移,及时调整企业的生产方向和生产结构,不断开发出消费者欢迎的产品;结构创新在于不改变原有品种的基本性能,对现有产品结构进行改进,使其成本更低,性能更完善,使用更安全,更具市场竞争力。

四、制度创新

制度是组织运行方式、管理规范等方面的一系列原则规定,制度创新是从社会经济角度来分析企业系统中各成员间的正式关系的调整和变革。企业具有完善的制度创新机制,才能保证技术创新和管理创新的有效进行。如果旧的、落后的企业制度不进行创新,就会成为严重制约企业创新和发展的桎梏。企业制度主要包括产权制度、组织制度和管理制度 3 个方面的内容。企业制度创新就是实现企业制度的变革,通过调整和优化企业所有者、经营者、劳动者三者的关系,使各个方面的权力和利益得到充分的体现,使企业内部各种要素的配置发挥最大的效能。

五、结构创新

企业系统的正常运行,既要求具有符合企业及其环境特点的运行制度,又要求具有与之相应的运行载体,即合理的组织形式。企业制度创新必然要求组织结构的变革和发展。由于机构设置和结构的形成要受到企业活动的内容、特点、规模、环境等因素的影响,因此,不同的企业有不同的组织形式,同一企业,在不同的时期,随着经营活动的变化,也要求组织机构和结构不断调整。组织结构创新的目的在于更合理地组织管理人员的工作,提高管理工作的效率。

3个和尚的新故事

从前有一个3个和尚的故事,大家都晓得。一个和尚挑水吃,两个和尚抬水吃,3个和尚没水吃。可是,现在情况不同了。

有这样3个庙,这3个庙离河边都比较远。怎么解决吃水问题呢?

第一个庙,和尚挑水路比较长,一天挑一担就累了,不干了。于是3个和尚商量,咱们接力赛吧,每人挑一段。第一个和尚从河边挑到半路,停下来休息。第二个和尚继续挑。又传给第三个和尚,挑到缸里灌上去,空桶回来再接着挑。这样一搞接力赛。就从早到晚不停地挑,大家都不累,水很快就挑满了。这是采取协作的办法。

第二个庙,老和尚把3个和尚徒弟叫来,说我们立下了新的庙规,引进了竞争机制。3个和尚都去挑水,谁水挑的多,晚上吃饭加一道菜;谁水挑的少,吃白饭,没菜。3个和尚拼命去挑,一会儿水就满了。这个办法叫引进激励机制,实现了"体制创新"。

第三个庙,3个和尚商量,天天挑水太累,咱们想办法。山上有竹子,把竹子砍下来连在一起,竹子中心都是打通的,然后买一个辘轳。第一个和尚把一桶水摇上去,第二个和尚专管倒水,通过漏斗进入水管,流入庙内水缸中。第三个和尚在庙里看看水缸,这个缸装满了,就把水管移到别的缸里。一会儿水就灌满了。这叫"技术创新"。

3个和尚要喝水,要协作,要采取办法进行体制创新、技术创新。办法在变,观念也在转变。

六、环境创新

环境创新不是指企业为适应外界环境的变化,而调整内部结构或活动,而是指通过企业积极的创新活动去改造环境,去引导环境朝着有利于企业经营的方向变化。企业与环境的关系不是单纯地去适应,而是在适应的同时去改造、去引导,甚至去创造。就企业来说,环境创新的主要内容是市场创新。市场创新主要是通过企业的活动去引导消费,创造需求。成功的企业经营不仅要适应消费者已经意识到的需求,而且要去开发和满足消费者自己可能还没有意识到的需求。新产品的开发往往被认为是企业创造市场需求的主要途径,其实,市场创新的更多内容是通过企业的营销活动来进行的,即在产品的材料、结构、性能不变的前提下,或通过市场的物理转移,或通过揭示产品新的使用价值,来寻找新用户,再或者通过广告宣传等促销工作,来赋予产品以一定的心理使用价值,影响人们对某种消费行为的社会评价,从而诱发消费者的购买动机,增加产品的销售量。

七、管理方式创新

管理方式创新意味着打破传统的管理模式,建立一套新的管理方式。近年来,科学技术、信息化、网络化的迅猛发展,要求在管理方式上必须进行创新,使企业在激烈的竞争中求得生存和发展。传统管理模式强调逻辑性、事实、数据和目标分析,而创新后的管理模式则强调用创造性的思维方式和创造性的解决问题的方式来进行各项管理活动,如制订计划、开发产品、了解顾客的要求、改进生产等。

第三节　管理创新的过程和组织

一、管理创新的过程

　　管理创新作为一个过程，一般来说包括 4 个阶段：寻找机会阶段、创意形成阶段、创意筛选阶段和创意验证实施阶段。

（一）寻找机会阶段

　　创新往往是从寻找机会开始的，组织在运行的过程中发现了某些不协调的现象，这些不协调对组织的发展提供了有利的机会或不利的威胁。不协调为组织的创新提供了契机，这些不协调有的存在于组织内部，有的存在于组织外部。

　　就组织外部来说，有可能成为创新契机的变化主要有以下 4 个方面。

　　（1）技术的变化，从而可能影响企业资源的获取，生产设备和产品的技术水平。

　　（2）人口的变化，从而可能影响劳动市场的供给和产品、服务市场的需求。

　　（3）宏观经济环境的变化。迅速增长的经济背景可能给企业带来不断扩大的市场，而整个国民经济的萧条则可能降低企业产品需求者的购买能力。

　　（4）文化与价值观念的转变，从而可能改变消费者的消费偏好或劳动者对工作及报酬的态度。

　　就组织内部来说，引发创新不协调的现象主要有以下两个方面。

　　（1）生产经营中的瓶颈，可能影响了劳动生产率的提高或劳动积极性的发挥，因而始终困扰管理人员。这种卡壳环节，既可能是某种材料的质地不够理想，且始终找不到替代品，也可能是某种工艺加工方法的不完善，或是某种分配政策的不合理，再或是组织结构造成管理效率低下。

　　（2）企业意外的成功或失败，如派生产品的销售额和利润额不声不响地、出人意料地超过了主导产品；老产品经过精心改造后，结构更加合理、性能更加完善、质量更加优异，但未得到预期数量的订单……这些出乎企业预料的成功或失败，往往可以把企业从原先的思维模式中驱赶出来，从而成为企业创新的一个重要源泉。

（二）创意形成阶段

　　创意形成即产生创意，有创意才会有创新，能否产生创意是关系到能否进行管理创新的根本。在组织的运行过程中观察到了组织内部或外部的不协调现象之后，就可以透过现象探究其原因，估计其能给组织带来的积极或消极影响。并在此基础上，努力利用机会或将威胁转化为机会，采用恰当的方法将它们变成创意，成为组织创新的构想。

（三）创意筛选阶段

　　产生了许多创意之后，需要根据组织的实际情况和企业外部环境状况，对这些创意进行筛选，确定出哪些创意具有实际操作意义，并能推动组织的发展前进。进行创意筛选的人员要有丰富的管理经验、极好的创造性潜能以及敏锐的分析判断能力,还要有所属行业的专业知识。

（四）创意验证实施阶段

选择具有可操作性的创意之后,必须经过一系列具体操作设计,将其变为一项确实可行、有助于组织资源配置的管理模式,然后付诸实施。创意的验证实施阶段是整个创新过程中非常重要的阶段,有的创意能够成为创新,有的构想可能还不太完善或具体操作时出现失误而没有成为创新。创新的过程本身就是一个不断尝试、不断失败、不断提高的过程,创新者必须坚持不懈才能成功。

从管理创新的 4 个阶段来看,管理创新是一个循环的过程。

二、管理创新的组织

管理创新不是去计划或安排某个组织成员在某个时间去从事某种创新活动——这在某些时候也许是必要的,但更重要的是管理者要为下属创新提供条件、创造环境,有效地组织系统内部的创新。

（一）正确理解和扮演"管理者"的角色

组织的各级各类管理人员在组织运行的过程中会自觉不自觉地充当"守护神"的角色。他们为了减少系统运行中的风险,有的时候会拒绝创新,只是保证预先制订的规则和计划目标的实现,认为这才是优秀的管理。事实上,作为一个管理者,不仅仅是充当规章制度的维护者,而且更应该是新思维、新创意的倡导者和支持者,必须自觉地带头创新,并努力为组织成员提供和创造一个有利于创新的环境,积极鼓励、支持、引导组织成员进行创新。

（二）创造促进创新的组织氛围

促进管理创新要做好宣传工作,大张旗鼓地宣传创新、鼓励创新、激发创新,使每一个人都树立创新观念,并能大胆尝试。在组织内部形成一种人人谈创新,时时想创新,无处不创新的组织氛围,使每个人都认识到组织聘用自己的目的,不是要自己简单地用既定的方法反复地做些重复的工作,而是希望自己去探索新的方法,开发新的程序,只有不断地去探索、去尝试才有继续留在组织中的资格。

（三）制订有弹性的计划

管理创新意味着打破旧的规则,意味着时间和资源的计划外占用,因此,组织制订的计划一定要有弹性。创新需要思考,思考需要时间。如果把每个部门、每个员工的时间都安排得满满的,工作都安排得非常细,则创新的许多机遇就不可能被发现,创新的构想也无条件产生。同时,创新需要尝试,这就需要组织提供条件和场所。如果要求每个部门、每个人都严格地执行严密的计划,则创新就会失去基地,没有尝试的创新是永远不会变成现实的,更不会给组织带来任何实际的效果。为了使每个人能有时间去思考、去尝试,产生构想,并能付诸实施,在具体制订组织计划时要具有一定的弹性。

（四）正确对待失败

管理创新的过程本身就是一个充满失败的过程，创新者应该认识到这一点，创新的组织者更应该认识到这一点。只有认识到这是正常的，甚至是必须的，管理人员才可能允许失败，支持失败，不怕失败。但是创新者应该能在失败中吸取教训，获取有益的经验，学到有用的东西，加速创新成功的步伐。

> **小贴士**
>
> **比 伦 定 律**
>
> 比伦定律由美国考皮尔公司前总裁 F. 比伦提出，他认为：失败也是一种机会。若是你在一年中不曾有过失败的记载，你就未曾勇于尝试各种应该把握的机会。

（五）建立合理的奖酬制度

要激发组织员工的创新热情，必须建立合理的评价和奖励制度。管理创新的原动力是每个员工的自我成就感、自我价值实现的需要。如果创新得不到组织和社会的认可，不能得到公正的评价和合理的奖酬，则这种原动力就会减弱，直到消失。因此，为了激发员工的创新动力，形成良好的创新氛围，必须进行合理的奖励。

（1）注意物质奖励与精神奖励相结合。每一个人都有物质需要和精神需要，只是需要的程度有所不同，进行奖励时应该二者相结合。但精神上的奖励比物质报酬更能满足驱动人们创新的心理需要。对创新者个人来说，物质上的奖酬只有在一种情况下才是有用的：奖金的多少首先被视作是衡量个人的工作成果和努力程度的标准。

（2）要正确运用奖励。奖励不能视作"不犯错误的报酬"，而应是对特殊贡献、甚至是对希望做出特殊贡献的努力的报酬；奖励的对象不仅包括成功以后的创新者，而且应该包括那些成功以前、甚至是没有获得成功的努力者。如果奖励制度能促使每个组织成员去积极探索和创新，必然会对组织的发展产生推动作用。

（3）奖励制度要既能促进内部的竞争，又能保证成员间的合作。竞争和合作对于创新来说都是重要的。竞争能激发人的创新欲望，从而有利于创新机会的发现、创新意识的产生；但过度的竞争又会导致组织内关系紧张、各自为政、消息封锁，阻碍创新的成功。合作能综合不同人的特长、知识和能力，集思广益，从而使每个构想都更加完善，但没有竞争的合作难以区别每个人的贡献，从而会削弱个人的创新欲望。因此，为了保证竞争与协作的和谐，在奖励项目设置上，可考虑多设集体奖，少设个人奖，多设单项奖，少设综合奖；在奖金的数额上，可考虑多设小奖，少设甚至不设大奖，以给每一个人都有成功的希望。

案 例 分 析

案例 7-1　　　　　IBM——领导体制创新

"无论是一大步，还是一小步，总是带动世界的脚步。"这是 2005 年 IBM 创新论坛上的一句话，从很多角度而言，IBM 在近代商业史上都非独一无二：这家拥有 100 年跌宕起伏历史的公司既非最长寿者,也不是表现最为稳定,同样不是规模最大、市值最高的,但过去的 50 年来,它始终被视为美国的标志之一,原因何在?

IBM 公司即国际商业机器公司,成立于 1911 年,是全球最大的信息技术和业务解决方案公司。IBM 创始人老托马斯·沃森在 1932 年投入 100 万美元巨资(年收入的 6％)建设了第一个企业实验室,进行没有特定方向的研究与开发,这个实验室在整个 30 年代的研发让 IBM 远远领先于任何潜在对手。此后,老沃森之子小沃森又投入巨额研发费用,于 1963 年成功推出了 IBM360 计算机,一举垄断了世界计算机市场。进入 20 世纪 90 年代,IBM 找到"服务"这一理念——强调提供客户需要的服务。2006 年初,IBM 提出了创新可以在 6 个层面实现:产品创新、服务创新、业务流程创新、商业模式创新、管理与文化创新和政策与社会创新,被业界广为认可。下面看看 IBM 在领导体制上的创新。

IBM 于 1980—1984 年,进行了 IBM 发展史上从未有过的大规模领导体制创新变革,着手建立 20 世纪 80 年代的"现代经营体制"。IBM 的领导体制改革过程,大致上分成 3 个阶段:第一阶段,进行组织改革试点,在公司设立"风险组织";第二阶段,全面调整与改革总公司的领导组织,形成新的领导体制;第三阶段,调整与改革子公司的领导体制。

1. 建立风险组织

早在 1980 年,IBM 就开始在公司内设立"风险组织"的试验。3 年内,先后建立了 15 个专门从事开发小型新产品的"风险组织"。这种组织有两种形式:即独立经营单位(Independent Business Unit,IBU)与战略经营单位(Strategic Business Unit,SBU)。它们都是拥有较大自主权的相对独立的单位。总公司除了提供必要的资金和审议其发展方向外,不干涉其任何经营活动,故有"企业内企业"之称。

2. 优化指挥系统

IBM 根据专业化、效率化原则,对下属事业部进行了增减、合并或改组,根据地区、市场和产品生产专业化等情况,通过建立自主经营的事业体,把各国的子公司合理的集中起来。

3. 实行有秩序的授权和分权

根据新的领导体制和地区子公司的改组情况,分层次有秩序地扩大授权范围和推进分权管理。形成了集中与分散相统一的管理体制,从而使它有可能用集中决策和分散经营相结合的方式来适应变幻的市场环境。

4. 改善支持系统

IBM 健全咨询会议和董事会下的各种委员会,聘请社会名流参加咨询,接任董事,组成有威望的咨询班子、工作班子和监督班子,同时,严格执行业务报告制度,建立评价与指导系统,实行门户开放政策,建立直言制度。董事长和总经理的办公室大门,欢迎职工来访。设立保密意见箱,鼓励下属直言上诉。这种"进言"制度是一种很好的沟通方式,可以缓和职工不满情绪,有利于防止官僚主义。

【思考题】

1. IBM 认为企业可以在哪些方面进行创新?

2. IBM 的领导体制创新有哪些积极意义?

3. 企业在创新的过程中如何平衡集权与侵权?

案例7-2　　　　　"末日管理"放飞"小天鹅"

　　无锡小天鹅公司是一个以国有资本为主体的股份制企业。"末日管理"是小天鹅在市场经济中经过长期实践形成的一种经营理念与管理方式。所谓"末日管理"是企业经营者和所有员工面对着市场和竞争,都要充满危机感,都要理解企业有末日、产品有末日,既不能把宏观的不景气作为自己搞不好的理由,也不要陶醉在自身的优越之中。

　　小天鹅在"末日管理"理念的指导和支配下,在几年的实践中,形成了自己的一套新的经营管理方式,其基本内容和做法如下。

　　(1)理解竞争就是争取消费者。小天鹅运用特殊的比较法参与竞争,将传统的"纵比"改为"横比",比出了"危机":其一,与国际名牌比,找出与世界水平的差距,争创国际品牌;其二,与国内同行比,学习兄弟企业的长处,保持国内领先;其三,与市场的需求比,目光紧紧瞄准用户,把握市场命脉;其四,以己之短比人之长,努力避免一得自矜,警钟长鸣。

　　(2)参与竞争就是提高市场占有率。市场占有率既是企业成功的条件,又是企业成功的标志。占有了市场就是争取了消费者。小天鹅认为,企业出产不仅仅是产品,是质量和信誉,而且是广大消费者给我们发了工资和奖金。今天的小天鹅不仅完成了这个观念上的转变,而且已经实现按订单生产,成了"无仓库企业"。小天鹅又提出"24小时,365天运行才是真正的经营"的经营理念。实行双班制生产,推行24小时热线服务,进一步提高小天鹅的市场应变能力和效率,确保了市场占有率。

　　(3)建立面对市场的全员化、立体化、规范化的营销管理体系。全员化就是多让职工参与营销。立体化就是企业内部在生产、科技、营销、人事等方面面对市场发扬团队精神,参与市场竞争;规范化就是把行之有效的营销方式制度化,这包括:①小天鹅的企业精神:"为国贡献,团结拼搏,进取敬业,全心服务,文明礼貌。"②小天鹅的规范管理:人事管理推行《职工就业规则》,对职工的权利和义务都作了详尽而明确的规定;财务管理实行《裁决顺序和签字原则》,明确总经理、副总经理和部长的权限,对公司日常事项的决定作了详细的规定。③实行成品零库存的制度,小天鹅不设立成品库,如果产品三天卖不掉,宁可停产。正因为这样,小天鹅没有死账、坏账、三角债。

　　(4)注重服务。小天鹅在服务上推出了"金奖产品信誉卡"的承诺,将服务监督权交给用户,把服务公约公布于众,坚持做到"1,2,3,4,5"的特色服务,即"上门服务带一双鞋,进门两句话,带好三块布(一块修机布,一块垫机布,一块擦机布),做到四不准(不准抽用户一根烟,不准喝水,不准乱收费,不准拿用户礼品),五年保修,随叫随到,如有逾期甘愿受罚",并为用户办理了责任保险。并坚持"名品进名店",与全国经联会、贸联会、新联会、华联和交电系统的一百多家商界"台柱子"商场建立正常友好的业务往来。

　　(5)人才激励。小天鹅的用人机制贯彻引进与培养相结合、能上能下的原则,不拘一格吸收和任用人才。在人才引进和激励方面也采取了一系列措施:①通过互联网和各种形式向外引进高级的技术人才和管理人才;②员工的收入水平取决于其岗位、能力贡献,对于有重大贡献的人员加大奖励力度,技术人员之间的收入差距超过10倍,并在公司试行经营者年薪制、经营者持股;③十分重视人员的培养和培训,每年花费数十万元对科技人员进行培训,大大提高了科技人员的技能和水平。

　　(6) 实施名牌战略,扩大经济规模,提高竞争力。经营只是今天,创新才是明天,随着市场经济的深入,"末日管理"又有了新的拓展,推行战略联盟,壮大销售同盟军,也壮大了小天鹅自己。为实现自己的"旭日目标",小天鹅的做法是:①与同行联盟。小天鹅只有波轮全自动,没有滚筒,也没有双缸,从这点看,小天鹅要抢占市场份额,确有难度,偏偏上海惠尔浦、长春罗兰、宁波新乐有设备、有产品也乐于接受定牌,扩大批量,小天鹅紧紧抓住这个机遇,与他们成功地进行战略联盟,达到了双赢。②与相关产品联盟。洗衣机和洗衣粉休戚相关,小天鹅与广州宝洁公司建立了伙伴式的营销联盟。宝洁公司在他们生产的"碧浪"洗衣粉包装袋上印上了"一流产品推荐"的字样,并标明了小天鹅的商标。小天鹅洗衣机在他们的产品为宝洁公司分发碧浪洗衣粉试用样品。③与国外大公司联盟。小天鹅公司与德国西门子公司双方投资,组建了博西威家电有限公司生产滚筒洗衣机,又与松下公司合资生产绿色冰箱,与 MOTOROLA、NEC 分别结盟成立实验室,使小天鹅的产品始终与世界先进技术保持同步。

　　小天鹅在"末日管理"中走向辉煌,如今已从昔日的一个濒临倒闭的小厂,一跃成为全国洗衣机行业的"大哥大"。2000 年销售收入达到 68.98 亿元,实现利润 3.33 亿元,比上年分别增长 21.2% 和 8.8%。小天鹅全自动洗衣机国内市场占有率一直保持在 40% 以上,并连续 11 年保持国内销量第一。"末日管理"无末日,这就是小天鹅人的切身体会。

【思考题】

1. 管理的创新职能在该案例中体现在什么地方?
2. 小天鹅的"末日管理"的最大的特点是什么?

本 章 小 结

　　组织、领导和控制是保证计划目标实现不可缺少的,其任务是保证组织按预定的方向和规则运行,起到维持功能的作用。但是,组织是在动态的环境中生存的一个社会子系统,仅有维持功能是不够的,还必须不断地调整自身活动的目标和内容,以适应环境变化的要求,这就是管理的创新功能。本章首先介绍了创新的概念、类别;然后介绍了管理创新的含义、管理创新的主体、内容以及创新的过程和创新活动的组织。通过本章的学习,希望读者能够转变观念、掌握创新的方法,在实践中提升创新技能,迎接挑战。

思考与练习题

1. 什么是创新? 它与维持的关系如何?
2. 什么是管理创新? 它涉及哪些方面的内容?
3. 管理创新的过程是什么?
4. 管理创新活动的组织工作是什么?

实 训 项 目

　　讨论分析我国控制腐败现象发生的主要方法。

第八章

综合实训

第一节　实训建议与实训流程

一、实训建议

1. 开始时间：理论课程结束后。

2. 学时：12 学时（部分实训需考虑利用学生课余时间）。

3. 组织：将学生分成 3 组或 5 组，保证每组有足够多的成员参与资料收集、研讨、报告撰写与修改等工作。以上分组可在不同的实训项目中根据需要进行适当调整。

4. 形式：全员参与、分组实践、集中讨论、教师评价。

5. 实训用品及条件：彩色卡纸与白板笔（供小组讨论、小组间交流、展示实训成果）、办公自动化设备（供学生收集资料、展示实训成果之用）。

二、实训流程

1. 本实训为综合实训，共包括 6 个项目，每个项目需按顺序开出和完成。

2. 每个项目开始前，教师进行相关知识的总结性介绍或提示，并提出实训的目标任务。

3. 每个项目结束后，教师应组织各组进行成果展示、组间交流和总结，形成实训报告。

4. 教师可在后续实训项目基础上开发其他细节性项目。

第二节　实训项目

一、实训背景故事

兰格电气有限公司[①]是上海市一家以冰箱、空调、微波炉、灯具、防盗门为主要产品的，集生产、研发、销售于一体的大型股份制企业。公司成立于 2008 年，公司最高层设董事会和监事会，职能部门包括研发部、生产部、销售部、财务部、人力资源部、公共关系部6 个部门，现有各类员工 6 000 余人。

[①]　本公司为虚构公司，但其经营和管理活动却具有相当普遍性。

由于是初创企业,公司百业待举,求贤若渴。某知名大学 MBA 毕业生林明欣作为储备干部于 2008 年 8 月进入兰格电气有限公司。最后一轮面试过程中,林明欣的良好表现赢得了董事长的高度认可,遂决定将其派至多个部门以副职身份学习锻炼,使其迅速掌握公司各部门工作特点和规律,以便日后重用。

本章后续实训项目均以此为背景展开,请各组以林明欣为实训角色,完成其在各部门的工作任务。

二、实训项目

实训项目 1：分组

1. 每组选举产生组长一名,负责实训分工和实训成果展示。
2. 每组确定小组名称、标识和实训口号,由组长负责宣布、解释和说明。

实训项目 2：融入团队

1. 实训背景

销售部是林明欣被派遣工作的第一个部门。该部门现有员工 30 余名,负责全国各区域市场的开发、策划、销售工作。以副经理身份初到销售部,林明欣可谓雄心勃勃。但是在工作了近两周的时间里,林明欣总感觉自己无法融入集体之中,大有被众人排斥之感。不过,林明欣认为,只要自己能够在随后的洗衣机产品西北区市场(主要包括新疆、甘肃、宁夏等地区)开发项目中拿出一个完美的计划,那么他的形象和地位就将树立起来,自己也能够快速得到他人认可。

2. 实训知识点
(1) 正式组织与非正式组织。
(2) 制订计划的原理和方法。

3. 实训任务
(1) 说明林明欣拟订该计划所需的条件。
(2) 代林明欣拟订一份洗衣机产品的西北区市场开发计划。
(3) 讨论分析林明欣凭借上述计划而融入团队的可能性。

实训项目 3：管理人员考评

1. 实训背景

2009 年 1 月,林明欣被调至人力资源管理部任副经理。该部门看似清闲,实则任务繁重。刚刚进入该部门,林明欣就面临着一个严峻挑战——为公司设计一套系统的管理人员考评方案,该方案既要充分考虑不同管理级别工作人员的工作性质,又要考虑考评指标和考评方法的合理性。

2. 实训知识点
(1) 管理人员考评的内容。
(2) 管理人员考评的原则。

（3）管理人员考评的方法。

3．实训任务

代林明欣设计一套各部门主管人员的考评方案。

实训项目4：产品开发

1．实训背景

2009年4月，林明欣调任研发部副经理。受命任职后不久，公司决定由研发部牵头开发全自动洗衣机产品。经理经请示后决定由林明欣组建该产品研发工作。林明欣认为自己虽然不懂技术，但这一点反而会使自己获得本部门技术人员所无法获得的工作业绩。

2．实训知识点

（1）矩阵式组织结构的形成与优缺点。

（2）激励的原则和方法。

3．实训任务

（1）讨论研究林明欣组建的研发团队应该由哪些人员构成。

（2）讨论研究林明欣应该怎样调动团队成员的积极性。

实训项目5：生产控制

1．实训背景

林明欣研发团队的工作成效显著，公司董事会认为该团队研发的洗衣机具有成本低、节水性能突出、可直接利用其他产品生产技术等优势，决定立即投入生产，并决定由林明欣调任生产部负责该产品的生产控制工作。

2．实训知识点

（1）培训的内容和方法。

（2）控制的原则和方法。

3．实训任务

分析说明林明欣应该从哪些方面入手来加强产品生产控制工作。

实训项目6：俯瞰全局

1．实训背景

凭借自身的突出表现和良好的口碑，2010年5月，林明欣正式被任命为董事长助理，协助董事长做好公司重大决策。上任以来，董事长对其信任有加，令其负责起草公司组织结构改组、组织文化建设两项决定公司长远发展的工作方案。

2．实训知识点

（1）组织结构的类型及特点。

（2）组织结构设计的原则。

（3）人性假设理论。

（4）组织文化塑造的原则和路径。

3. 实训任务

（1）代林明欣起草一份事业部制组织结构设计的方案。

（2）代林明欣起草一份组织文化建设方案。

实训项目 7：激励

1. 实训背景

如今，林明欣已经成为公司内部颇有声誉的工作人员，这让他颇有些成就感。但是，在与同学接触的过程中，林明欣发现自己的工资水平要比很多同学低得多。一位要好的同学劝他跳槽到目前自己所在公司，因为那家公司不仅工资水平高，而且还有带薪休假、生日贺礼、结婚礼金、免费周转住房等好多福利待遇。面对诱惑，林明欣感觉有些迷茫，但决定还是继续留在公司，看一看再说。经过深思熟虑，林明欣向董事长提出了自己关于改善公司激励工作的建议。

2. 实训知识点

（1）人性假设理论。

（2）需求层次理论。

（3）激励工作的原则和方法。

3. 实训任务

（1）代林明欣起草一份改善公司激励工作的建议稿，重点说明改善公司激励工作的必要性、所需的成本投入、可能获得的回报等。

（2）讨论说明公司是否会采纳林明欣的建议。

（3）解释当今高校毕业生频繁跳槽的原因。

参 考 文 献

[1] 哈罗德·孔茨,海因茨·韦里克.管理学[M].11 版.北京:经济科学出版社,2005.

[2] 斯蒂芬·P.罗宾斯.管理学[M].7 版.孙健敏,等,译.北京:中国人民大学出版社,2006.

[3] 芮明杰.管理学——现代的观点[M].上海:上海人民出版社,1999.

[4] 周三多,等.管理学——原理与方法[M].4 版.上海:复旦大学出版社,2003.

[5] 李晓光.管理学原理[M].北京:中国财政经济出版社,2004.

[6] 蒋永忠,张颖.管理学基础[M].北京:清华大学出版社,2007.

[7] 赵有生.管理学基础[M].北京:中国财政经济出版社,2005.

[8] 刘亚臣.管理学[M].北京:中国电力出版社,2008.

[9] 周三多,邹统钎.战略管理思想史[M].上海:复旦大学出版社,2003.

[10] 李品媛.管理学[M].大连:东北财经大学出版社,2005.

[11] 王绪君.管理学基础[M].北京:中央广播电视大学出版社,2001.

[12] 赵敏,胡钰.创新的方法[M].北京:当代中国出版社,2008.

[13] 许云平.管理学原理[M].北京:石油工业出版社,2008.

[14] 秦海金.管理学原理[M].北京:中国物资出版社,2004.

[15] 乔颖丽.管理学原理[M].兰州:甘肃人民出版社,2008.

[16] 孔繁玲.管理学原理与案例分析[M].广州:华南理工大学出版社,2008.

[17] 张根东,等.管理学原理[M].兰州:甘肃人民出版社,2008.

[18] 孙耀君.西方管理思想史[M].太原:山西人民出版社,1987.

[19] 李方华,等.管理思想史[M].沈阳:东北大学出版社,2003.

[20] 王柏林.管理学[M].西安:西北大学出版社,2006.

[21] 阮志孝.CI战略务实[M].成都:西南交通大学出版社,1997.

[22] 石伟.组织文化[M].上海:复旦大学出版社,2004.

[23] 朱秀文.管理学教程[M].天津:天津大学出版社,2004.

[24] 金新政.管理智典[M].武汉:华中科技大学出版社,2002.

[25] 杨洪兰,康芳仪.实用管理学[M].上海:复旦大学出版社,1989.

[26] 王凤彬,等.MBA 管理学教学案例精选[M].上海:复旦大学出版社,1998.

[27] 陈国生,等.工商企业管理实务[M].北京:对外经济贸易大学出版社,2007.

[28] 吴亚平.管理学原理实训指导[M].武汉:华中科技大学出版社,2009.

[29] 都国雄.管理原理[M].南京:东南大学出版社,2003.

[30] 余敬,刁凤琴.管理学案例精析[M].武汉:中国地质大学出版社,2006.

[31] 刘亚臣.管理学[M].北京:中国电力出版社,2008.